人文社科

高校学术研究论著丛刊

大学英语教学的跨文化转型与创新路径

杜芳 王磊 著

中国书籍出版社
China Book Press

图书在版编目(CIP)数据

大学英语教学的跨文化转型与创新路径 / 杜芳，王磊著. -- 北京：中国书籍出版社，2020.12

ISBN 978-7-5068-8016-9

Ⅰ. ①大… Ⅱ. ①杜… ②王… Ⅲ. ①英语－教学研究－高等学校 Ⅳ. ① H319.3

中国版本图书馆 CIP 数据核字（2020）第 189064 号

大学英语教学的跨文化转型与创新路径

杜 芳 王 磊 著

丛书策划 谭 鹏 武 斌
责任编辑 李 新
责任印制 孙马飞 马 芝
封面设计 东方美迪
出版发行 中国书籍出版社
地　　址 北京市丰台区三路居路 97 号 (邮编：100073)
电　　话 （010）52257143（总编室） （010）52257140（发行部）
电子邮箱 eo@chinabp.com.cn
经　　销 全国新华书店
印　　厂 三河市德贤弘印务有限公司
开　　本 710 毫米 ×1000 毫米 1/16
字　　数 264 千字
印　　张 14.75
版　　次 2021 年 10 月第 1 版
印　　次 2021 年 10 月第 1 次印刷
书　　号 ISBN 978-7-5068-8016-9
定　　价 72.00 元

目 录

第一章　导　论

语言与文化密切相关，而大学英语教学本身也属于一种语言教学，因此必然与文化有着密切的关系。在经济全球化不断发展的今天，跨文化能力是国际交往中的一项关键素质。面对国家经济发展对外语人才的新要求，在兼顾英语这门学科的特殊性的基础上，大学英语教学应该拓宽研究的视角，加强对目的语社会与文化的了解，这样才能更好地推进英语教学的跨文化转型，基于此，本章作为开篇，首先对语言、文化、大学英语教学的相关概念展开分析和探讨。

第一节　语　言

人生活在语言的世界里，语言赋予世界以“意义”。人可以通过语言来完成某些行为，而不必事必躬亲。语言存在于人类具体使用语言的过程中，这一过程就表现为交际行为。简言之，语言是伴随着具体的交际行为出现在我们面前的，语言是完成某种特定行为的语言，只有意识到这一点，人们才能真正意识到语言自身所具有的价值。借助于语言，人类构建了一个超出其生存环境的符号世界，正是在这个世界中，人类获得了空前的自由，从而不再受制于环境的束缚。本节就来分析什么是语言。

一、一种交际工具

语言的功能有很多，但是交际功能是所有功能中最基本的功能，具体可以从如下两个层面来理解。

（一）语言是最重要的交际工具

人类社会中的每个人都生活在一定的客观社会条件中，人与人的交流是社会生活中的重要组成成分。人们往往用语言来交流，但是除了语言，还可以有很多种，如文字、灯光语、旗语、形体语等。文字的工具主要在于对语言加以记录，是基于语言的一种辅助交际工具，因此其与语言在历时和共时上都不能相比。灯光语、旗语是基于语言与文字而产生的辅助交际工具，因此也不能和语言相比。形体语是流传很广的交际语言，但是受各种条件的限制，往往会产生某些误会，因此也不能和语言相比。

通过上述分析可知，语言是所有交际工具中最重要的交际工具。

（二）语言是人类独有的交际工具

对于语言是交际工具，这在前面已经论述，但是这里所强调的是“人类独有”，其可以从两个层面来理解。

1. 动物所谓的“语言”与人类的语言有根本区别

“人有人言，兽有兽语。”动物与动物也存在交际，他们采用的交际方式也有很多，可以是有声的，也可以是无声的。但是，动物与动物之间这些所谓的“语言”与人类的语言是无法比拟的。

首先，人类语言具有社会性、心理性与物理性。社会性是人类语言的根本属性，因为人类的语言源于人类集体劳动的交际需要。运用语言，人们才能够适应自然、改造自然。相比之下，动物的“语言”只是为了适应自然。

其次，人类的语言具有单位明晰性。人类语言是一种音义结合的词汇系统与语法系统，音、形、义各个要素都可以再分解成明确的单位。相比之下，动物的“语言”是无法分析出来的。

再次，人类语言具有任意性。语言是一种规则系统，人们使用语言对自己的言语加以规范。但是，语言系统本身的语素和词、用什么音对意义加以表达等从本质上说是任意的。相比之下，动物的“语言”在表达情绪和欲望时并无多大区别。

最后，人类语言具有能产性。人类的语言虽然是一套相对固定的系统，各个结构成分是有限的，但是人们能够运用这一有限的成分产生无限的句子，传递出无限的信息。相比之下，动物的“语言”是无法达到这一效果的。

2. 动物学不会人类语言

动物能否学会人类的语言？对于这一问题，答案显然是不能。如果能学会，那就不能说语言是“人类独有”的交际工具了。很多人说，鹦鹉等能够模仿人的声音，但是这也不能说它们掌握了人类的语言，因为它们只是模仿,只能学会只言片语。也就是说,这些动物不能像人类一样运用语言产生无限多的句子,也不能写出无限多的文章。因此,语言是动物不可逾越的鸿沟,能否掌握语言,也是人与动物的根本区别之一。

二、一种符号系统

在人们生活的世界上到处都包含符号的痕迹。例如,马路上的交通信号灯,绿色代表通行,红色代表禁止通行,黄色代表等待。医院里面会张贴禁止吸烟的标志,告诉人们不可以在医院吸烟。在过节时,中国人习惯贴福字,这是为了表达对来年的祝福。天气阴沉代表着要下雨。某处浓烟滚滚可能预示着之前发生过火灾。再如,路上爬行的蚂蚁当碰到其他蚂蚁时会相互触碰触角,以传达哪里有食物;猎人根据动物留下的足迹可以找到哪里出现过猎物等。显然,符号以及符号活动时时刻刻存在。

总体而言,符号一般包含两大类:一类是人类符号活动,一类是动物符号活动。人类符号活动包含语言符号活动与非语言符号活动。非语言符号又包含建筑符号、音乐符号、行为符号等。可见,符号学在学术领域有着广泛的内涵,其将几乎所有学科包含在内,尤其是人文学科,也就是说,它是跨学科研究的一条重要道路。

索绪尔在他的语言学研究中指出,符号在语言学中是非常重要的,并且反映强调符号是语言的本质。语言学属于符号学的一部分,很多人将语言学称为"符号学",也就是与符号相关的科学,即研究人尝试采用一些约定俗成的系统来传达思想时出现的现象。其实,并没有人讲授符号传播的现象,但是这一现象在语言学家的头脑中是存在的,以至于很多学者认为语言学是历史学科的一部分。实际上,语言学什么也不是,它就是符号学。

关于符号学与语言学的关系,学者们所持有的观点大致包含如下几点。(1)索绪尔、西比奥克等人认为符号学包含语言学。(2)法国著名的符号学家巴尔特、罗兰等人认为符号学属于语言学的一部分。(3)有学者指出符号学与语言学是相互独立的并列成分。(4)法国符号学家吉劳认为符号学与语言学是不相关的。

对于上述观点,支持第一种观点与第三种观点的人更有说服力,他们各自持有自己的观点和意见。实际上,符号学作为一门跨学科的研究手段,它在一定程度上包含了语言学,并赋予语言学一项新的研究手段,而语言学也具备一些自身的特点,这些特点正是符号学中未包含的领域。但是无论如何,我们需要承认的是语言是人类多种符号系统中的一个典型代表,也是人们使用最为广泛的一种。如果我们将语言研究置于符号学研究中,必然有助于研究语言,从而为语言学的发展奠定基础。

对于人类而言,语言是特有的符号体系,也是人类最为常用的符号体系。从狭义层面来说,语言只是指口头语言与书写文字,但是广义上的语言就包含一些非语言符号,如装饰语言、表情语言等,这些非语言符号也传递着一些思想信息。但是,一般来说,语言更倾向于指代口头语言与书写文字。

声音是语言的物质表现形式,图形是文字的物质形式,它们分别给人造成听觉与视觉的感受与反映。语言作为物质形式与内容的统一体,在语言身上就体现了音义统一与形义统一。语言还是一种线性的结构系统,语言单元是随着一维的方向来进行相继排列的,语言单元之间是依据语法规则而组合起来形成系统的。

可见,对于有声语言而言,其包含三大构成要素:语音、语法、语义。在所有的符号形式中,语言是最重要、也是最基本的形式,是人类存储、传递信息的一项重要工具。

语言是将人群共同体作为单位而形成的系统,不同的人群,所产生的语言也是不同的,以后不同的人群会因为不同的生理与文化特征而形成不同的民族,语言的差异也就成了民族与民族差异的一大重要特点。

部分观点认为,语言是思维的外壳。我们对自身以及外在世界的思考与认知都是借助语言而完成的。语言不仅帮助人们传递信息交流思想,它也是思维工具,参与并体现人们的思维,但这很难说是思维的本质。

第二节　文　化

无论是历史上还是现代社会,人们所说的社会都是全球社会,每一种文化都是将宇宙万物囊括在内的体系,并且将宇宙万物纳入各自的文化版图之中。总体上说,文化涉及人与社会的关系、人的存在方式等层面。但是,其也包含一些具体的内容。下面就来具体论述什么是文化。

一、什么是文化

对于普通人来说,文化是一种平时都可以使用到、却不知道的客观存在。对于研究者来说,文化是一种容易被感知到、却不容易把握的概念。

对于文化的定义，最早可以追溯到学者爱德华·泰勒（Edward Burnett Tylor，1871），他这样说道："文化或者文明，是从广泛的民族学意义来说的，可以归结为一个复合整体，其中包含艺术、知识、法律、习俗等，还包括一个社会成员所习得的一切习惯或能力。"之后，西方学者对文化的界定都是基于这一定义而来的。

1963 年，人类学家艾尔弗雷德·克洛伊伯（Alfred Kroeber）对一些学者关于文化的定义进行总结与整理，提出了一个较为全面的定义。

（1）文化是由内隐与外显行为模式组成的。

（2）文化的核心是传统的概念与这些概念所带的价值。

（3）文化表现了人类群体的显著成就。

（4）文化体系不仅是行为的产物，还决定了进一步的行为。

这一定义确定了文化符号的传播手段，并着重强调文化不仅是人类行为的产物，还对人类行为的因素起着决定性作用。同时，其还明确了文化作为价值观的巨大意义，是对泰勒定义的延伸与拓展。

在文化领域下，本书作者认为文化的定义可以等同于 2001 年联合国教科文组织发表的《世界文化多样性宣言》中的定义：文化是某个社会、社会群体所特有的，集物质、精神、情感等为一体的综合，其不仅涉及文学、艺术，还涉及生活准则、生活方式、传统、价值观等。

进入 20 世纪 90 年代之后，很多学者也对文化进行了界定，这里归结为两种：一种是社会结构层面上的文化，指一个社会中起着普遍、长期意义的行为模式与准则；另一种是个体行为层面上的文化，指的是对个人习得产生影响的规则。

这些定义都表明了：文化不仅反映的是社会存在，其本身就是一种行为、价值观、社会方式等的解释与整合，是人与自然、社会、自身关系的呈现。

二、文化的功能

（一）化人功能

文化具有精神属性，这也是区别人与动物的重要方式，文化的这种属性也决定了文化的化人功能，具体体现为两个方面。首先，文化是积极的、先进的，通过文化人们可以愉悦身心、启蒙心智，获得精神上的满足感和幸福感。其次，文化具有理论指导力、舆论向导力等，这些能有效满足人类的需求，成为人类的精神力量，推动着人类不断走向光明。

（二）育人功能

文化具有知识属性，文化代表着学习知识，文化人代表着知识人，可以说文化就是知识，是知识不断积累的过程。文化的知识属性也决定了文化的育人功能。

育人并非指教育人，而是指改变人、培育人和提高人的水平。首先，文化促进人不断进化，借助文化，人们从愚昧走向了文明，走向了博学。其次，文化可以塑造人，人们总是在不断地学习各种文化知识，从而塑造自己的人格。最后，文化可以提升人的能力，通过学习各种知识，人的创造能力会有所提升，就会从体力劳动者转变为脑力劳动者。

（三）整合功能

社会需要通过文化的整合功能维系自身的团结与秩序的稳定，因此整合功能也是文化的重要功能。社会通过整合，可以协调文化内部各个部分之间的关系，使之形成一个和谐一致又联系紧密的整体。此外，同一个国家或同一个民族成员的制度、观念、行为等也需要规范，文化的整合功能恰好可以使这个国家或民族的成员能够对自己的国家或民族有一种归属感。通过文化对一个社会的不断整合，各个地区、各个民族的文化也互相融会贯通，从而达到加强民族团结、促进社会稳定与发展的目的。

第三节　大学英语教学

在我国的高等教育中，大学英语教学是一门重要课程，而这门课程的内容与社会需要、国家需要、学生需要有着紧密的关系。对于大学英语教学的界定，可以从多个层面来理解与把握。为了对此概念有更好的认识，下面从多个层面展开分析。

一、什么是英语教学

作为一项活动，教学贯穿整个人类社会的生产与发展过程中。也就是说，教学在原始社会就产生了，只不过原始社会将教学与生活本身视作一回事，并不是将教学视作独立的个体存在。但是，随着社会的不断发展，教学逐渐独立出来，成为一个单独的存在形态，并对人们的生产生活产生着重要的影响。由于角度不同，人们对教学概念的理解也不同，因此这里从常见的几个定义出发进行解释。

有人认为教学即教授。从汉字词源学上分析，“教”与“教学”有着不同的解释，但是在我国的教育活动中，人们往往习惯从教师的角度对教学的概念进行解释，即将教学理解为“教”，因此“教学论”其实就等同于“教论”。

有人认为教学即学生的学。有些学者从学生“学”的角度对教学进行界定，认为教学是学生基于教师的指导，对知识进行学习的过程，从而发展学生自身的技能，形成自身的品德。

有人认为教学即教师的教与学生的学。有人将教学视作教师的教与学生的学，即教师与学生将课程内容作为媒介，为了实现共同的目标，彼此共同参与到活动中。也就是说，教师不仅包含教，还包含学，教与学是同一过程的两个方面，彼此相辅相成、不可分割。教学的根本目的在于促进学生的进步和发展。因此，这一观点是对前面两个观点的超越。

有人认为教学即教师教学生学。对于这一观点，其主要强调的是教师指导学生“学习”，即教师“教学生学”，而不是简单的“教师教与学生学”这一并列的概念。也就是说，这一观点强调教师要教会学生学习，重视学生学习方法的传授等，让学生学会自主学习。

英语教学的作用有很多，可以概括为如下几点。

第一，英语教学是以有目的、有计划的组织形式进行知识经验的传授，这有助于教学活动保证良好的节奏与秩序，从而提升教学的效果。各项规章制度对教学行为进行规范，使教学活动更具有整齐性与系统性，避免随意与凌乱，最终使教学变成一个专业性极强的特殊活动。

第二，英语教学研究者考虑知识的构成规律，经过科学的选择，将内容按照逻辑顺序编纂成教材，英语教师根据这样的教材进行教学，有助于学生认识世界，这要比学生自己选择知识更具有优越性。

第三，英语教学是教师在精心安排与引导的过程中进行的，其可以避免学生自身学习的困难，帮助他们解决具体的问题。同时，英语教师会选择最优的方式展开教学，这保证了学生学习的每一步都能顺利开展。

第四，英语教学不仅仅是为了传授知识，乃至要完成全方位的任务，既包含知识的获得、能力的提升，又包括个性特长的发展、品德的完善，这种全方位的发展只有通过英语教学才可以实现。

综上所述，可以将英语教学概括为：教师依据一定的英语教学目的与教学目标，在有计划的系统性的过程中，借助一定的方法和技术，以传授和掌握英语知识为基础，促进大学生整体素质发展的教与学相统一的教育活动。

二、大学英语教学的本质特点

（一）有目的、有计划的活动

说教学具有计划性、目的性，主要是在于教师是为了让学生获得知识与技能，实现多层面的发挥。在教学活动中，教师需要依据教学任务与教学目的，将课程内容作为媒介，通过各种方法、手段等引导学生进行交往与交流，促进学生的全面发展。

（二）具有系统性与计划性

系统性主要体现在其制定者的工作中，如教育行政机构、教研部门和学校的教学管理者等的工作。大学英语教学的计划性指的是对英语基础知识的计划性教学，如大学英语语音、词汇、语法、写作、阅读等具体知识和技能的传递。

（三）教师教与学生学的统一活动

无论就哪个角度而言，人们都不能否认教学活动是“教”与“学”的过程，二者是相互制约、相互依赖的关系。在课堂中，教师的教离不开学生的学，学生的学自然也离不开教师的教，因此二者是同一过程的两个层面。正如王策三在《教学论稿》中所说：“所谓教学，乃是教师教、学生学的统一活动；在这一活动中，学生掌握自身需要的知识与技能，同时促进自己身心的发展。”

需要指明的是，大学英语教学并不是教与学的简单相加，而是教师指导学生学习的过程，是二者相统一、相结合的过程。要想保证教与学的统一，不能片面地强调只有教或者只有学，也不能片面地简单相加，而应该从学生自身的学习规律与身心发展特点出发，进行教与学的活动。从这一点来说，教师教学能否成功的关键是学生的学。

（四）教师与学生以课程内容作为媒介的活动

在教师教与学生学之间，课程内容充当中介与纽带的作用。师生围绕这一纽带开展教学活动。因此，大学英语课程内容是教学活动能否开展的必要条件。

（五）一种人际交往活动

大学英语教学的本质是人与人之间的交往，是一种重要的社会活动，其体现了一般的人际交往与语言交际的特征。这一交往活动就表现为师生之间围绕共同的目标、共同的话题展开对话与合作，从而使学生不断提升自身的表情达意能力，提高自身的文化意识与情感态度，促进自身学习策略的进步与发展。

（六）本质在于建构意义

大学英语教学活动的目的在于促进学生的全面发展，实际上这一目的实现的过程就是学生不断建构知识意义的过程，即学生对原有知识与经验进行重组，对新知识的意义加以建构的过程。在实际的学习中，学生只有将新旧知识的意义结合起来，才能真正地学好知识、掌握知识。

（七）需要采用合理的方法与技术

大学英语教学经过深厚的历史积淀，形成了大量有效的教学方法。现代科学技术尤其是信息技术的发展，为大学英语教学提供了可以借助的多种教育技术。

二、大学英语教学的目的

（一）为了迎合社会发展趋势

在当今大时代背景下，国与国之间的交往日益频繁，这就要求高校学生应该努力学习语言与文化知识，获取语言与文化技能。世界是一个地球村，经济全球化使得交际呈现多样性，因此在大学英语教学中，教师除了让学生提升自身的语言能力，还应该提升自身的跨文化交际能力，应对交际中出现的各种变化。另外，随着多元社会的推进，要求交际者应该具备一定的合作能力与意识，无论是生活在什么文化背景中，都应该为社会的进步努力树立自己的文化意识，用积极的心态去认识世界。可见，大学英语教学中的跨文化交际教学将英语的价值充分地体现出来，学生对跨文化交际知识的学习也与社会的发展相符，是中西文化交流不断推进的必由之路。

（二）为了满足社会对英语人才的需求

时代不同，社会对英语人才的需求必然也存在差异性，因此大学英语教学的模式也必然存在差异。近些年，随着全球化的推进，国与国之间的交往更为紧密，这就需要英语发挥中介与桥梁的作用。英语运用是否流利、准确，直接影响着交际的开展。21 世纪对英语人才的需求更大、要求更高，开展大学英语教学显得更为必要，与 21 世纪的社会需求相符，也有助于培养出高标准的英语人才。

（三）实现素质教育的必然要求

现如今，我国对于素质教育非常推崇。作为一门基础课程，大学英语教学也是素质教育，乃至文化素质教育的重要项目。大学英语教学是实现素质教育的一个重要工具，也可以说是一个主要渠道。这是因为，大学英语教学除了知识传授外，还有文化素质与文化思维的培养，这与跨文化教学的要求有异曲同工之妙。因此，在教学中，教师必须将语言与文化的关系处理好，引入西方国家文化，汲取其中的有利成分，发扬我国的文化。

1. 培养学生的文化感知力

注重跨文化交际研究，教师在大学英语教学中有意识地向学生传授一些文化背景知识，可以使学生更全面地了解西方国家的实际情况，进而能在适当的场合使用准确的语言表达自己的观点。此外，教师不断地向学生介绍一些英语文化背景知识和文化传统，可以让学生明白不同的文化、不同的语言具有不同的表达习惯和方式，可以提高学生对不同文化的感知力，增强跨文化交际意识和能力。

2. 培养学生对文化的敏感性

对大学英语教学的任务而言，除了要进行英语基本知识和技能的传授，还必须培养并增强学生对中英文化差异的敏感性。对于这项能力，学生可以在课堂上借助教师对中西文化差异的讲解和跨文化交际的研究而达到这一目的。

如果在大学英语课堂组织的对话活动中，教师仅关注学生在语音、词汇和语法上的准确性上，却忽视文化的差异性，就不利于学生语言运用能力的增强，无法准确灵活地使用语言。例如：

A：You look so pretty today.

B：No. I don’t think so.

对于这组对话,其语音、语法、词汇均没问题,但是如果考虑到中西方不同的文化习惯,这种回答对英美人来说是难以理解的,因为这不符合英语社会的文化性常规。假如教师在英语教学中以此为切入点,比较中西方的文化差异,学生就能在潜移默化中提高对文化差异的敏感性,进而在今后的英语交际中也能特别注意。

四、大学英语教学的内容

(一)教授语言知识

众所周知,想要掌握一门语言,就必须熟悉这门语言的语音、语法、词汇、语篇、句法、功能等知识,这对于英语学习而言同样也不例外。大学生掌握英语这门语言的前提就是学习这些知识,将这些基础知识牢牢把握好,并在此基础上提升自身的语言综合运用能力。英语与汉语作为两种存在鲜明差异的语言,中国学生必须要形成英语思维,并利用英语思维学习英语,如此才能取得事半功倍的效果。

(二)教授语言技能

大学生在学习英语的过程中,掌握英语知识是基础,同时还要在语言知识的基础上掌握更多的语言技能,包括听、说、读、写、译。其中,听力技能的掌握可以帮助学生识别、分析、理解话语含义,提升自身的听力能力。口语技能的掌握主要是为了提升自身的语言输出以及表达思想的能力。阅读技能主要在于培养自身的辨认、理解语言知识内容的能力。写作技能是让大学生可以利用书面表达来输出自己的思想、表达自己的看法。翻译技能则是学生英语综合运用能力的一种体现,不仅涉及语言知识的输入,而且涉及语言知识的输出。

听、说、读、写、译是高校学生英语综合运用能力的基础,通过这五项技能的训练,可以保证学生在具体的实践中做到得心应手。

(三)教授文化知识

语言与文化密不可分,学习一门语言,必然离不开对该门语言背后的文化的学习。一旦语言教学离开了文化教学的底蕴,那么这种语言教学也就不再具有思想性和人文性的特点了。所以,教师在教授学生学习英语的过程中,一定要引导学生了解语言背后的文化知识,如英语所在国家的地理、人文、习俗、生活、社会、风土、人情等。

在具体的教学中，教师有两点需要引起注意。首先，教师讲授文化知识需要依据学生的心理发展以及认知能力，在此基础上循序渐进地导入文化知识，逐步培养大学生的文化素养，拓宽他们的眼界。其次，教师引入西方文化知识时要有选择性，不能盲目引入，避免学生形成崇洋媚外心理。

（四）传达情感态度

情感态度指兴趣、动机、自信、意志和合作精神等影响学生学习过程和学习效果的相关因素，以及在学习过程中逐渐形成的祖国意识和国际视野。保持积极的学习态度是英语学习成功的关键。教师应在教学中，不断激发并强化学生的学习兴趣，并引导他们逐渐将兴趣转化为稳定的学习动机，以使他们树立自信心，锻炼克服困难的意志，认识自己学习的优势与不足，乐于与他人合作，养成和谐和健康向上的品格。通过英语课程的学习，增强祖国意识，拓展国际视野。

（五）提升文化意识

语言学习与文化意识的形成是相辅相成的。语言有丰富的文化内涵。在英语教学中，文化是指所学语言国家的历史地理、风土人情、传统习俗、生活方式、文学艺术、行为规范、价值观念等。接触和了解英语国家文化有益于对英语的理解和使用，有益于加深对本国文化的理解与认识，有益于培养世界意识。在教学中，教师应根据学生的年龄特点和认知能力，逐步扩展文化知识的内容和范围。

五、大学英语教学的基本原则

（一）思想性原则

英语教学要从学生的实际出发，根据学生身心发展的特点和学生的认知规律，紧贴学生生活选取教学材料、设计教学活动。教学材料和教学活动不仅要有利于学生学习语言知识，形成语言技能，还要有利于学生健康性格和健全心理的形成与发展。

思想性原则还要求教师要把文化意识渗透在开展爱国主义教育和增强世界意识之中，使学生了解外国文化的精华和中外文化的异同；还要有利于引导学生提高文化鉴别能力，树立民族自尊心、自信心和自豪感，促进学生形成正确的人生观和价值观。

（二）可行性原则

英语教学中的教学设计是为课堂教学所做的系统规划，要真正成为现实，必须具备两个可行性条件：一是符合主客观条件，二是具有可操作性。

符合主客观条件是教师实施教学设计的重要条件，主观条件是指教师应考虑学生的年龄特点、已有知识基础及生活经验；教师只有遵循学生的认知规律，尊重学生身心发展的特点，立足学生的生活经验和学习基础，在综合分析的基础上进行教学设计，才能增加设计的针对性，更具有实效性。如果教学设计背离了学生的年龄特点，超出了学生的认知能力范围和脱离了生活实际，是不可行的。

客观条件是指教师进行教学设计需要考虑教学设备、地区差异等因素。教师首先要了解学校所处的地域环境和教学条件、学生的学习能力等客观因素，了解学校能够提供什么样的教学设施。教学的环境和条件、学生的学习能力是教师进行教学设计的重要参考。如果教师不考虑教学的客观条件，只凭自己的主观设计，不考虑不同地域学生的差异，把目标拔得太高，教学设计也是无法落实的。

具有可操作性是教学设计应用价值的基本体现。教学设计的出发点是为指导教学实践准备，应能指导具体的教学实践，而不是理想化地设计作品。教师的教学设计要在教学实践中检验，去验证设计的理念是否正确，方法是否恰当，学习效果是否满意，这样才能体现教学设计指导教学的作用。

（三）趣味性原则

英语教学的目标是要培养学生综合运用语言的能力和学习英语的兴趣。英语教学不仅要符合学生的知识、认知和心理发展水平，还要充分考虑学生的兴趣、爱好、愿望等学习需求，紧密联系学生的实际生活，设计生动活泼、形式多样、趣味性强的学习活动，创设愉快的语言运用情境，引导学生积极参与，提高学生的学习兴趣，加强其学习动机。例如，根据不同学段学生的年龄特征，设计不同的任务型教学，创设不同的情境，采用不同形式的教学媒体，使课堂教学生动活泼。

（四）互动性原则

根据生态的基本观点，任何事物都处于一定的关系中，学校是教育生态系统的子系统，在学校这个子系统中，教师与学生作为其中的两个因子相互作用与交往。教师与学生之间是一种以学生最终的发展为目的而联系在一起的共生关系。教学过程中信息的传递是相互的、双向的。如果教师与学生之间的互动保持相对平衡性、有序性，他们才能有效发挥各自的作用，进而实现和谐统一的发展。如果教师和学生之间的互动被打破，那么教育要素之间的平衡也会被打破，这不仅会损害师生自身的发展，也会损害整个学校甚至整个教育的发展。师生之间的交流与沟通是一种连续不中断的过程，在不断地动态变化发展中寻找平衡点。教师不断提高自身的教学水平与理论水平，从而应用到实践教学中，促进学生的可持续发展。学生获得的成绩也体现了教师的价值，并且是对教师的一个鼓励。因此，在大学英语教学中，师生之间是一种相互依存、共同发展的关系。

（五）系统性原则

英语教学的设计是一项系统工程，系统中的各要素相当于子系统，既相对独立，又相互依存、相互制约，组成一个有机的整体。教学设计各子系统的排列具有程序性的特点，即各子系统有序地成等级结构排列，而且前一子系统制约、影响着后一子系统，而后一子系统依存并制约着前一子系统。一个规范的教学一般由教材分析、学情分析开始，根据分析结果，确定教学目标。

从形式上看，教材分析、学情分析和教学目标是相对独立的，但又是相互依存的。学情制约着教学目标，教学目标的制定建立在学情分析的基础上，彼此之间存在着内在的逻辑关系，它们之间的逻辑性是保证前后各要素相互衔接的前提。在这种逻辑的基础上，一旦教学目标明确了，教学重点、教学难点就能够确定了。

重点、难点是教师选择教学方法的重要指标和依据，它在一定程度上决定了教师选择什么样的方法突出重点、突破难点，以实现教学目标。所以，教学设计的程序是无法随意改变的，教学设计中教师应遵循其程序的规定性及联系性，确保教学设计的系统性和科学性。

（六）情境性原则

课堂教学环境对于教学活动的顺利展开有着很大的影响。大学生的注意力集中水平有限,大学英语教师更应该注意课堂教学环境的建设。一般来说,课堂教学环境分为人文环境、语言环境、自然环境。

(1)人文环境。人文环境主要通过师生之间的情感交流与互动氛围体现出来,它是一种隐形的环境。大学生缺乏人际交往经验,所以大学英语教师应该在营造人文环境方面起着主导作用。教师要通过倡导师生之间的平等交流以及歌曲、游戏、表演等方式,来营造一种自由、开放的人文环境,打开学生的心灵,促进学生的英语学习。

(2)语言环境。根据认知发展心理学,大学生需要借助具体事物来辅助思维,不容易在纯粹语言叙述的情况下进行推理,他们只能对当时情境中的具体事物的性质与各个事物之间的关系进行思考,思维的对象仅限于现实所提供的范围,他们可以在具体事物的帮助下顺利解决某些问题。语言与认知的发展是相互促进的。个体语言能力是在个体与环境相互作用的过程中逐渐发展起来的。语言环境对于外语学习非常重要,而中国学生没有现成的语言环境,因此大学阶段的英语教学应该创设具体、直观的语言情境。为此,教师要充分利用与开发电视、录像、录音、幻灯等教学手段,设计真实的语言交流,使学生在运用语言的过程中学习与掌握语言。

(3)自然环境。课堂教学的自然环境主要指课堂中教学物品、工具的呈现方式。其一,为了让教师与学生之间进行更加亲近的交流,教师应该设置开放的桌椅摆放方式,应该摒弃那种教师高高在上、学生默默倾听的桌椅摆放方式。其二,要求教室的布置应该取材于真实的生活场景,这不仅拉近了学生对课堂教学的距离,也使得学生更容易理解英语,也有助于创造英语语言交流的环境。

(七)融合性原则

语言与文化是密切相关的。在英语教学中,文化主要包含母语文化与英语文化。所谓融合性原则,即教师在英语教学中要重视文化的导入与渗透。学生对文化的了解,可以促进他们对语言知识的掌握。同时,学生掌握语言知识又可以促进他们对中西方文化的了解。因此,在小学英语教学中必须要对学生进行文化导入。具体来说,文化导入主要有如下几点方法。

(1)比较。有比较就有结果。只有在比较中,事物的特性才会表现得更加明显。经过了不同的历史轨迹,中西方国家在长时间的历史积淀中形成了不同的文化。因此,在文化教育中,教师可以通过母语文化与英语文化的明显比较,让学生更加深刻地认识母语文化与英语文化。在跨文化交际中,学生也因此可以提高自身的文化敏感性,会更加重视文化对交际的影响,从而减少甚至避免文化差异引起的交际冲突。例如,问别人的行程和年龄在中国是很正常的,但是在西方却是对隐私的侵犯。

(2)外教。外教不仅可以提升学生的英语学习兴趣,还能够促进学生跨文化交际能力的提高。外教作为异域文化的成员,比较能够引起一些学生的好奇心,这些学生在与外教接触和交流的过程中增强了对英语口语表达的信心,还能收获课堂上学不到的社会文化背景知识,能真正提高英语文化敏感度与英语交际能力。另外,学校可以定期利用外教组织英语角,这样就为学生创造了纯正地道的英语环境,有助于学生英语听力与口语能力的提高。

(八)开放性原则

大学英语教学的一个重要特征就在于开放性,其体现为如下两个层面。

第一,教学资源的开放性。大学英语教学资源不仅来自教材,还源于大学生的课外生活。当然,教学资源都是经过筛选的,选择的依据就是师生之间的知识交流、情感传递。换句话说,教学主体在日常生活中进行生活体验,并不断总结经验教训,然后积极构建出相关的知识,真正实现课堂教学知识在生活中的运用。

第二,教学主体的开放性。在大学英语教学中,教师与学生不断地重复信息传递与信息接收的过程,进行着持续的互动交流,教师与学生有着巨大的差异性,主要体现在生活阅历、知识水平、情感态度等层面。教师会无意识地将自己的知识水平、生活阅历、情感态度等带入实际教学活动中,同时学生根据自身发展特点有选择性地吸收。因此,伴随着课堂教学活动的是教师与学生之间的信息流动。

第二章 大学英语教学的跨文化转型趋势

大学英语教学属于教育学的一大分支，其通过对英语进行教授与学习来使得学生的语言能力大幅度提升。随着国与国交往的日益紧密，整个社会对英语人才的需求也逐渐增大，英语学习的内容、目标等发生了巨大的改变，这就使得大学英语教学面临着巨大的挑战。当前，大学英语教学不仅作为一种语言教学培养学生掌握语法知识，还往往作为一种文化教学来帮助学生展开成功的交际。因此，大学英语教学的跨文化转型势在必行。本章就来具体分析大学英语教学的跨文化转型趋势。

第一节 大学英语教学跨文化转型的时代背景

全球化、文化全球化的到来为教育带来了不小的冲击与挑战，为实现教育的长久性与时效性发展，必须关注当前的时代背景。全球化是被广泛热议的多维概念，横跨经济、社会、文化、政治、自然科学和历史等多学科。全球化这个主题深远、广人且富于变化，以至于没有哪个学科的哪个理论框架能够对其进行充分阐释。简言之，全球化指的是一种压倒性的推动力，使国与国之间、经济体之间、民众之间形成一种新型的内在关系。它导致了当今社会生活多层面的改变，包括经济、政治、文化、科技、生态和个人等各个方面。

一个抓住了全球化概念精髓的表述是：全球化是全方位、立体化的社会进程，它创造了世界范围内的社会相互依存和交换并使之不断增加、延伸和强化，同时，这一进程也使民众更加深刻地认识到本土与外部世界的连接日益紧密。为了弄清全球化这个概念，有必要了解它的历史发展。

一、文化全球化的解析

文化全球化指的是文化在全球范围内传播的过程，是“人与人以及人与文化、彼此的思想、价值观和生活方式的相互接触以前所未有的方式不断增加和深化的过程”。来自远方的文化形象竟然也能在家里的电视屏幕上或是在附近的电影院里活灵活现地展现，世界更像是个“地球村”。外国的文化也不再像以前那样陌生，当地的社区也不再是一个小小的文化孤岛。于是，全世界人民都面临着一个空前的能让本族文化大发展的机会，同时本族文化也面临着一个空前的挑战。

全球化对文化的影响已变成各派学者热烈讨论的话题。其中有三派学者深入且具有批判性的分析引起了我们的关注。一派以政治学家本杰明·巴伯（Benjamin Barber）、历史学家弗朗西斯·福山（Francis Fukuyame）和社会学家乔治·里兹（George Ritzer）为代表，他们认为美国的消费文化正在发挥影响力使其他文化同质化，这种力量占据主导力；另一派以政治学家塞缪尔·亨廷顿（Samuel Huntington）、社会学家安东尼·吉登斯（Anthy Giddens）和文化评论家约翰·汤姆林森（John Tomlinson）为代表，他们认为本族文化和宗教的特质正在被进一步加强，以这种文化异质化来应对全球化带来的威胁；第三派学者以文化评论家阿尔君·阿帕杜莱（Arjun Appadurai）、历史学家罗比·罗伯逊（Robbie Robertson）和社会学家罗兰·罗伯逊（Roland Robertson）为代表，他们认为文化同质化和文化异质化同时发生，让整个世界都沉浸在一个既富开创性又具混乱性的紧张状态中，这导致了“全球本土化”的产生，也就是本土的全球化及全球的本土化了。

关于文化全球化的观点各种各样，人们不主张把这些观点泾渭分明地划分入上述三派类别，实际上这些观点之间还有着千丝万缕的联系，在话语体系中也有相互重合和印证之处。倒不是说各位学者的观点千篇一律毫无新意，而是说他们大都倾向于认同“全球化处于现代文化的核心，而文化实践处于全球化的核心”“只有通过文化概念角度的解读，全球化才能真正被正确理解”（Tomlinson，1991a）。为了帮助我们更快理解正在进行的文化全球化进程，姑且做出上述分类。下面简要介绍一下各派的主要观点。

（一）文化同质化

斯蒂格（Steger，2003）把第一派学者称为“全球化狂热者”，他们把冉冉升起的“全球文化”描绘成一幅绚烂画卷，认为“全球文化”正在迅速改变着世界文化的面貌。其中一些人狂热而自信地认为文化全球化就是西方文化必然的、全面的胜利，西方价值观和生活方式将一统天下。他们容易得出一个简单而直接的公式：全球化＝西化＝美国化＝麦当劳化。

也就是说，他们认为全球化就是全盘西化的过程，而西化实质上就是美国化，美国化又可以简单概括为“麦当劳化”。“麦当劳化”这个提法是美国社会学家乔治·里兹（George Ritzer）1993 年创造的，用来描述当代社会文化所遵循的快餐工业基本原则——创建统一的商品，执行统一的标准，这种文化在美国和其他地区形成了其文化的轮廓。

为了支持其观点，“全球化狂热者”指出，世界各地的年轻人穿着李维斯的牛仔裤和耐克运动鞋，戴着德士古棒球帽，身着芝加哥公牛队的长袖运动衫，经常看音乐电视，看电影就要看好莱坞大片，吃饭经常去的就是麦当劳和必胜客，这一现象证明美国的个人主义和消费主义通过全球化得以更自由地传播，被更广泛地接受。他们强调，主要由美国利益集团控制的全球通信工业为形成此种文化同质化提供了便利。据报道，2000 年，“仅美国电话电报公司、索尼公司、美国在线 / 时代华纳公司、贝塔斯曼、自由媒体、威望迪环球公司、维亚康姆集团、通用电气、迪士尼公司、新闻集团这十家大型综合性企业的营业收入就占据了世界通信工业全年 2 500 亿到 2 750 亿美元的三分之二还多。

全球化狂热者还特别强调了美国娱乐工业在传播美国流行文化时发挥的重要作用。正如 1999 年联合国《人类发展报告》所述，美国最大的单一出口工业不是飞机，不是汽车，不是计算机，而是娱乐。尽管印度的宝莱坞每年出产的电影数量世界第一，但美国好莱坞电影却能覆盖到世界市场每个角落，它的营业收入 50%以上来自海外。到 20 世纪 90 年代末，好莱坞宣称占据了拉丁美洲 83%的电影市场，占据了欧洲 72%的电影市场和 50%的日本电影市场。美国的电影院却鲜见放映外国电影，外国电影在美国市场的占有率还不足 3%。全球化狂热者强调，美国流行文化的传播是无法停止的，也是无可争议的，因为美国和其他国家之间，在文化传播能力方面存在弗莱德里克·詹姆逊（Fredric Jameson，1998）提出的“根本的不均衡性”，他自信地认为在这个领域这种“不平等性”会永远存在，因为“其他地区的娱乐产业几无可能通过建立全球性的成功模式来排挤掉好莱坞”。

詹姆逊希望我们记住，“好莱坞不仅仅是一个赚得盆满钵满的商业名字，更代表着晚期资本主义根本的文化革命，在这一革命进程中，旧的生活方式被打破，新的生活方式正在建立”。换言之，好莱坞输出的不仅仅是娱乐，还有美国的文化工人精心构建的文化价值观。这无形中对其他民族本土文化形成了潜在威胁。这就是为什么连一些西方国家如加拿大、法国都立法保护本国文化多样性和国家特质，限制美国文化产品的进入。人们可能还没注意到，一场博弈正在上演，巨大的美国文化利益正试图打开各国大门，让美国的电影、电视、音乐等涌入他国，而某些单一民族国家正把保护和发展本国语言和文化放在首要位置，以减少美国大众文化对本国从物质层面到社会精神层面的影响。

一份联合国教科文组织（UNESCO）大会决议可以很好地证明这场博弈正在上演，大会决议采用一项新的协定“来保存和保护文化表达的多样性”，这项协定授权各国采取行动保护本国文化产品和服务的特殊性。这项协定以148票通过、2票反对、4票弃权通过。美国就是这两个投反对票的国家之一，因为美国担心这项协定将被用来阻碍好莱坞电影和其他文化产品的出口。根据英国广播公司的在线调查，法国文化部长雷诺·多内迪厄·德瓦布雷提出：“一个国家有权力设定自己国家节目来源的配额，因为这个世界已经把85%的电影票房贡献给了好莱坞。”

国家间的良性文化冲突能在诸如“北美自由贸易协定”（NAFTA）等双边或地区贸易协定中“文化条款”部分找到相应表述，但是也有一种“不那么良性的”冲突形式是让人无法忍受的，有时会带来让人难以想象的后果。

尽管巴伯（1996）宣称他使用“圣战”这个词“只是作为一个通用术语，与其伊斯兰教的神学起源一点关系也没有”，但是他还是这样做出解释：“它最温和的形式表达代表信仰的宗教抗争，这是一种伊斯兰教的热忱；但它最强烈的政治展现却意味着代表党派身份的血淋淋的圣战，而党派身份有着深奥的定义和巨大的资金支持。”尽管他调用了阿拉伯语的表述和伊斯兰教的热忱，他仍忙不迭地补充说他使用这个词语是“选取其战争方面的解释来展示一种教条的、暴力的专一主义，这是为基督教信奉者、穆斯林、德国人、印度人和阿拉伯人所熟知的”。巴伯的“麦当劳世界”则跟里兹的“麦当劳化”异曲同工，麦当劳世界代表着“如鲜艳蜡笔描绘般的光辉未来，经济、技术、生态力量都在呼唤一种整合和统一，用这种统一的标准来丈量人民的生活——用音乐电视这种快音乐，用苹果电脑这种超级计算机，用麦当劳这种快餐把不同国家都框入同一个主题公园，那就是通过通信、信息、娱乐和商业紧紧联系在一起的同一个麦当劳世界”。和其他全球化狂热者一样，巴伯认为世界人民只能立场鲜明地二选一，或是选“全球市场的世俗普遍性席卷全球”，或是选“倔强部族日复一日专一的信奉”。然而他也指出，无论是全球化力量还是部落意识都在慢慢侵袭着公民自由和民主的价值。

（二）文化异质化

如果以全球化狂热者为代表的第一派学者凸显文化全球化中的“全

球性”，那么第二派学者——我称他们“本土主义者”，则把本土化特质放在首位。对本土主义者来说，文化全球化的最显著特征不是文化同质化，而是文化异质化，即由于全球化进程带来或真实或假想的威胁，门类众多的本土文化身份更应复兴，焕发出各自的魅力。他们拒绝西方文化统治世界这个命题，也拒绝承认只有西方文化才是最杰出的文化这个命题。他们看到了逐渐涌现的几个充满生机的文化中心，而不是全球只有一个至关重要的文化中心。著名的爱尔兰诗人威廉·巴特勒·叶芝（William Butler Yeats）的诗句可以贴切地描绘出他们的世界：“中心已不在，世界上弥漫着一片混乱。”他在不同的时间不同的场合都有这样的表述。英国社会学的领军人物安东尼·吉登斯（Antyony Giddens，2000）也表达了类似的观点，他说：我们的世界“看起来已经不由我们掌控了，现在是个失控的世界”。

吉登斯认为，之所以说“失控的世界”是因为全球化正在日益变得“去中心化”。他甚至更富争议地提出了“反向殖民”。对他而言，反向殖民意味着非西方国家的影响力正在向西方国家蔓延。这样的事例俯拾皆是：美国城市洛杉矶拉丁氛围浓重，印度成为全球高科技领跑板块，巴西的电视节目卖到了葡萄牙。如果他今天要重写这一部分，他一定会把最近崛起的卡塔尔半岛电视台和宝莱坞的例子也加进去。

卡塔尔半岛电视台是属于卡塔尔的阿拉伯语电视网络。在2002年阿富汗战争和2003年伊拉克战争期间，卡塔尔半岛电视台与美国有线电视新闻网分庭抗礼，他们就战争发表自己的观点，为观众提供了更多的选择，成为美国有线电视新闻网一个不可小觑的对手。他们的工作颇具成效，以致有人试图劝说卡塔尔政府要对其严格管控。根据斯蒂格（Steger，2003）的记述，这个阿拉伯语电视网络“为中东观众提供了异彩纷呈的电视节目，电视信号是由功率强大的卫星24小时不间断传送，而卫星是由欧洲的火箭和美国的宇宙飞船发射升空的”。在短短3年里，卡塔尔半岛电视台迅速成长，五大洲都能24小时观看到该台播放的节目。不仅如此，它的网站也通过巨大吸引力吸引着全世界的网民，日点击量超过700万。在美国主导的全球时事传播领域，卡塔尔半岛电视台的作用无疑不容小觑。半岛电视台甚至在2006年开启了用英语播报的国际卫星电视频道，这标志着它的影响力进一步扩大。

正如半岛电视台成功占据了新闻媒体，宝莱坞的兴起也令美国电影工业的钢铁盔甲上裂了一道缝。《时代》杂志2003年10月27日的封面故事“宝莱坞”写道：“印度的电影工业规模庞大，平均每年出产1 000部电影，而好莱坞年均产量740部；宝莱坞的观众遍及世界各地，从吉隆坡到开普敦，每年约有3.6亿观众，而好莱坞的观众只有2.6亿，这形势看起来西方已被远远赶超了。”杂志还指出，21世纪福克斯电影公司决定向世界播放宝莱坞电影，其他美国电影公司诸如华纳兄弟、哥伦比亚三星电影公司也纷纷效仿。希瑟·泰洛尔（Heather Tyrrell）在一篇评论分析文章中表示：“好莱坞向印度出口西方文化产品的努力几近全面失败，于是开始投资宝莱坞，而不再考虑着如何取而代之了。”她认为：“宝莱坞拒绝被好莱坞殖民化”，“这样的抵抗充满着美学、文化和政治色彩”，也印证了“文化可以用作一种全球力量，一种霸权力量，而且这种对文化的利用不仅限于西方国家”。

让我们转回到文化全球化对普通百姓的影响。本土主义者强调所谓的“全球邻居”并未真正带来社交性的提高，而仅仅带来如约翰·汤姆林森（John Tomlinson，1999a）所说的“更进一步的接近”。换言之，全球化只带来了空间和时间上的收缩，界限变得更加模糊，却没有进一步扩大公共和谐，没能让世界人民的价值观更趋一致。事实上，全球化只加强了原教旨主义的力量，吉登斯称其为“全球化之子”。原教旨主义，不论是佛教、基督教、印度教还是伊斯兰教，或者任何其他宗教派别，都是以满怀保护和保存本土传统信仰和实践的热切愿望为前提的，并且他们相信本土的东西正在被全球文化的大潮所威胁。

毫无疑问，全球文化潮带来了西方消费模式的最广泛传播，特别是在世界各地崛起的中产阶级阶层，然而接受西方的产品并不一定意味着对西方的文化信仰也照单全收。亨廷顿（Huntington，1996）从历史的角度指出：“20世纪70至80年代间，美国消费者消费了数以百万的日本汽车、电视机、照相机和其他电器产品，然而却没被日本化，反而加深了对日本的敌意。”他形象又尖锐地提出了一个问题：“当西方人把嗞嗞作响的碳酸饮料、褪色牛仔裤和垃圾食品标榜为自己的文明时，西方向世界展现的是一个什么样的西方？”

于是，本土主义者极力消解“一个单一的、统一标准的全球文化正在形成”这一理念。他们坚称西方文化时尚的流行并不意味着西方文化将占据统治地位。相反，他们看到西方文化衰落的蛛丝马迹，而其他文化则冉冉上升，尽管这衰落和上升显得那么不均衡。正如汤姆林森（Tomlinson，1999b）警告的，本土主义者的推论可能“很快让西方化的论点处于不利地位，至少是以引人注目的、充满争论的形式。然而，他们还没有完全解决现代西方文化实力的问题，这一点很容易证明，因为当全球化的一切处于舆论中心被热烈讨论，各种评论和批评满天飞时，西方的文化实践和制度仍稳坐全球领航的交椅”。这成为文化全球本土化支持者的重要论据。

二、文化全球化与大学英语教学

与其他教育工作者相比，在帮助学习者建立自身主体性和自我认同方面，语言教师面临独特的机遇和挑战，原因正如克里斯·威登（Chris Weeden，1987）指出的，“社会组织的各种形式（已存在的形式和可能的形式）及其相应的社会、政治影响都是通过语言这一平台加以定义、相互角逐的。同时语言也是我们确立自我感知，建构自我认同的地方”。这在大学英语教学中表现得更为明显，在大学英语教学中，语言和文化被更紧密地连接起来。

在全球化的离心力和向心力的撕扯中，自我身份认同的建构变得异常艰难。传统和习俗的相对安全性正在缓慢衰退，自我身份认同的最核心基础——自我感知已经改变了。从传统意义上说，个人主要是通过在群体中稳固的社会地位来感知自己。而今传统跑偏，各种生活方式的选择盛行，个人也难以豁免。自我身份的认同需要在更加活跃的基础上创造或再创造。

因此，在文化全球化的今天，只有建立在对全球文化认知的坚实基础上才能建造和再造个人身份的大厦。据我所知，很少有大学英语教学的项目能认识到从领导层就狠抓对文化全球化认同的重要性，甚至即使对交际能力和文化能力的关联有清晰的认识，也没能给文化教学提供更广阔的平台，而是进行了各种限制。

第二节　影响大学英语教学跨文化转型的因素

语言与文化密切相关，文化对语言有着重要的影响。文化不同，其影响下的语言也不尽相同。在大学英语教学中，了解中西方语言与文化差异，有助于了解英汉语言的规律与文化习俗，明确产生差异的原因。本节就对这些因素展开分析和探讨。

一、大学英语教学中的语言差异

（一）词汇差异

对于英汉语言来说，词汇是其组成的细胞，英汉两种语言中的词汇是非常丰富的。但是，这种丰富性也导致了英汉词汇在词义、搭配、构词方式等层面的差异性。

1. 词汇意义差异

（1）完全对应。在英汉两种语言中，有些词在词义上是完全对应的，一般这类词包含名词、术语、特定译名等。例如，paper 指代纸，steel 指代钢。

（2）部分对应。在英汉两种语言中，有些词呈部分对应，即有些英语词词义广泛，而汉语词词义狭窄，有些英语词词义狭窄，但汉语词词义广泛。例如，sister 既代表“姐姐”，又代表“妹妹”；red 既指代“红色”，又可以指代“紧急、愤怒、极端危险”。

（3）无对应。受英汉文化差异的影响，英汉语中很多专门的词在对方语言中找不到对应词，就是所谓的“无对应”，也可以被称为“词汇空缺”。例如，chocolate 即“巧克力”，hot dog 即“热狗”。

（4）貌合神离对应。在英汉两种语言中，有些词表面看起来是对应的，其实不然，这种对应的词语可以称为“假朋友”。例如，grammar school 为“升大学的学生设立中学”，而不是“语法学校”；talk horse 为“吹牛”，而不是“谈马”。

2. 词汇搭配能力差异

词汇的搭配研究的是词与词之间的横向组合关系，即所谓的“同现关系”。一般来说，搭配是约定俗成的，但是英汉搭配规律存在着明显的规律，不能混用。例如：

as plentiful as blackberries 多如牛毛

black tea 红茶

另外，很多词具有很强的搭配能力，如英语中的 to do 可以构成很多词组。to do the bed 意思是“铺床”，to do the window 意思是“擦窗户”，to do one’s teeth 意思是“刷牙”，to do the dishes 意思是洗碗碟。通过上述 to do 组成的这些词语可以看出其搭配能力的广泛，可以用于“床”“窗户”“牙”“碗碟”等，但是汉语中与之搭配的词语则不同，用了“铺”“擦”“洗”等。

再如，汉语中的“看”也是如此。“看电影”即 see a film，“看电视”即 watch TV，“看地图”则为 study a map。

（二）句法差异

在英语中，句法起着十分重要的作用。了解中西句法的不同特征，有助于更好地进行英汉互译。中西句法的差异有很多，这里主要从语态、句子重心两个层面入手分析。这些差异也反映出使用不同语言的民族思维方式与文化心理结构的不同，因此是值得了解与研究的。

1. 语态差异

中西方思维模式的不同也必然会影响着语态的选择。通过分析英汉语可知，英语善用被动语态，而汉语善用主动语态。

（1）汉语善用主动语态。在做事层面，中国人侧重动作执行者的作用，即所谓的重人不重事儿。在语言使用中也是如此，中国人更习惯采用主动语态来表达，以陈述清楚动作的执行者。

但是，汉语中也存在被动语态，主要来表达不希望、不如意的事情，如受祸害、受损害等。受文化差异的影响，汉语中的被动语态往往比较生硬。例如，“饭吃了吗？”这句话虽然使用被动语态表达，但是显得非常别扭，甚至很难读，因此应改为：“你吃饭了吗？”

（2）英语善用被动语态。西方人对于物质世界的自然规律是非常看重的，习惯弄清楚自然现象的原理。在语言表达上，他们习惯采用被动语态来对活动、事物规律或者动作承受者加以强调，对于被做的事情与过程非常看重。

从语法结构上说，英语中存在十多种被动语态，时态不同，其被动语态结构也存在差异。例如：

Apple trees were planted on the hill last year.

去年山上种了很多苹果树。

这个句子为一般过去时态，其被动语态表达的也是过去的情况。

2. 句子重心差异

在句子重心上，汉语句子则与之相反，即重心在后；英语句子一般重心在前。也就是说，汉语句子一般把重要信息、主要部分置于句尾，而次要信息、次要部分置于句首。英语句子一般将重要信息、主要部分置于主句之中，位于句首。例如：

He was repeatedly defeated though he fought over and over again.

He fought over and over again though he was repeatedly defeated.

这是源于一个传说,清朝末期,湘军头领曾国藩围剿太平军的时候,接连失败,甚至有一次差点丢了性命。于是,他向朝廷报告战事时说:“屡战屡败”,翻译成英语为第一句话。但是他的军师看到了这一点,立即将其改为“屡败屡战”,即第二句话。

从字面看,这两句话中用了同样的词,只是更改了语序,但是含义却大相径庭。“屡战屡败”说明曾国藩一直失败,丧失信心,甘愿领罚;而“屡败屡战”则说明曾国藩是一个忠肝义胆的汉子,应该受到朝廷的褒奖。正是由于军师巧妙地更改,不仅保全了曾国藩的面子,也救了他的命。因此,在翻译成英语时,也需要注意重心的问题。

(三)语篇差异

对于英汉两种语言来说,语篇即语言的运用,是更为广泛的社会实践。在中西语言中,语言是词汇、句子等组合成的语言整体,是实际的语言运用单位。人们在日常交谈中,运用的一系列段落都属于语篇。同时,语篇功能、语篇意义等都是根据一定的组织脉络予以确定的。中西语篇在组织脉络上存在着明显的差异,这些差异影响着人们的谋篇布局。

1. 逻辑连接差异

(1)隐含性与显明性。所谓隐含性,是指汉语语篇的逻辑关系不需要用衔接词来标识,但是通过分析上下文可以推断与理解。相反,所谓显明性,是指英语中的逻辑关系是依靠连接词等衔接手段来衔接的,语篇中往往会出现 but, and 等衔接词,这可以被称为“语篇标记”。汉语属于意合语言,英语属于形合语言,前者注重意念上的衔接,因此具有高度的隐含性;后者注重形式上的接应,逻辑关系具有高度的显明性。例如:

跑得了和尚,跑不了庙。

The monk may run away, but never his temple.

上述例子中,汉语原句并未使用任何连接词,但是很容易理解,是明显的转折关系。但在翻译时,译者为了符合英语的形合特点,添加了 but 一词,这样才能被英语读者理解。

(2)展开性与浓缩性。除了逻辑连接上的显明性,汉语中呈现展开性,即常使用短句,节节论述,这样便于将事情说清楚、说明白。英语在语义上具有浓缩性。显明性是连接词的表露,是一种语言活动形式的明示,但是浓缩性并未如此。英语具有独特的思维方式与语言特点,这也决定了表达方式的高度浓缩性,习惯将众多信息依靠多种手段来思考,如果将其按部就班地转化成中文,那么必然是不合理的。例如:

She said, with perfect truth, that "it must be delightful to have a brother," and easily got the pity of tender—hearted Amelia, for being alone in the world, an orphan without friends or kindred.

她说道,"有个哥哥该多好啊",这话说得入情入理。她没爹没娘,又没有亲友,真是孤苦伶仃。软心肠的阿米莉亚听了,立刻觉得她很可怜。

上例中,with perfect truth 充当状语,翻译时,译者在逻辑关系上添加了"增强"的逻辑关系。英语介词与汉语介词不同,是相对活跃的词类,因此用 with 可以使感情更为强烈,在衔接上也更为紧密。相比之下,汉语则按照语句的次序进行平铺,这样才能让汉语读者理解和明白。

(3)迂回性表述与直线性表述。英汉逻辑关系的差异还体现在表述的直线性与迂回性上。汉语侧重铺垫,先描述一系列背景与相关信息,最后总结陈述要点。英语侧重开门见山,将话语的重点置于开头,然后再逐层介绍。例如:

Electricity would be of very little service if we were obliged to depend on the momentary flow.

在我们需要依靠瞬时电流时,电就没有多大用处。

上例中的逻辑语义是一致的,都是"增强",但是在表述顺序上则相反。英语原句为主从复合句,重点信息在前,次要信息在后,在翻译成汉语后,则次要信息优先介绍,而后引出重点信息,这样更符合汉语的表达。

2. 表达方式差异

(1)主题与主语。汉语属于主题显著语言,其凸显主题,结构上往往包含两个部分,一部分为话题,一部分为对话题的说明,不存在主语与谓语之间的一致性关系。英语属于主语显著的语言,其凸显主语,除了省略句,其他句子都有主语,主语与谓语呈现一致性关系。对于这种一致关系,英语中往往采用特定的语法手段。例如:

The strong walls of the castle served as a good defense against the attackers.

那座城墙很坚固,在敌人的进攻中起到了很好的防御效果。

显然,英语原句有明确的主语,即 The strong walls of the castle,其与后面的谓语成分呈现一致关系。相比之下,翻译成汉语后,结构上也符合汉语的表达,前半句为话题,后半句对前半句进行说明。

(2)客观性与主观性。中国人注重主观性思维,因此汉语侧重人称,习惯采用有生命的事物或者人物作为主语,并以主观的口气来呈现。西方人注重客观性思维,因此英语侧重物称,往往将没有生命的事物或者不能主动发出动作的事物作为主语,并以客观的口气加以呈现。受这一差异的影响，汉语往往以主体作为根本，不在形式上有所拘泥，句子的语态也是隐含式的，而英语中的主被动呈现明显的界限，经常使用被动语态。例如：

These six kitchens are all needed when the plane is full of passengers.

这六个厨房在飞机载满乘客时都用得到。

显然，英语句子为被动式，而汉语句子呈现隐含式。

二、大学英语教学中的文化差异

（一）价值观差异

1. “天人二分”与“天人合一”

（1）西方人提倡“天人二分”

在西方国家，人们大多认为世界是客观的，是与人对立的一个存在，即“主客二分”，人作为社会的主体，想要认识和了解世界，就需要站在对立面上对自然界进行认真的观察、分析、研究，如此才能从根本上了解和认识大自然，领悟大自然之美。

也就是说，西方人的文化审美强调对大自然进行模仿，认为文化就是对大自然的一种模仿。希腊是西方古代文化的发源地之一，这一地区最突出的文化艺术形式就是雕塑，其在很大程度上表现出了西方人的审美观念与标准。

除了雕刻，西方人还十分喜欢叙事诗，二者作为艺术领域的典型代表，都反映了西方社会主客二分的审美标准，是一种写实风格的体现。西方人认为，人对大自然的审美一般包括两种心理过程：畏惧、征服，因此人们对审美判断的最终结果往往也局限于这两种心理过程中。

（2）中国人提倡“天人合一”

众所周知，“天人合一”精神是中国传统文化的精髓，延续了数千年，在这一精神的影响下，人们在审美观念上主要体现为与大自然相融，人与大自然是一体的。

在中国古代历史上，很多哲学家、思想家都提倡“天人合一”的思想观念，他们认为艺术的表现同样应该体现出人与自然的天性，顺其自然，不可人为强制。

儒家所提倡的美学观点是美学，自身不仅需要具有合理性的特征，还需要合乎伦理，与社会习俗观念相一致，实现“真”“善”“美”的统一。此外，中国古代历史上所形成的审美理论还重视体物感兴，即强调主体的内心与外在事物相接触。

2. 个人主义与集体主义

（1）西方人推崇个人主义

西方绝大多数哲学倾向和流派都强调“主客二分”，把主体与客体对立起来。所以，西方人从一开始就用各种方法征服自然，强调个人奋斗的价值，对于个性、自由非常推崇，注重自我实现。但需要指出的是，个人主义并不意味着个人利益比任何利益都高，而是需要在法定的范围内，因此个人主义也是一种健康的、积极的价值观。不得不说，个人主义有助于个人的创新与进取，但是如果对个人主义过分强调，可能也会影响整个社会的亲和力。他们以批判的眼光看待已有的知识，从而不断获取新的知识。西方人的独立精神以及对个人存在价值的尊重，使得西方人逐渐形成了求异忌同、标新立异的开拓精神。因此，西方文化在继承、批判的呼声中不断推陈出新，从而保持旺盛的生命力。

（2）中国人推崇集体主义

中国人从日月交替等现象中产生了“万物一体”“天人合一”的意识，这种意识也体现在人与人之间的关系上，因此中国人群体意识强，强调集体价值高于个人利益，追求社会的和平统一。当遇到个人利益与集体利益发生冲突时，人们往往被要求与集体利益保持一致。虽然这种情况在当代社会有所改变，但是中国人仍旧饱含着强烈的集体归属感。同时，中国人以谦逊为美，追求随遇而安、知足常乐，而争强好胜、好出风头是不被看好的。

3. 追求变化与追求稳定

（1）西方人追求变化

西方人追求变化，认为“无物不变”，尤其对于美国这样一个多元移民的国家，人们为了满足基本的生存需要以及对物质的迫切需求，一直在求变、求创新。如果不进行创新，那么就不能满足他们已经取得的成就，也无法追求更美好的生活。因此，美国人往往不会受传统的限制，也不会受教育、家庭、个人能力等条件的限制，而是不停地在变换中探求个人的最大潜力，从而实现个人价值的最大化。在这种社会意义上的“频繁移动”的推动下，财富、机会等的流动越来越频繁，从而逐渐形成了一个不断创新、标新立异的社会文化氛围。从小的方面说，服饰、家具、装潢等都在不断创新，从大的方面说，政策、科技等也在不断更替，这些都明显体现了西方人求变的心态。

（2）中国人追求稳定

受儒家思想的影响，中国文化历来强调求稳求安，渴望祥和安宁。中国人习惯乐天知命，即习惯生活在祥和的环境中，知足常乐、相安无事，稍微发生变动，中国人往往会有杞人忧天、无所适从之感。同时，受农耕文明的影响，人们的价值观往往被禁锢在土地上，他们认为只有安居，才能乐业，如果背井离乡，那么就会像游子一样漂泊无依。现如今，人们对于安居的理念也是根深蒂固的，认为即使蜗居在一个特别小的房子里，那也会让自己有满足感。

4. 直面冲突与避免冲突

（1）西方人直面冲突

在处理谈判关系时，西方人侧重将矛盾公开，然后投入大量时间、人力等对这些矛盾问题进行处理，从而实现预期的结果。在西方人眼中，谈判双方只有明白说出问题，然后彼此才能将问题具体化，在考虑自身利益的情况下对问题进行解决。西方人对于数据、事实是非常看重的，不会刻意回避冲突，而是直面冲突，公开阐述自己不同的意见。当然，西方人在处理问题时也不会过于呆板，有时候会妥协，目的是尽快将协议达成。

（2）中国人避免冲突

在中国人眼中，人际关系非常重要，因此他们在谈判中往往会尽量避免冲突，认为这些冲突可以运用其他方式解决，如合作、妥协、和解等。

如果在交际中发生冲突，中国人往往强调双方合作的益处，以抵消彼此的冲突以及冲突对彼此造成的不快。例如，在处理冲突时，中国人为了避免冲突，往往在争议问题的基础上提出自己新的见解，或者提出一些折中的方案，避免这些争议问题升级，显然这表现出较高的灵活性，从而使谈判双方保持良好的交际关系。中国人之所以对这种交际关系进行维持，主要是由于如下两点原因：一是在中国人眼中，即便双方发生冲突，只要彼此的关系存在，对方就有义务考虑另一方的需要；二是只要彼此的关系存在，即便暂时未达成协议，也能够为将来达成协议做准备。

5. 求真与求善

（1）西方人求真

“天人二分”的西方哲学观必然引出西方文化对真理的追求。认识自然的目的在于探求真理，以便指导自己去改变自然、征服自然。无论是古希腊哲人赫拉克利特、柏拉图，还是亚里士多德，都主张认识的根本目标在于发现真理，智慧就在于认识真理，并把能认识真理视为人的最高追求。人们眼中的中世纪代表着愚昧、荒诞，虽然如此，那时候的人们仍然大肆宣扬着对真理的追求。圣·奥古斯丁就认为，在真理面前，心灵和理性都要让步，人人都想要获得幸福，但是途径只有一条，那就是获得真理，并且认识了真理便认识了永恒。在中世纪，神学利用各种方法证明上帝的存在，这在一定意义上都是为了求得神学真理。但是，要发现真理还需要运用科学的手段，因此培根创造出了通过实验与理性来发现真理的科学方法。同样，笛卡尔也强调，追求真理要运用正确的方法，至于什么是正确的方法，还要深入研究。对于真、善、美的向往，是人类的共有特性。但是，西方文化是先求真，再求善，真优于善。例如，古希腊早期哲学只涉及真，而未涉及善。后来，道德问题在哲学中的地位有所提高，但仍然是存在于真理的基础上。一直到近代，西方文化一直遵从这种真高于善、善基于真的格局，由此我们可以说西方文化为认识文化。

（2）中国人求善

从一定意义上说，中国文化是一种伦理文化，因为在中国古代文化中，认识、求真往往与伦理、求善结合在一起，并且前者附属于后者。儒学的经典之作《论语》，就是以伦理为核心的，然后延伸到政治等方面。孔子甚至将“中庸”看成美德之至。孟子也是在其“性善”说基础上建立其“仁政”和“良知、良能”学说的。孟子认为，认识的先天能力（良知、良能）源于性善。“诚”的中心内容是善；“思诚”的中心内容是“明乎善”。唯有思诚、尽性，才能解除对良知、良能的遮蔽，获取充分的知识和智慧。显然，善高于真而衍生真。宋明理学作为儒学的新阶段，已吸收综合了道、佛的某些重要思想，但其基本构架仍是伦理思想统驭认识论，如“格物致知”的认识论就在伦理学的控制范围之内，理学的认识论完全被伦理学兼并了。

在中国古代，社会的价值观表现为文化政治化、道德化，过多地在乎社会秩序和人际关系的礼仪，并认为这是“正道”。当时的人生理想被宣扬为读经书、考科举、进入仕途，因此许多知识分子争先恐后地追求仕宦前程，都在研究怎么度过人生、怎么安邦治国，而对与此没有直接关联的学问非常漠视。这种趋势在汉代以后就表现得更加明显，重义轻利，重人伦轻自然，重政治轻技术。儒家思想甚至还将理性思辨和科学分析置于日常生活、伦常感情和政治观念中，使科学理论伦理化、政治化。道家的文化是一种朴素的文化，他们推崇原始的、蛮荒的世界，普遍蔑视科学技术。这种情况在封建社会的后期变得更加严重，十分不利于科学技术的发展。人们普遍喊着“万般皆下品，唯有读书高”的响亮口号，需要注意的是，他们读的书并不是科技类的书，而是圣贤的“经书”。人们都想通过宦官仕途而成为人上人，劳动者因为没有文化而不能把技术抽象为科学，而有文化的知识分子实际上就是封建官僚的后备军，又不屑于具体的科技，这就造成了“主流学问”与实用知识的脱节以及劳动实践与知识创造的割裂，所有这些实际上已经成为科技进步道路上的一个巨大的绊脚石。

6. 实话实说与讲面子

（1）西方人实话实说

西方人对于个人自由非常注重，虽然有时候也会注重面子，但只是认为丢面子比较尴尬而已，不会感到羞耻。面对自己的错误，西方人更多地表现为自责，这可以从他们的行为中看出来。对于西方人而言，说实话、课堂提问、直接拒绝朋友、挑战权威等都是简单的事情，并不会对集体造成影响。并且，西方人非常讨厌人云亦云的人，只有那些勇敢说出自己想法的人才会被尊重和肯定。另外，西方人也比较直接，愿意将问题摆在台面上，这样才能尽快达成共识。

（2）中国人讲面子

中国人认为面子代表的是自己的尊严、自己的荣誉，因此中国人对于面子非常看重，也对他人的面子予以尊重。简单来说，就是中国人不允许自己丢脸，也不会让他人丢脸。在中国，失掉面子是非常糟糕的，因此不能当众辱骂他人或在公共场合大吼大叫，这些都会让人陷入尴尬和丢脸的境地。因此，为了在保证面子的情况下将意见进行有效传达，就必须要压制住自己的情绪，将所有的批评放在私下来说，尽量不当面给出批评，否则会收到不好的结果。另外，中国人不会明确将自己的意愿表达出来，尤其是对他人及他人所做的事儿的否定，而往往会选择委婉的形式，希望对方能够从中了解具体的意思，这样不仅可以保留自己的面子，还能够保持彼此的交情，从而实现交际。

7. 回避私事与询问私事

（1）西方人回避私事

在西方社会中，尤其以美国为典型来说明，人们的一切行为都以个人作为中心，个人的利益不可侵犯，这是典型的个人本位主义。受这一思想的影响，美国十分重视个人的隐私，这体现在社会生活的各个方面，如人们在进行交谈时，一般会避开个人隐私话题，因为这对于他们是禁忌，包含年龄、收入等都属于隐私问题。在西方文化观念中，看到他人出门或者归来，从来不会问及去哪里或者从哪里来；在看到他人买东西时，也不会问及东西的价格，因为这些问题都是对他人隐私的侵犯，即便是长辈或者上司，也都不能询问。

（2）中国人询问私事

从古至今，中国人喜欢聚居的生活，如“大杂居”“四合院”等都是很好的表现，目的在于这样的居住有助于接触，但是也会干扰到个人的生活。同时，中国人骨子里就推崇团结友爱、相互关心，个人的事情就是一大家子的事情，甚至是集体的事情，因此人们习惯聚在一起去谈论自己或者他人的喜悦与不快，同时愿意去了解他人的喜悦与不快。在中国的文化习俗中，长辈或者上级询问晚辈或者下属的年龄、婚姻情况等，是出于关心的目的，而不是对他人隐私的窥探。通常，长辈与晚辈、上级与下属的关系比较亲密时才会问到这些问题，而且晚辈或者下属也不会觉得这是对个人隐私的侵犯，反而会觉得长辈或上级很亲切。

（二）思维模式差异

1. 直线思维与曲线思维

（1）西方人的直线思维

西方人的思维呈现直线式，在表达思想时往往直截了当，在一开始就点明主题，然后再依次叙述具体情节和背景。这种思维方式对语言也产生着重要的影响，即英语为前重心语言，在句子开头说明话语的主要信息，或者将重要信息和新信息放在句子前面，头短尾长。例如，“It is dangerous to drive through this area.”该句子以 it is dangerous 开始，点明主题，突出了重点。

（2）中国人的曲线思维

中国人的思维方式呈现曲线式，在表达思想和观点时常迂回前进，将做出的判断或者推论以总结的形式放在句子最末尾。这种思维方式在语言中的反映是，汉语先细节后结果，由假设到推论，由事实到结论，基本遵循“先旧后新，先轻后重”的原则。例如，同样是“It is dangerous to drive through this area.”这句话，汉语表达则是“驾车经过这一地区，真是太危险了”。从该例既能感受到中国的曲线思维，又能了解中西思维的差异。

2. 分析性思维与整体性思维

（1）西方人的分析性思维

西方倾向分析性思维，对事物进行分析时，既包括原因和结果分析，又包括对事物之间关系的分析。17 世纪以后，西方分析事物的角度主要是因果关系。恩格斯特别强调了认识自然界的条件和前提，他认为只有把自然界进行结构的分解，使其更加细化，然后对各种各样的解剖形态进行研究，才能深刻地认识自然界。西方人的分析性思维就从这里开始萌芽,这种思维方式将世界上的人与自然、主体与客体、精神与物质、思维与存在等事物放在相反的位置,以彰显二者之间的差异。

这种分析性思维包含两个层面:一是分开探析的思维,既把一个整体的事物分解为各个不同的要素,使这些要素相互独立,然后对各个不同的独立的要素进行本质属性的探索,从而为解释整体事物及各个要素之间的因果关系提供依据。二是以完整而非孤立、变化而非静止、相对而非绝对的辩证观点去分析复杂的世界。马克思主义哲学大力提倡这种思维形式。

(2)中国人的整体性思维

在最早的生成阶段,宇宙呈现出阴阳混而为一、天地未分的混沌状态,即太极。太极动而生阳,静而生阴,在动静交替中产生出阴阳来。阴阳相互对立、相互转化。事物总是在阴阳交替变化的过程之中求得生存、发展。从哲学的角度来看,阴和阳之间的关系是从对立走向统一的。这就体现了中国传统哲学的整体性特点,它不注重对事物的分类,而是更加重视整体之间的联系。我国儒家和道家也认为人与自然、个体与社会就是一个大的整体,二者是不能被强行分开的,必须相互协调地发展。儒家所大力提倡的中庸思想就发源于阴阳互依互根的整体思维。

基于整体性思想,中国人总是习惯于首先从大的宏观角度初步了解、判断事物,而不习惯于从微观角度来把握事物的属性,因而得出的结论既不确定又无法验证。由此,中国人逐渐养成了对任何事物不下极端结论的态度,只是采取非常折中、含混不清的表达方式,在表述意见时较少使用直接外显的逻辑关系表征词。总而言之,中国人善于发现事物的对立,并从对立中把握统一,从统一中把握对立,以求得整体的动态平衡。

3. 创新思维与保守思维

(1)西方人的创新思维

西方人的创新思维较强,并且也具有鲜明的批判性,因此西方哲学在各个时期都有不同的理论体系,前赴后继。西方思维方式趋于多元化,注重多方向、多层次、多方法地寻求新的问题解决方案,重视追根穷源,具有发散性、开放性。西方人勇于打破常规。对西方人来讲,有变化,才有进步,才有未来,三者之间有着直接的关联。没有变化、进步,就没有未来。翻开西方历史,显而易见的是标新立异的成功。正是这种创新的价值取向,使西方人永远生活在生机勃勃的氛围中。

(2)中国人的保守思维

中国封建社会的一体化政治结构,决定了中国传统文化长期以来遵守“大一统”思想,要求个人和社会的信仰一致。这种“大一统”思想又通过儒家的"三纲五常""礼乐教化"来得到巩固。儒家倡导中庸之道，反对走极端，避免与众不同，主张适可而止。中国封建社会希望社会中所有的人，上至国君，下至百姓，都形成同样的价值取向和行为模式。在这种"大一统"文化的熏陶之下，中国人的思维方式相当保守，极端排斥异己，因而也具有很强的封闭性，缺乏怀疑、批判、开拓和创新的精神。但是，正是因为这种保守思想，中华文化才得以保存、延续和发展。

4. 逆向思维与顺向思维

（1）西方人的逆向思维

不同民族的人们在观察事物或解决问题时，会采用不同的视角和思维方位。西方人习惯采用逆向思维，通常从反面描述来实现预期效果。这种思维在语言上有着充分的体现，如在说"油漆未干"时，英语表达是 wet paint，在说"少儿不宜"时，英语表达是 adult only。

（2）中国人的顺向思维

相较于西方，中国人更倾向于顺向思维，就是按照字面陈述其思想内容。这在语言中的体现十分明显，如"成功者敢于独立思考，敢于运用自己的知识"这句话就是按顺序表达，而且其意思可以按照字面意思理解。而这句话用英语表达则是"Winners are not afraid to do their own thinking and to use their own knowledge." 由此可以看出中西方思维方式的差异。

第三节　大学英语教学跨文化转型的内容与目标

大学英语教学跨文化转型不仅要求在教学中教授语言知识，还需要在教学中教授文化知识。大学英语教学跨文化转型的目的在于研究不同文化之间的异同点，培养学生对文化差异的敏感性，用于跨文化交际。本节就来分析大学英语教学跨文化转型的内容与目标。

一、大学英语教学跨文化转型的内容

结合国内外学者对大学英语教学跨文化转型内容的研究，我们可以进行简单归纳，将大学英语教学跨文化转型的内容总结为以下几点。

（一）语言文化

语言文化主要包含三个层面：语音层面、词汇层面、语法层面。

1. 语音层面

在语言的要素中，语音是一项重要内容。一种语言的语音的发出，不仅能够保证人们运用该种语言进行交际，还能够彰显出交际者的文化特征。因此，语音是文化的体现，也必然成为大学英语文化教学的一项内容。

例如，一般美国人说话往往会带有明显的鼻音，并且习惯于缓慢拖长音。而相比美国人的话语，英国人一般不具有这一特点。对这些语音文化的了解，有助于帮助人们辨别发话人的文化背景，从而保证交际的顺利进行。

2. 词汇层面

在不同语言的词汇中，包含着明显的该民族的文化信息，是对这一国家、民族社会文化生活的反映。词汇中有很多的习语、典故、谚语、成语等与文化有着密切的关系。例如：

a feather in your cap 荣耀或者值得荣耀的事情

上述是一则习语，这则习语与印第安人的习俗有关。当印第安人杀死一个敌人的时候，往往会在自己的头饰或者帽子上插一根羽毛，预示着自己的荣誉和胜利。再如：

the touch of Midas 点金术

上述是一则典故，出自希腊神话。希腊酒神巴克斯（Bacchus）想报恩于国王迈达斯（Midas），因此赋予国王迈达斯一种超强的神力，这一强大的神力可以让其接触的任何东西都化成金子，结果导致和他接触过的儿女也都化成了金子，后来国王迈达斯不得不取消这一神力。

可见，这些词语有着深层的文化内涵，如果不了解，必然会闹出笑话。因此，教师应该将这些与词汇相关的文化背景知识介绍给学生，使其对这些文化内涵有深层的了解，从而真正地体会出这些词汇的含义。

3. 语法层面

语法是组成句子、语篇的规律，是语言表达方式的重要方面。如果文化背景不同，其语言表达方式也存在明显差异。

在英语语言中，衔接手段是非常重要的，而语法在其中起着重要作用。相比之下，汉语中一般不使用衔接手段。例如：

冬天来了，春天还会远吗？

译 1：Winter comes, spring is far behind?

译 2：If winter comes, can spring be far behind?

上例中，汉语中并没有使用衔接手段，如果英语中也不使用，那么就很难让英语读者理解。而译文 2 运用 if 一词使两个句子中的关系表达得更为清楚、明白。因此，在大学英语文化教学中，教师应该让学生注重挖掘语法中承载的文化信息，引导学生通过学习语法来理解英美文化的特点，从而避免错误的出现。

（二）非语言文化

对于非语言文化，一般来说主要包含如下几类。

1. 体态语

体态语又可以称为“身体语言”，其由美国著名的心理学家伯得惠斯特尔（Birdwhistell）提出。在伯得惠斯特尔看来，他认为身体各部分的器官运动、自身的动作都可以将感情态度传达出去，这些身体机能所传达的意义往往是语言不能传达的。体态语包含身势、姿势等基本姿态，微笑、握手等基本礼节动作，眼神、面部动作等人体部分动作等。

所谓体态语，即传递交际信息的动作与表情。也可以理解为，除了正式的身体语言之外，人体任何一个部位都能传达情感的一种表现。由于人体可以做出很多复杂的动作与姿势，因此体态语的分类是非常复杂的。

体态语包括眼睛动作、面部笑容、手势、腿部姿势、身体姿势等。

（1）眼睛动作

眼睛是人类重要的器官，其是表情达意的重要组成部分，如愤怒时往往“横眉立目”，恋爱时往往“含情脉脉”等。在不同的情况下，眼睛也反映出一个人不同的心态。当一个人眼神闪烁时，他往往是犹豫不决的；当一个人白别人一眼时，他往往是非常反感的；当一个人瞪着他人时，他往往是非常愤怒的等。

之所以眼睛会有这么多的功能，主要是因为瞳孔的存在。一些学者认为，瞳孔放大与收缩，不仅与光感有关，还与个体的心理活动有着密切的关系。当人们看到喜欢的东西或者感兴趣的事物时，他们的瞳孔一般会放大；当人们看到讨厌的东西或者不感兴趣的事物时，他们的瞳孔一般会缩小。瞳孔的改变会无意识地将人的心理变化反映出来，因此眼睛是人类思维的投影仪。

既然眼睛有这么大的功能，学会读懂眼语是非常重要的，同时要注意不要读错。例如，到他人家做客，最好不要左顾右盼，这样会让人觉得心不在焉，甚至心术不正。需要指出的是，受民族与文化的影响，人们用眼睛来表达意思的习惯并不完全一样。

（2）面部笑容

笑在人的一生中非常重要。当人不小心撞到他人时，笑一笑可表达一种歉意；当向他人表达祝贺时，笑一笑更显得真挚；当与他人第一次见面时，笑一笑会缩短彼此的距离。可见，笑是人类表情达意不可或缺的语言之一。

笑可以划分为多种，有大笑、狂笑、微笑、冷笑，也有轻蔑的笑、自嘲的笑、高兴的笑、阴险的笑等。当然，笑也分真假，真笑的表现一般有两点：一种是嘴唇迅速咧开，一种是在笑的间隔中会闭一下眼睛。当然，如果笑的时间过长，嘴巴开得缓慢，或者眼睛闭的时间较长，会让人觉得这样的笑容缺乏诚意，显得非常虚假和做作。当然，笑也有一些"信号"。

其一，突然中止的笑。如果笑容突然中止，往往有着警告和拒绝的意思。这种笑会让人觉得不安，会希望对方尽快结束话题。但是，如果一个人刚开始有笑意，之后突然板着脸，这说明他比较有心机，是那种难缠的人。

其二，爽朗的笑。这是一种真诚的笑，给人一种好心情的笑，一般会露出牙齿、发出声音，这种笑会让对方觉得你是一个很好相处的人，很容易信任与亲近你。

其三，见面开口笑。这种笑是人们日常常见的，指脸上挂着微笑，具有微笑的色彩，这种微笑具有礼节性，可以使人感到和蔼可亲。无论是见到长辈、小辈，还是上级、下属，这种笑都是最为恰当的笑。但需要指出的一点是，在笑的过程中要更为谨慎，其不是一见面就哈哈大笑，这会让人感觉莫名其妙，它是一种谨慎的、收敛的笑。

其四，掩嘴而笑。这种笑是指用手帕、手等遮住嘴的笑。这种笑常见于女性，显得较为优雅，能够将女性的魅力彰显出来。

另外，由于文化背景的差异，不同国家的人对笑的礼仪也存在差异。在大多数国家，笑代表一种友好，但是在沙特阿拉伯的某一少数民族，笑是一种不友好的表现，甚至是侮辱的表现，往往会受到惩罚。

（3）手势

手是人体的重要部分，在表达情意的层面作用非凡。在人类创造了有声语言后，手势也就诞生了。手是人们传递情感的行之有效的工具之一。一般情况下，手势可以传达的意思有很多，高兴的时候可以手舞足蹈，紧张的时候可能手忙脚乱等。当一个人挥动手臂时，往往是表达告别之意，当一个人挥动拳头时，往往是表达威胁之意。握手这样一个日常生活中普遍的动作，也能够将一个人的个性表达出来。第一种类型是大力士型，其在与他人握手时是非常用力的，这类人往往愿意用体力来标榜自己，性格比较鲁莽。第二种类型是保守型，这类人在与他人握手时往往手臂伸得不长，这类人性格较为保守，遇到事情时往往容易犹豫。第三种类型是懒散型，这类人与他人握手时，一般指头软弱无力，这类人的性格比较悲观懒散。第四种类型是敷衍型，这类人与他人握手是为了例行公事，仅仅将手指头伸给对方，给人一种不可信赖的感觉，这类人做事往往比较草率。还有一种是标准的握手方式，即与他人握手时应该把握好力度，自然坦诚，不流露出任何矫揉造作之嫌。

（4）腿部姿势

在舞会、晚会、客厅等场合，人们往往会有抖腿、别腿等腿部动作，这些动作虽然没有意义，但是他们在传达某种信息。因此，腿在人们的表情达意过程中有着非常重要的作用。对腿的动作的了解是人们了解他人内心的一种有效途径。当你坐着等待他人到来时，腿部往往会不自觉地抖动，以表达紧张和焦虑之情。当心中想拒绝别人或者心中存在不安情绪时，往往会交叉双腿。

2. 副语言

一般来说，副语言又可以称为“伴随语言”“类语言”，其最初是由语言学家特拉格（Trager）提出的。他在对文化与交际进行研究的过程中，搜集整理了一大批心理学与语言学的素材，并进行了归纳与综合，提出了一些适用于不同情境的语音修饰成分。在特拉格看来，这些修饰成分可以自成系统，是伴随着正常交际的语言，因此被称为副语言。具体来说，包含如下几点要素。

（1）音型（voice set），指的是发话人的语音物理特征与生理特征，这些特征使人们可以识别发话人的年龄、语气等。

（2）音质（voice quality），指的是发话人声音的背景特点，包含音域、音速、节奏等。例如，如果一个人说话吞吞吐吐，没有任何的音调改变，他说他喜欢某件东西其实意味着他并不喜欢。

（3）发声（vocalization），其包含哭声、笑声、伴随音、叹息声等。

上述三类是副语言的最初内涵，之后又产生了停顿、沉默与话轮转换等内容。

3. 客体语

所谓客体语，是指与人体相关的服装、相貌、气味等，这些东西在人际交往中也有着非常重要的作用。从交际角度而言，这些层面都可以表达非言语信息，都可以将一个人的特征或者文化特征彰显出来，因此非言语交际是一种非常重要的媒介手段。

（1）相貌

无论是西方文化还是中国文化，人们对于自己的相貌都非常看重。但是在各国文化中，相貌评判的标准也存在差异，有共性，也有个性。例如，汤加认为肥胖的人更美，缅甸人认为妇女脖子长更美，美国人认为苗条的女子更美，日本人认为娇小的人更美等。

（2）饰品

人们身上佩戴的饰品本身并没有什么意义，但是出现在不同的场合，就是一种媒介和象征。例如，戒指戴在食指上代表求婚，戴在中指上代表恋爱中，戴在无名指上代表已婚。这些作为一种约定俗成的代码，人们不可以弄错。

一般来说，佩戴耳环是妇女在交际场合的一种习惯。当然，少数的青年人也会佩戴耳环，以彰显时尚。

二、大学英语教学跨文化转型的目标

在跨文化背景下，大学英语教学的目的在于提升学生的跨文化能力。具体来说，主要体现在如下几点上。

（一）帮助学生树立多元文化意识

对世界文化多样性的了解，有助于人们建立多元文化的意识与观念。不同文化产生的背景不同，是不能相互替代的。基于全球化的视角，各个文化群体之间的交流也日益频繁，因此需要对异质文化予以理解与尊重，努力避免在交际过程中出现冲突。

在大学英语教学跨文化转型过程中，教师应该努力培养学生积极理解不同文化，让他们对自身文化有清晰的了解，同时以正确的心态对待他国文化，应对世界文化的多元化。

（二）发展学生的批判性思维

在大学英语教学跨文化转型中，教师应该不断培养学生的批判性思维，让学生对本国文化加以反思，然后采用多元文化的有利条件，对文化背后的现象进行假设，确立自己的个人文化观念。

第四节　大学英语教学跨文化转型的原则与策略

文化在大学英语教学中有着非常重要的作用。大学英语跨文化转型可以使学生在语言学习中理解与接受异域文化，从而为顺利展开跨文化交际做准备。对于我国大学英语教学的对象而言，在英语学习的过程中，不可避免地会有文化的学习。这一过程有助于学生开阔眼界，建立文化身份，形成自身的批判性思维。当然，在大学英语跨文化转型过程中，还需要遵循一定的原则和策略，本节就对这些原则和策略展开分析和探讨。

一、大学英语教学跨文化转型的原则

实施任何一种教学，都有着特定的准则。在文化教学的实施过程中，教师要根据文化的属性来制定相应的原则。具体来说，大学英语教学跨文化转型应该遵循如下几项原则。

（一）以理解为目标原则

文化理解指的是“学习者以客观、正确的态度看待、理解母语文化和目的语文化，并能以得体的行为方式与非本族语者进行跨文化交际”。只有正确地理解自身以及他国文化，才能更好地进行跨文化交际。

因此，英语教学中强化文化性原则应当坚持以理解为目标的原则。在教学过程中，教师可以采取分析或解释目的语文化等手段，帮助学生了解两种文化的差异，以及差异的根源。

（二）文化包容性原则

黑格尔和马克思均指出，人类历史的发展必定导致世界历史的形成。大工业的发展以及对剩余价值最大化的追求，导致人类历史的发展跳出了地域限制，成为利益相关的命运共同体。在文化全球化的大格局之下，引领潮流的世界性文化不再单单由某个国家或民族来创造，而是由更多主体来创造。因此，文化全球化是世界文化创造主体和世界文化元素的多元化。如今的时代已经远离了文化霸权，而是你中有我、我中有你，倡

导文化包容。文化只有具备包容的品质,世界不同国家和民族的文化才能在共存中达到更多的一致,进而使得世界各个国家和民族联系得更加紧密。在人类文化发展史上,封闭的文化会被推到边缘的地带,并且阻碍世界历史的前进脚步,而那些包容性的文化才能主导世界文化,推动着世界历史的发展。

包容性的文化比较能够接受其他文化中的先进成分,因此能够较好地发展,也比较容易被其他文化所接受,因此就能够从地域性文化向世界性文化转变,进而成为推动世界文化进步的强大力量。从根本上讲,一种文化之所以缺乏包容性,是因为文化创造主体的思想狭隘,并且这种封闭的文化也会影响生活在其中的人们的思维方式,使得他们也变得狭隘,缺乏开放精神,难以接受其他文化,从而导致世界在文化上的割裂。过于强调世界上的文化冲突,不利于世界文化的发展。只有包容性的文化,才有利于推动世界文化的车轮滚滚向前。

(三)文化的多维度互动原则

在大学英语教学跨文化转型中,教师既要实现师生之间的互动,还要实现语言和文化的互动,也要实现中西方文化的互动。就教师和学生之间的互动而言,教师教学影响着学生的学习,而学生又反过来影响着教师的教学传播行为。跨文化教育应该紧贴时代的教育脉搏,改变以前的单向传递模式,在互动中求得发展和优化。至于语言和文化的互动,学生应该了解语言和文化的相互联系,用发展的、动态的眼光看待二者之间的关系。在这个全球化的时代,不同文化之间的互动表现得越来越突出,互动的频率有所提高,互动的范围有所扩大,互动的深度有所增加。跨文化交流本身就要求进行文化的双向交流,语言本身也是在交流中产生和发展的,因此跨文化外语教育过程应是一个互动的过程。

二、大学英语教学跨文化转型的策略

(一)文化引入策略

1. 说明策略

在中国,学生一直浸润在母语环境中,周围的英语环境极其缺乏,甚至是空白的,因此学生对很多文化背景知识可能是不太了解的。当学习材料中的文化背景知识影响到学生对学习材料的理解时,教师可以对有影响的文化背景知识做一些说明介绍。教师的说明介绍最好安排在讲解学习材料之前的一段时间进行，以便为学生理解学习材料做铺垫。要将说明介绍的工作做好，教师需要提前在课外时间做好准备工作，搜集一些与教学内容相关的典型文化知识，并通过自己的消化理解将其恰当地应用到课堂之中。通常情况下，教学材料中的作者、内容和事件发生的时代可能都蕴含着一定的文化内涵，学生必须广泛学习这些背景知识，否则就难以准确理解所学材料。例如，当学生读到《21世纪大学英语》第一册第十单元 *Cloning: Good Science of Bad Idea* 中的"Faster than you can say Frankenstein, these accomplishments, triggered a worldwide debate(不等你说出弗兰克斯坦，这些成果就已经引发了世界范围的大辩论)"这句话时，可能不明白如何解释 Frankenstein，因此也不明白整句话的意义。在这种情况下，教师需要介绍以下三点与理解该材料有关的背景知识。

(1)英国女作家 Mary W. Shelley 写了一部科幻小说，并以自己的名字为这部科幻小说命名，而这部小说描写了一位发明怪物并被它消灭的年轻医学研究者，名字叫作 Frankenstein。

(2)在英语中，有个成语为 before you can say Jack Robinson (开口讲话之前)，Faster than you can say Frankenstein 就是根据这个成语创造出来的。

(3)文章中的人物是在一定的社会背景下出现的，当时克隆技术大肆蔓延，作者极度担心克隆技术会对人类社会造成重创，担心之后世界上又掀起大辩论，因此读者就将克隆技术与小说情节联系起来。

2. 比较分析策略

有比较，就有结果。只有在比较中，事物的特性才会表现得更加明显。经过了不同的历史轨迹，中国和西方国家在长时间的历史积淀中形成了不同的文化。因此，在大学英语文化教学中，教师可以通过母语文化和英语文化的明显比较，来让学生更加深刻地认识母语文化和英语文化。在跨文化交际中，学生也因此就提高了文化敏感性，会更加重视文化对于交际的影响，从而减少甚至避免文化差异引起的交际冲突。打个简单的比方，问别人的行程和年龄在中国是很正常的，但是在西方人眼里是对隐私的侵犯。

在外研社版的《大学英语》第三册第四课 *Darken Your Graying Hair, and Hide Your Fright* 中，主人公这么介绍了自己："I have a wife, three daughters, a mortgaged home and a 1972 'Beetles' for which I paid cash." 中国学生乍一看，主人公开着德国大众"甲壳虫"汽车，这在中国国情下不是很多人能够担负起的，因此就会认为这位主人公过得比较富裕。但是,读者要站在西方背景的角度去审视这个问题,西方国家的汽车就如同中国的自行车一样普遍,“甲壳虫”汽车空间小又省油,是中、低收入家庭的首选车型。了解了这一点后,中国学生才发现自己的认识偏差,原来主人公的介绍是表示家庭成员较多,生活比较紧张。另外,在消费观念上,中国人比较保守,一般不会提前预支,并且还要对未来的生活支出做好准备;但是英美人倾向于提前消费的方式,如分期付款、抵押贷款等,这就是文化差异在消费观念上的体现。

(二)外教辅助策略

客观条件优越的学校可以适当地聘请一些外籍教师授课。外教的到来对大学英语教学跨文化转型具有以下几个作用。

1. 外教对学生的影响

外教不仅可以提升学生的英语学习兴趣,还能真正促进学生跨文化交际能力的提高。外教作为异域文化中的成员,比较能够引起一批学生的好奇心,这些学生在与外教接触和交流的过程中增强了对英语口语表达的信心,还能收获课堂上学不到的社会文化背景知识,能真正提高英语文化敏感度和英语交际能力。另外,学校可以定期利用外教组织英语角,这样就为学生创造了纯正地道的英语环境和文化环境,有利于英语听力和口语能力的提高,从而使得跨文化交际能力也有一定的进步。

2. 外教对于教师的影响

在中国的大环境下,很多中国英语老师虽然出身于英语专业,集各种英语等级考试证书于一身,但是由于口语的练习机会很少,英语口语表达能力依然比较欠缺。而外教来到学校以后,这些中国英语教师因为教学工作的关系,就获得了许多与外教直接交流的机会,外教可以帮助他们纠正语音上的错误,就使得中国教师锻炼了英语口语表达能力。另外,外教是在另外一种不同的文化氛围中成长和学习的,其教学模式可能更加有趣、生动,中国的英语教师就可以汲取他们教学模式中的优势,也有利于提高教学水平。

当中国教师的跨文化交际能力和英语教学水平提升以后,直接的受益者就是学生。中国教师的跨文化交际能力提升了,就能在和学生的交际中更有效地提升学生的跨文化交际能力。中国教师的英语教学水平提升了,在实施大学英语文化教学中就能取得更好的效果。

如果外教的学校教学工作让他们获得了良好的感受,外教往往会把国外的教育行业的朋友或者机构等介绍给学校,这样学校就可以通过夏令营、冬令营的形式和国外的教育行业进行互访、学习和交流,从而提高学生的跨文化交际能力。

(三)师生互动策略

教师要努力尝试通过和学生的互动来实施大学英语文化教学。教学的本质决定了教学不应该是单向行为,而是双向行为。因此,大学英语文化教学应该真正回归到教学的本质上来。互动法的完美落实,需要教师做好一些功课。首先,教师要培养学生正确的文化心态,使学生平等看待一切文化。其次,教师要营造平等、自由和开放的互动氛围,鼓励倾听和表达,使学生尽情发挥,畅所欲言。在互动过程中,教师和学生扮演不同文化中的角色,使学生理解外来文化。

第三章 大学英语词汇教学的跨文化转型与创新路径

众所周知，英语词汇中蕴含的西方文化内容是十分丰富的，很多文化内涵在语言层面的典型表现就蕴含在词汇中。因此，英语教学跨文化转型的展开需要对英语词汇教学的跨文化转型给予足够的重视。为此，本章主要探讨大学英语词汇教学的跨文化转型与创新路径。

第一节 大学英语词汇教学简述

要想掌握英语并有效运用这门语言，首先要掌握大量的词汇。但是仅仅扩大词汇量是不够的，还要了解词汇的基本含义和其深层文化含义，这样才能算是掌握了词汇，才能运用词汇进行跨文化交际，也才能算是达到了学习目标。语言与文化密切相关，作为语言基本组成部分的词汇也蕴含着丰富的文化知识，因此英语词汇教学应与文化教学相融合，基于跨文化交际视角开展教学，从而提高学生的交际能力。

一、英语词汇

词汇是构成语言整体的重要细胞，是语言系统赖以存在的支柱，“如果把语言结构比作语言的骨架，那么是词汇为语言提供了重要的器官和血肉”[①]。可见词汇对于语言以及语言学习的重要性。那么什么是词汇呢？关于这一问题，不同的学者有着不同的解释，可谓见仁见智，以下就对一些有代表性的观点进行分析。

---

① Harmer, J. *The Practice of English Language Teaching*[M].London: Longman, 1990:158.

路易斯(Lewis)对词汇进行了解释,他将词汇称为"词块"(lexiealehunk),并把词块分为四种类型:单词(words)和短语(polywords);搭配(collocations);惯用话语(idioms);句子框架和引语(sentence frames and heads)。①

陆国强指出,词是语音、意义和语法特点三者相统一的整体,是语句的基本单位,而词的总和构成了词汇。

总体而言,词汇是包含词和词组在内的集合概念,能够执行一个给定的句法功能,是基本的言语单位。

关于什么是英语词汇教学,王笃勤认为,英语词汇教学是一项包含教学的进程和活动的策划在内,将词汇讲解作为教学内容,以学生充分认知和熟悉应用词汇为目标的教学活动。②

简单来讲,词汇教学涵盖的范围十分广泛,而且是教学中最基础、最重要,也是最困难的环节。

二、大学英语词汇教学的现状

随着大学英语教学改革的不断深入,大学英语词汇教学有了长足的发展,但也不乏一些问题存在,具体体现在以下几个方面。

(一)教师教学的现状

1.教学方法单一,脱离英语语境

词汇的掌握对英语语言学习的重要件是不言而喻的,但词汇记忆和掌握的过程又是枯燥和困难的,这就需要教师来缓解这种枯燥,需要教师创新教学方法来创设教学情境,营造教学氛围,激发学生学习的积极性和动力。但是就目前大学英语词汇教学的现状来看,教师并没有将心思花在教学方法的创新上,而是依然采用陈旧的教学方式,既教师领读单词,讲解词汇用法,学生记忆单词。基于这种课堂教学模式,学生的主体地位被忽视,学生只能被动地学习和记忆,积极性根本无法调动起来,甚至还会产生抵触情绪。此外,教师在教学中对词汇的整体性认识不足,没能将词汇放到具体的句子或情境中,最终导致学生对一词多义理解不深,限制了学生综合能力的提升。

---

① Lewis M. *Second Language Vocabulary Acquisition*[M]. Cambridge: Cambridge University Press, 1997: 255.

② 王笃勤.小学英语教学策略[M].北京:北京师范大学出版社,2010:15-16.

实际上，任何一种语言都产生于实际应用，要想掌握地道的语言，必须浸润在相应的语境中。我国的英语教育应试倾向仍十分明显，很多学生学习英语只是为了通过考试，教师也将通过考试作为教学的目标，这样一来，就将英语语境的创设与英语教学割裂开来，只追求语言的外在表达方式，而不深入探究其内在的文化与逻辑，从而使得学生用汉语思维去理解英语。例如，“玫瑰”（rose）这一词语在英汉文化中都象征着爱情和美好，除此之外，在中国常用“带刺的玫瑰”形容那些性格刚烈的女子，而英语中常用 under the rose 表示要保守秘密。英语中 rose 的这一文化含义源自英国旧俗，如果在教学中对此不进行说明，学生很难理解和掌握其含义。但实际上，很多教师只从词汇处着手，而未创设语境，这样很难让学生充分体会英语这门语言的魅力，也难以让学生更好地投入学习。对此，教师在教学中应创设符合英语文化背景的语境，从而为学生营造一个英语交流环境，培养学生的英语思维，锻炼学生的词汇运用能力。

2. 教学效果不佳

词汇的学习和掌握要借助记忆来完成，但记忆是一个漫长的过程，如果学生不能在课后及时进行复习和巩固，记住的单词往往会在短时间内忘记。在海量的词汇面前，学生常常会表现出畏惧感，由于缺乏高效的学习方式，加之教学方法陈旧，使得学生的学习热情不高。而且教师也未能为学生提供应用的机会，这样学生通过死记硬背方式记住的词汇很快就忘记，进而导致教学效果低下，学生的交际能力也受到限制。

3. 忽视跨文化意识培养

很多英语词语意义深刻，蕴含着丰富的文化信息，这些词语称为“文化负载词”。经调查显示，很多学生对这些文化负载词完全不了解。而这种情况在很大程度上体现了教师在词汇教学中忽视了文化负载词部分，未有意识地运用跨文化意识来培养学生的词汇能力。具体而言，教师存在的问题体现在以下几个方面。

首先，对文化教学不够重视。这具体体现为以下几点：教师在备课环节的教学目标没有文化意识目标；教师消极地跟随应试教育的脚步；学校很少组织与英语相关的活动。

其次，教师自身的文化素养不够。大学英语教师虽然具备了扎实的英语专业知识，但英语文化素养有所欠缺。作为学生的榜样，如果教师的文化素养不高，自然也就无法提高学生的文化素养。

最后，文化教学方法不当。教师文化教学的方法比较单一，基本上是讲授法、多媒体展示法等，大部分教师只是在课堂教学中偶尔提到一些特殊词的文化背景，而很少有意识地渗透文化知识。这种教学方式造成学生只了解词汇的表面意义，而不理解词汇的深层文化内涵。

事实上，跨文化意识和词汇教学是相辅相成的，教师在词汇教学中融入文化知识，能够提升学生的词汇能力和跨文化意识，而词汇量的增加又能进一步帮助学生更好地理解西方文化，培养自身的跨文化意识。

（二）学生学习的现状

1. 重知识记忆，轻思维锻炼

在词汇学习中，很多学生都通过死记硬背的方式来记忆和学习词汇，而忽视思维的锻炼和培养，通过这种方式学习的结果往往都不佳。学生虽然采用死记硬背的方式一时记住了单词，但一时背下来的单词是很难深刻记忆的，而且容易遗忘。实际上，每个词语只有在实际的语境中才具有准确、清楚的含义，所以学生在理解和记忆词汇时应结合具体语境，这样才能增强学习的效果。

忽视英语思维的培养是在长久的汉语语境熏陶下产生的惯性思维，很多学生都习惯运用汉语的语言逻辑去理解、解释和使用英语，由于英语和汉语二者背后的文化与逻辑存在差异和冲突，因此必然会影响学生对英语的有效运用。实际上，无论是英语还是其他语言，只有深入了解语言的内在逻辑，才能做到自如运用。英语思维的培养不是仅仅记忆单词或背诵句子就能做到的，还需要学生充分理解英汉语言背后的文化历史，这样才能做到掌握英语这门语言。

2. 语义内涵的理解程度差

我国学生是在汉语环境下学习英语的，所以在理解英语词汇的语义内涵时，会不同程度地受到汉语文化的影响，而英汉词汇之间的语义不对等现象会对学生的词汇理解带来困难。具体而言，一方面，学生在本民族文化传统的影响下会形成思维定式，在理解英语词汇时会出现文化语义的偏差；另一方面，中西文化观念冲突会让学生思维混乱，对英语感到束手无策。如果教师忽视词汇文化背景知识的输入，学生在理解英语词汇时就会出现偏差，甚至会在使用中产生误用问题。

第二节 大学英语词汇教学中的跨文化因素

语言是文化的载体,文化影响着语言,二者密切相关。不同民族的文化有着区别于其他民族文化的特色,而这种差异也会在语言中表现出来,并对语言产生重要的影响。就英汉民族而言,二者有着不同的历史文化、生活环境等,由此产生的文化差异都对词汇产生了一定的影响,进而对英语词汇造成了一定的影响。了解英汉文化差异以及对英语词汇教学产生的影响,可使教师和学生充分了解文化因素的重要性,进而有意识地进行文化教学和文化学习。以下就从文化负载词的三种类型出发,分析文化差异对英语词汇教学的影响。

一、词义交汇词

中西方文化并不完全不同,也存在着某些共性,因此英汉两种语言中就必然存在一些意义交汇或者迭盖的词语,这些词语就是词义交汇词。这类词包含以下两种形式。

(1)同义异形词。

(2)同形异义词。

同义异形词指意义相同或相似的词语在英汉语言中有着不同的表达方式。在大学英语单词中,几乎大部分都是这类词,同时也存在不少成语与汉语词汇出现同义异形的交汇现象。来看表 3-1 所示的例子。

表 3-1 大学英语词汇中常见的同义异形词

同义异形词	汉语	英语
1	如鱼得水	like a duck to water
2	像蠢猪一样	as stupid as a goose
3	雨后春笋般涌现	spring up like mushrooms
4	狼吞虎咽	eat like a horse
5	拦路虎	lion in the way
6	害群之马	a black sheep
7	爱屋及乌	Love me, love my dog.
8	水中捞月	fishing in the air

续表

同义异形词	汉语	英语
9	未雨绸缪	While it is weather, mend your sail
10	挥金如土	spend money like water

（资料来源：张晨霞，2016）

此外，在大学英语单词中，同形异义词也占据着很大比重，表 3-2 就从不同方面列举了英汉语言中所具有的不同文化含义的相同词汇，即同形异义词。

表 3–2　大学英语词汇中的同形异义词在英汉文化中的含义对比

类别		汉语中的文化含义	英语中的文化含义
动植物	dragon	怀有至高无上的尊重，是中华民族的象征	是一种喷火、凶残的怪物
	bat	是幸福吉祥的象征，大吉大利的前兆	是一种邪恶的动物
	owl	与凶兆有关，象征倒霉的事情，“夜猫子进宅”更意味着厄运就要到来	是智慧的象征
	dog	仗势欺人、令人讨厌的动物	忠诚的动物，可以用来比喻人
	rose	美丽却带刺的女人	神秘而静默的爱情
颜色	red	热情似火或喜庆之事	潜在的风险或极端主义
	blue	严肃、纯洁、静穆	沮丧、消沉、下流之事
	green	春天、绿色、希望	没有经验的人
	white	恐怖、死亡、葬礼	纯洁、天真、无瑕
数字	four	四通八达、顺畅	不吉利
	six	顺利无阻、百事顺心	不吉利
	eight	财源滚滚	不吉利
	ten	美不可言	不吉利

（资料来源：张晨霞，2016）

对此，在大学英语词汇教学中，教师应详细讲解词汇交叉词，让学生清楚英汉词汇文化的异同，进而掌握它们的具体应用情况。

二、词义空缺词

所谓词义空缺，是指一种语言中具有的特定文化含义，在另一种语言中并不存在。中西方由于生活环境、风俗习惯、世界观、思维方式等方面的差异所引起的词汇空缺,在大学英语词汇教学中是十分常见的现象,如表 3-3 所示。

表 3-3 英语词汇在汉语文化中出现空缺含义的类型

音译词汇		直译词汇		音译和直译结合词汇	
英语	汉语	英语	汉语	英语	汉语
marathon	马拉松	cold war	冷战	Buckingham Palace	白金汉宫
golf	高尔夫	honeymoon	蜜月	domino effect	多米诺效应
salon	沙龙	soft landing	软着陆	Cambridge	剑桥
pudding	布丁	millennium bug	千年虫	internet	因特网
pizza	比萨	dark horse	黑马	beer	啤酒
chocolate	巧克力	white collar	白领	Jazz	爵士
lemon	柠檬	generation gap	代沟	Benz	奔驰
whisky	威士忌	spacecraft	航天器	Vitamin	维生素
disco	迪斯科	Xerox	复印机	club	俱乐部
clone	克隆	communism	共产主义	Jeans	牛仔裤

(资料来源:张晨霞,2016)

当其他文化背景下的人在看到这种空缺的词汇时,常常很难理解。表 3-3 中的英语词汇虽然可以用汉语表达,但基本都是音译和假借而来的。再如,中国的"阴阳""乾坤"等概念在英语中并不存在。而学生在学习英语词汇时一般都习惯了寻找对应词义,词汇空缺现象必然会影响学生的英语词汇学习,进而会影响大学英语词汇教学,因此这种现象应引起教师和学生的注意。针对这种情况,教师在大学英语词汇教学中可以采用释义法来解释空缺的词汇,详细阐述它们的含义及使用情况,让学生对其有一个清晰的认识,进而为学生的交际打好基础。

三、词义冲突词

存在于英汉语言中的词汇完全相反或者相互矛盾的词汇成为词义冲突词。由于英汉语言中有很多词汇源自神话、寓言故事,涉及民族的风俗习惯、历史文化等背景文化,因此英汉语言中有很多词汇的含义通过字面完全无法理解。在大学英语词汇教学中,教师应引导学生在了解词语字面意思的同时理解其深层文化含义,不能望文生义。例如,在大学英语听力课本中有这样一句话："Well, I guess I'll have to face the music." 就字面意思而言，好像是主人公不得不去听音乐大会，但实际并非如此。face the music 这一表达在西方文化中实际上是"面对困难和惩罚"的意思。但在汉语文化中，面对音乐，听者只会感到惬意和轻松，完全没有英语中的那种意思。

通过上述几个方面可以看出，文化因素对英语词汇以及英语词汇教学的影响，对此，在大学英语词汇教学中，教师应重视文化因素的影响作用，并有意识导入相应的文化知识，丰富学生的文化储备，提高学生的文化意识。当学生的文化知识得到丰富了，会反过来促进学生更好地进行词汇学习。

第三节　大学英语词汇教学跨文化转型的原则

英语词汇教学的开展应遵循一定的原则，这样可以使教学更加有效地进行，可以更好地培养学生词汇能力和跨文化交际能力。具体而言，英语词汇教学中的文化渗透应遵循以下几项原则。

一、联系文化原则

语言与文化密切相关，很多词汇都蕴含着丰富的文化，而且词汇学习的最终目的也是进行跨文化交际，因此联系文化原则也应是大学英语词汇教学遵循的一个重要原则。遵循联系文化原则，是指在大学英语词汇教学的过程中，词义的讲解、结构的分析都应与文化相联系。充分理解语言文化，有助于加深对词汇的理解，全面掌握词汇的演变规律，有效地运用词汇。

二、词汇运用原则

学习词汇并非为了单纯记忆词汇，而是为了在交际过程中有效运用词汇，因此在大学英语词汇教学中，教师应遵循词汇运用原则。这一原则是指教学中教师不仅要讲授词汇知识，还要引导学生对词汇加以运用。具体而言，教师在教学中要设计符合学生学习特点的教学活动，让学生积极参与教学互动，进而锻炼词汇运用能力。

三、新潮性原则

在科技迅速发展的大数据时代，大学生有着开放的思想、新潮的想法，而且无论是学习还是生活，都与信息密切相关。对此，大学英语词汇教学应顺应社会的发展趋势和学生的需求，与时俱进，具有新潮性。教师除了教授教材中的词语，还可以适时传授一些热门新词，如 selfie（自拍），bestie（闺蜜）等，这样学生就会切实感受到语言的鲜活性和发展性，学习词汇的积极性与兴趣也会随之提高。

四、循序渐进原则

任何教学都应循序渐进地进行，也就是遵循循序渐进原则，大学英语词汇教学也不例外。具体而言，在大学英语词汇教学中遵循这一原则是指教学中在数量和质量平衡的基础上对所教内容逐层加深。基于循序渐进原则，大学英语词汇教学不能仅仅重视学生对词汇数量的掌握，也应重视学生对词汇质量的把握，要做到在增加学生词汇数量的基础上，提升学生对词汇使用的熟练程度。

逐层加深是指大学英语词汇教学应由浅入深、层层递进地进行，因为课堂教学中不可能一次性教授词汇的所有语义，学生也不可能一次性掌握全部知识。总体而言，在大学英语词汇教学中，教师要避免急于求成，应由浅入深地推进教学，让学生一步步加深对单词意义的了解和对单词用法的掌握，进而提升学生的学习效率和英语词汇水平。

五、回顾拓展原则

遗忘是伴随着记忆而行的，在学生的词汇学习中，不可避免地会产生遗忘问题，每天如果不加以复习和巩固，将很难掌握词汇，对此大学英语词汇教学应遵循回顾拓展原则。这一原则是指在教学中将新旧词汇结合起来，利用已教授过的词汇来教授新的词汇，以便让学生对旧的词汇加以巩固，同时有效拓展和掌握新的词汇。

六、词汇呈现原则

在大学英语词汇教学的过程中，教师首先要向学生呈现词汇。实际上，教师如何呈现词汇，对学生的学习兴趣有着直接的影响。因此，教师要注意词汇呈现的方式，具体而言要确保词汇呈现的直观性、趣味性和情境性。

第四节 大学英语词汇教学跨文化转型的路径

目前英语词汇教学存在着诸多问题，教学现状并不佳。对此，为了切实提高英语词汇教学的效果，提升学生的词汇水平，培养学生的跨文化交际能力，就需要在遵循基本教学原则的基础上，对教学方法进行优化，即选用新颖有效的方法开展教学。

一、讲授文化知识法

在词汇教学中，教师可以采用教授法开展文化教学，即教师直接向学生展示文化承载词的分类及内涵等，同时通过图像与声音相结合的方式列举生动的例子加以说明，直观地培养学生对文化的兴趣。只有熟悉了英语文化，才能让学生透彻地了解英语词汇。学习语言时不能只单纯地学习语音、词汇和语法，还要接触和探索这种语言背后的文化，在语言和文化的双重作用下，才能真正掌握英语这门语言。采用直接讲授法讲授文化，既省事又有效率，而且这些文化不受时空的限制，方便学生查找和自学。

例如，“山羊”（goat），在汉语环境中，“山羊”一般扮演的是老实巴交的角色，由“替罪羊”这一词就可以了解到；在英语环境中，goat 则表示“好色之徒”“色鬼”。这类词语还有很多，如 landlord（褒义）/“地主”（贬义）、capitalism（褒义）/“资本主义”（贬义）、poor peasant（贬义）/“贫农”（褒义）等，这些词语代表了人们不同的态度。在词汇学习过程中，要深入了解和尊重中西方文化，这样才能更好地将词汇运用于交际。

再如，根据当下流行的垃圾分类，教师可以让学生翻译这四类垃圾：干垃圾、湿垃圾、有害垃圾、可回收垃圾。大部分学生都会将“垃圾”一词翻译为 garbage，实际上正确的翻译应是 waste。由这两个词就可以看出中西方文化差异。在英语中，garbage 主要指“事物或者纸张”，waste 主要是指“人不再需要的物质”，可以看出 waste 的范围更广，其意思是“废物”。当翻译“干垃圾”和“湿垃圾”时，学生又会翻译得五花八门，实际上“干垃圾”是 residual waste，“湿垃圾”是 household food waste。所以，学生有必要深入了解中西方文化的异同，这样才能学好词汇，才会形成英语思维，进而形成跨文化交际能力。

二、词汇语料库教学法

（一）使学生在语境中掌握词汇具体用法

在词汇学习中，将其放在具体语境中往往能起到事半功倍的效果。在英语语料库中，有大量和语境相关的实例，具体的实例主要是通过数据的方式呈现在学生面前。在语境中，学生的注意力能够被有效吸引，使学习的词汇知识得到强化，同时也能对相关使用规律进行总结。在语料库中，学生能了解使用频率较高的一些词汇，加强对词汇具体结构的了解，深化对语言现象的认识，实现对出现频率较高的单词的巩固与理解。就 outline 这个单词来讲，在教材中只是标注其主要意思是“概要、轮廓、外形”，而在实际教学中，教师可以在语料库中进行检索。通过检索的方式不仅能够了解具体的用法，还能了解相应的使用频率。进而，学生认识到这个词语不仅能够当作名词使用，也能当作动词使用。而在实际教学中，教师可以用演示的方式呈现，进而使学生了解主要使用方式，使学生在学习中的自主学习能力得到加强。

（二）对近义词以及同义词进行检索

由于英语是一门非母语学科，因此学生在学习近义词的过程中存在较大难度。语料库在大学英语词汇教学中的使用，能够使学生在检索过程中获得相应的参考，然后在此基础上进行大量细致的分析，如 destroy 和 damage 是两个近义词，那么在实际教学中，就可以在检索栏中将这两个单词输入进去，然后学生会在实际阅读中进行具体分析。在学习完这两个词语之后，也可以将自己在日常生活中遇到的近义词、同义词进行搜索，通过这种方式的使用，方便了学生在学习中进行自主对比，使学生的自主学习意识和自主学习能力都能得到增强。

（三）在检索过程中了解不同词语搭配

词语搭配的概念提出已久，并且随着社会的不断发展，受重视程度越来越高。有相关学者认为词的搭配、语义选择、语义韵以及类连接之间存在紧密联系,它们实现了对词语组合以及词义的表达,而比较普遍的则是动词与名词之间的搭配。例如,想要了解 trend 这个词时,可以在语料库中进行检索,如 short term trend, development trend, trend up 等,除了这些搭配用法之外,实际上 trend 还有很多其他用法。这种学习方式的使用,能够使学生在学习中对词汇搭配内容有更深入的认识与了解,同时在实际学习中也可以将查找的内容和自己已知的内容进行对比,找出二者之间的差异,进而在实际学习中更有针对性。

(四)进行词汇的复习与巩固

英语语料库在英语词汇教学中的使用,除了能够为学生构建情境,了解近义词、同义词的相关知识,认识词汇搭配,教师也可以利用这种方式,帮助学生进行词汇的巩固。在巩固过程中,练习的方式可以是填空题、选择题,也可以是匹配题。而在实际教学时,教师可以将检索出来的内容进行隐藏,然后让学生根据上下文进行猜测与分析,并且在教师挡住的部分填入适当的内容,而在选择语料库时,教师需要以不同的学习内容为依据进行选择。

在语料库中,学生可以实现对学习词汇内容的拓展,英语语料库中有大量的内容,能够成为学生在学习中的素材,学生可以根据自己的实际学习能力和情况进行选择,学习的范围便不仅局限在教材中,进而使学生学习到的知识能够有更强的实用性,实现对英语词汇的有效巩固。这种方式的使用在一定程度上响应国家号召,加强了对互联网技术的使用,促进学生学习能力的培养,使学生在实际学习中能逐渐形成良好的学习习惯,实现英语综合学习水平的提升。

三、采用文化对比法

根据心理学原理,人们对相同的事物比较容易理解,但对不同的事物更容易产生兴趣,也容易记忆深刻。可见,采用英汉对比法有着显著的优势,即可使学生对英汉词汇文化差异一目了然,加深对词汇的理解。语言不能独立于文化之外,由于英汉习俗传统不同,价值观和思维方式等都有着显著的差异,会出现词汇语义与文化内涵不对等的情况。如果不加以学习和研究,在使用这些词汇进行交际时难免会出现交际障碍。通过对比分析,学生就会发现其中的奥秘,词汇问题也就迎刃而解。来看下面表 3-4 中的例子。

表 3-4　英语表达的英汉意义对比

英文表达	英语意义	汉语意义
as strong as a horse	力气大	力大如牛
work as a horse	任劳任怨、温顺	老黄牛
eat like a horse	有胃口、能吃	牛一般的胃口

（资料来源：李海雁，2019）

通过表 3-4 可以看出，汉语中的“马”与英语中 horse 所表达的意思相对应的不是“马”而是“牛”。在英语文化中，马同时用于耕作和作战，但在汉语文化中，马用来作战，用来耕作的是牛。

再来看表 3-5 所列举的例子。

表 3-5　实际意义与字面意义不同的词汇

词汇	实际意义	字面意义
lover	情人	爱人
peasant	教育缺乏、举止粗鲁的人	农民
black tea	红茶	黑茶
drugstore	既出售药品又出售日用品的商店	药店
intellectual	致力于研究、思考、推论的人	知识分子

（资料来源：李海雁，2019）

在具体的教学中，教师可以通过上述形式来进行英汉文化比较，让学生清晰了解英汉词汇的文化差异，进而帮助学生正确、灵活地运用词汇。

四、创设文化情境法

语言只有在语境中才能焕发生机与活力，单独去看某个词很难发现其中韵味，但是一经组合和运用，语言便有了生命力。因此，教师应创设信息丰富的环境，为学生提供真实的语言环境和大量的语言输入，使学生在逼真的语境中学习英语，给学生提供学习和运用词汇的机会。教师可以设计一些活动，如组织学生观看电影，然后指导学生进行角色扮演，让学生经历真实的跨文化交际情景，培养学生的跨文化交际能力。

除组织跨文化交际活动外，教师还可以组织一些课外活动，让学生切实感受英语文化，扩大学生的词汇文化资源，培养学生的跨文化交际能力。例如，《疯狂动物城》这部动画片深受学生的喜爱，但大部分学生并没有注意这部影片的名字 *Zootopia*，也没有对其进行探究，觉得这是电影中虚构的一个地方。如果学生知道乌托邦的英文是 Utopia，可能会理解这个复合词 *Zootopia* 是由 zoo（动物）和 Utopia（乌托邦）结合而来。实际上，很多学生连汉语文化中的“乌托邦”都不了解，更不用说英语文化了。其实，“乌托邦”就是理想国，*Zootopia* 就是动物理想国，动物之间没有相互杀戮的地方。如果学生在观看电影前能对其中的文化进行探索，或者教师稍微引导，那么观影的效果就会更好，而且在欣赏影片的同时能掌握文化知识。

五、词汇记忆法

要想有效掌握和运用词汇，首先要记忆词汇，记忆对于词汇学习是至关重要的，因此在大学英语词汇教学中，教师有必要向学生介绍几种记忆词汇的方法。

（一）归类记忆

1. 按词根、词缀归类

很多英语词汇的构成存在一定的规律，即由词根、前缀和后缀构成，对此教师可以引导学生对词根、词缀进行归类，这样不仅能提高学生记忆的效率，还能使他们掌握记忆词汇的规律，提高对词汇学习的兴趣。

2. 按题材归类

教师可以借助日常交谈中的话题来帮助学生记忆词汇。在日常的生活和交际中常会涉及不同的话题，教师可以引导学生将与某一话题相关的词汇进行归类，这样既能让学生有效记忆词汇，又能锻炼学生的交际意识和能力。具体如图 3-1 所示。

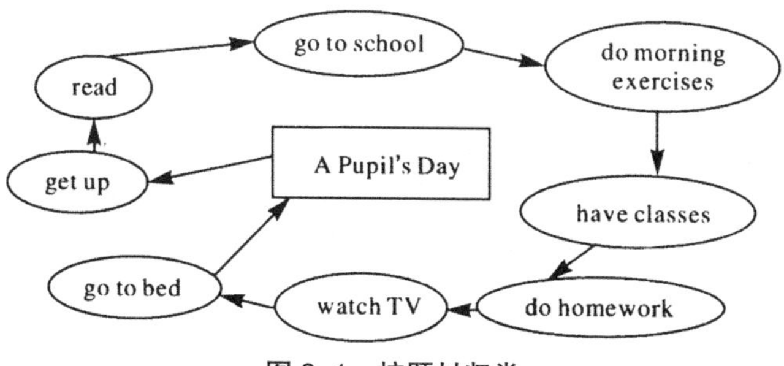

图 3-1　按题材归类

（资料来源：林新事，2008）

（二）联想记忆

联想记忆也是记忆词汇的一种有效方法，具体是指以某一词为中心，进而在头脑中联想与之相关的词汇。这样可以发展学生的思维，使学生的词汇掌握更具系统性，而且记忆效果更佳。如图 3-2 所示。

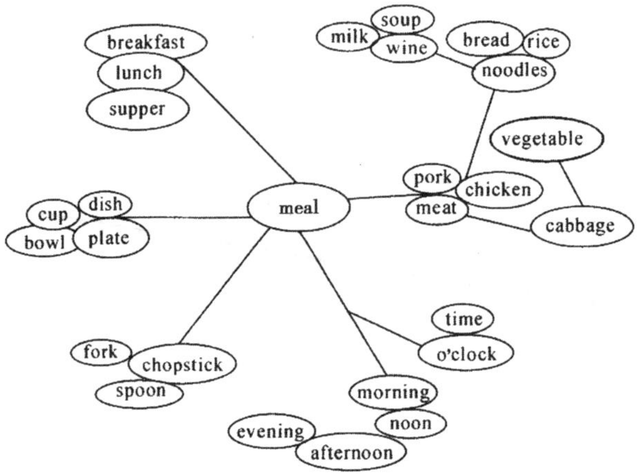

图 3-2　meal 的词汇联想

（资料来源：何少庆，2010）

（三）阅读记忆

词汇与其他语言技能有着密切的联系，如词汇与阅读就关系密切，因此可以通过阅读来记忆词汇。具体可以通过精读和泛读来记忆词汇，通过精读可以深入了解词汇的含义，通过泛读可以进行无意识记忆，加深对精读所学词汇的记忆。可以看出，经常进行阅读，不仅可以有效记忆词汇，还能加深对词汇的认识，了解词汇在特定语境中的运用情况。

六、阅读扩充法

词汇学习不能仅依靠教师的课堂讲授，还要依靠学生的课外自主学习，对此教师应有效引导学生充分利用课外时间来自主扩充词汇量，丰富词汇文化知识。

（一）推荐阅读

教师可以向学生推荐一些课外读本，如《英语学习文化背景》《英美概况》等,让学生利用课余时间进行阅读。通过阅读英语名著,学生不仅能充分了解西方文化背景知识,扩大文化视野,还能积累丰富的词汇,了解词汇的运用背景以及词汇的文化含义,更能培养学生良好的自主学习习惯,促使学生终身学习。可见,阅读英语书籍对学生的词汇学习而言是非常有意义的。这不仅能培养学生的自主学习能力,还能丰富学生的文化知识,扩充学生的词汇量。

(二)观看英语电影

现在的大学生对于英语电影有着浓厚的兴趣,对此教师可以借助英语电影来提高学生的词汇能力。具体而言,教师可以选取一些蕴含浓厚英美文化,并且语言地道、通俗的电影让学生观看。这样学生可以在欣赏影片的过程中切实感受英美文化,提高文化素质和词汇能力,同时提升学习词汇的兴趣。

第四章　大学英语语法教学的跨文化转型与创新路径

语法是语言的框架，是语言中的词、词组、短语及分句的排列规则、规律和方式，对语言学习至关重要。要想掌握一门语言，就必须要掌握这门语言的语法规则，所以即使是在大学阶段，语法仍然是大学英语教学的重要内容。只不过，随着社会和教学的发展，以及文化影响的扩大，大学英语语法教学的要求不再只是掌握语法知识，而是有效运用语法知识，即进行有效的跨文化交际。对此，现在的英语教学要着眼于跨文化交际视角，在教授学生语法知识的同时，让学生了解英汉语法之间的差异，丰富学生的文化知识，切实提高学生的语法运用能力，培养学生的跨文化交际能力。本章就对大学英语语法教学的跨文化转型与创新路径进行研究。

第一节　大学英语语法教学简述

语法是语言使用规律的总和，如果不掌握语法，将无法有效掌握语言，更不可能进行有效交际，所以语法学习十分重要。在英语教学中，教师应该重视英语语法教学，并不断进行创新研究，以提高英语语法教学效率，提高学生的语法能力。

一、英语语法

很多人认为，学生在中学已经学了几乎全部的语法知识，到了大学阶段没有必要再学习语法知识，也没有必要开展语法教学。其实不然，语法学习贯穿于英语学习的全过程，所以到了大学阶段也需要重视语法教学，也有必要对语法以及语法教学的相关内容进行介绍。

关于语法的定义，语言学家进行了探究，并且发表了不同的观点，以下就对一些代表性的观点进行说明。

威多森（Widdowson，1992）认为，词汇的变化规则和用词造句规则系统的总称构成了语法。

我国学者许国璋先生（1986）指出，语法是制约句子中词与词之间关系的准则，某一语言的语法是该语言中所有准则的总和，在语法的制约下，词组成能够被语言社团所接受的句子。

文秋芳（2013）指出，语法是词素、词、习语、词类范畴等构式为单位的组合。

对上述观点进行总结可知，语法就是语言的组织规律，是人们据以组词成句、赋予语言意义并使用语言进行交际的一套规则。

二、语法知识

（一）向心结构

从功能上说，向心结构的分布与其成分的分布具有同一性，这成分可以是一个单个的词，也可以是一组词。一般来说，名词短语、动词短语等通常都属于这一结构形式。例如：

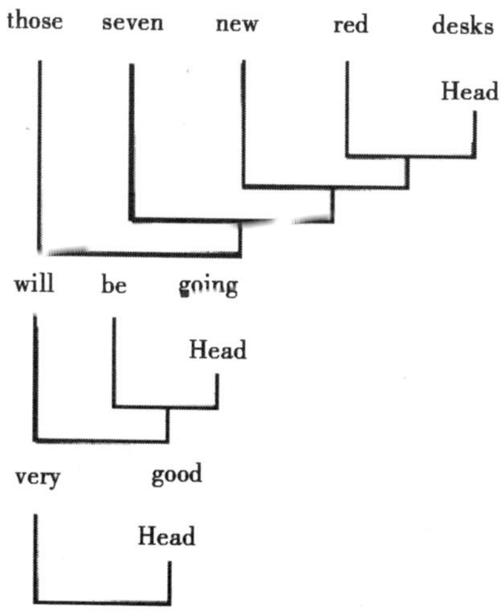

按照组成成分之间的关系，向心结构可以分为两类，即并列和从属。

1. 并列

两个或者两个以上的成分用 but，and，or 等连接起来，就是并列结构。从语法地位上说，前后部分的地位是同等的。例如：

Tom and Jerry

Is that girl Lily or Lucy ?

2. 从属

将语言单位进行连接,使各个单位具备不同的句法地位的过程即从属,其中一个单位对于另一个单位是依赖的关系,并且往往是另一个单位中的一个成分。例如:

three boys

his brother

that house

(二)离心结构

离心结构与向心结构相反,指的是在一组句法上相关的词,在功能上并不与整个词组有着相同的功能,即词组中并不存在中心词。例如:

The young man cried.

上例中,The young man 和 cried 两个成分都不能替代整个句子结构。

(三)直接成分分析

在英语语法学中,成分是一个大的语言单位,其是在句子结构分析中针对各种语法单位而产生的术语。例如,在“The boy ate the apple.”这个句子中,句子用 A 替代,the boy 用 B 替代,ate the apple 用 C 替代,这三者分别代表一个成分,而 B 与 C 可以被认为是 A 的直接成分,这种关系可以表示如下。

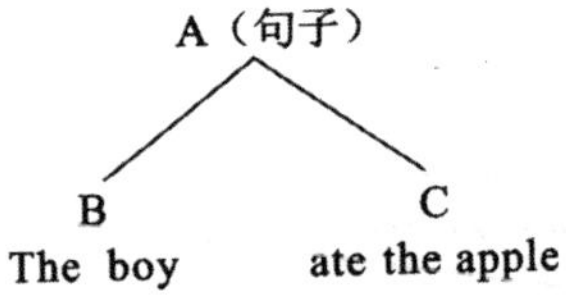

可以看出,A 是 B 与 C 的母节点,而 B 与 C 则可以被认为是姐妹节。这种简单的树形图可以表达出 A 与 B、C 的关系,也可以表达出 B 与 C 是按照一定的次序进行排列的。

上述这种将语法结构分解的方法就被称为直接成分分析法(immediate constituent analysis),简称为 IC 分析。直接成分分析法对于句子层级结构非常强调,认为句子中的词首先构成词组,只有这样才能将句子的内在结构显示出来,也才能将一些具有歧义的结构体现出来。

如果一个语法单位的成分结构可以用树形图表示的话,那么我们可以用句法范畴对其节点加以表示，表 4-1 是常用的句法范畴。

表 4-1　常用的句法范畴示例

词语类的句法范畴	V(verb) 动词 N(noun) 名词 A(adjective) 形容词 Adv(adverb) 副词 P(preposition) 介词 Det(determiner) 限定词 Con(conjunction) 连词
短语类的句法范畴	VP(verb phrase) 动词短语 NP(noun phrase) 名词短语 AP(adjective phrase) 形容词短语 PP(preposition phrase) 介词短语 S(sentence) 句子或分句

（资料来源：何少庆，2010）

下面，我们仍以“The woman cleaned the house.”这个句子为例，运用树形图对其进行分析，如图 4-1 所示。

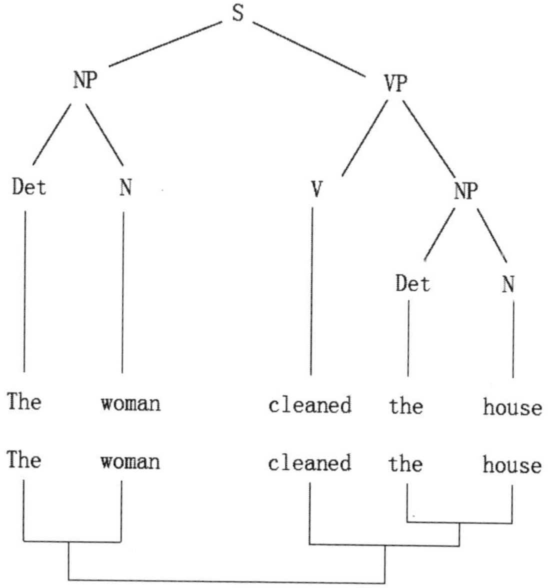

图 4-1　“The woman cleaned the house.”树形图示例

（资料来源：何少庆，2010）

除树形图之外，还有一种括号法也可以用来进行结构分析。例如：

(((The)(woman))((cleaned)((the)(house))))

括号法简便快捷，但使用频率不高。

(四)句法关系

1. 替代关系

所谓替代关系,指的是在同一个语法位置上,有些词或词组可以相互替换的关系。例如:

The girl smiles.

上例中的 girl 可以替换为 boy, women, man 等。

另外,替代关系并不仅指代词与词的替换,还可以用特定集合的由多个词构成的词组来进行替代。例如:

The { strong man / tallest boy smiles / pretty girl

She went there { yesterday. / last week. / the day before.

2. 同现关系

所谓同现关系,是指不同组分句中的词语可以要求或者可以准许与另一组词语同现,构成句子的某一部分,如名词短语前可以设置形容词或限定词,后跟动词短语等。例如:

(前置)		(后跟)
The amicable	professor	laughed
The kind	nurse	went in
The lazy	engineer	slept

可见,同现关系部分属于组合关系,部分属于聚合关系。

(五)语法层级

1. 短语

短语(phrase)通常是由一个或多个词构成的单一成分结构。短语在结构等级中位于小句和词之间。

短语往往围绕一个中心词展开。中心词是在短语中起着语法作用,同时受其他词所修饰的词。根据中心词词性的不同，英语短语可以分为名词短语、动词短语、副词短语等。

2. 句子

在传统意义上，句子是语言中可表达思想的最小语言单位。

句子的结构分类。传统分法从结构上对句子进行二分，将句子分为简单句与非简单句，如图 4-2 所示。

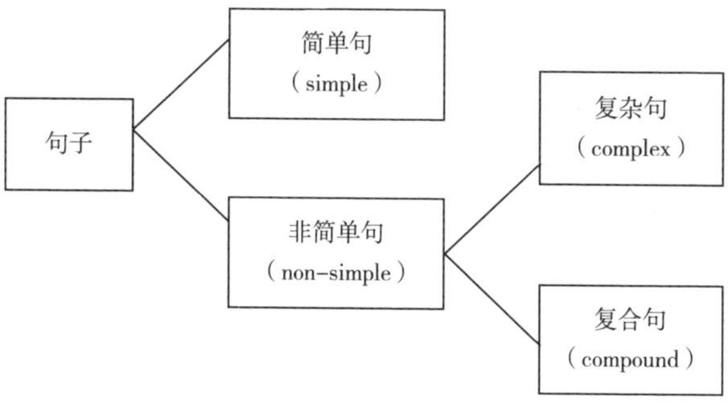

图 4-2　句子结构分类图

（资料来源：何少庆，2010）

句子的语气分类。根据句子的功能，句子可分为陈述句与祈使句。二者均可以做进一步的划分，如图 4-3 所示。

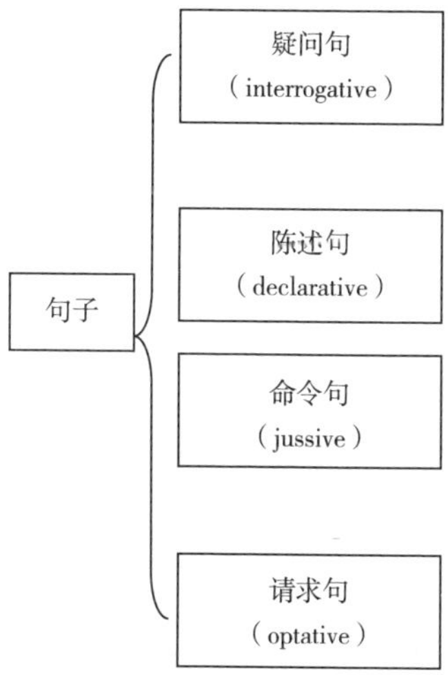

图 4-3　句子功能分类图

（资料来源：何少庆，2010）

三、大学英语语法教学的现状

在大学英语教学中，语法教学是颇受争议的一门课程，而且普遍不被重视，因此存在的问题较多。以下就对大学英语语法教学中存在的问题进行具体说明。

（一）教师教学的现状

1. 语法教学弃而不教或边缘化

大学英语教学一直都在不断变革，教学内容随之不断改变，而随着2004年教育部《大学英语课程教学要求》的颁布，大学英语语法教学的内容退出了大学英语教材，大学英语语法教学也从大学英语教学中退出，最终导致大学英语语法弃而不教或边缘化。这具体体现在两个方面：首先，教材中没有了语法内容，教师便失去了教授语法的依据和大纲，学生也将无法系统地获取语法知识；其次，课时安排不合理，大学英语教学中多是精读课与泛读课，没有相应的语法课，即使教师讲解语法知识，也是零星的和碎片化的。实际上，语法对于英语语言的学习是至关重要的，语法贯穿于英语学习的始终，对英语综合能力的提升起着重要作用，所以教师不应忽视语法教学，而应积极开展语法教学，丰富学生的语法知识，提高学生的语法能力，为学生提高英语综合应用能力打好基础。

2. 教学方式单一

英语语法知识繁多，学习起来十分枯燥，因此很多学生都对语法学习缺乏兴趣。想要改善这种现状，就需要教师创新教学方法，增添语法教学的乐趣，激发学生学习的积极性。但是目前来看，大学英语语法教学现状并不乐观，教师依然采用传统陈旧的就学方法开展语法教学，教师占据着课堂的主体地位，学生只能被动地记笔记。这不仅不符合现代的教育理念，也不利于激发学生学习语法的主观能动性。

3. 忽视语言情景

学习语法不仅仅是为了掌握语法知识，而是运用所学的语法知识进行交际，所以学生的语法学习需要具体的语言情景。但目前我国的大学英语语法教学常将语法知识的意义、理解同运用、语境分割开来，这就使得学生无法准确理解语法知识适用于哪种情景，不利于学生有效运用语法。

（二）学生学习的现状

1. 语法意识薄弱

大学生在中学阶段已经进行了很长时间的语法学习，普遍感到枯燥乏味，因此他们认为到了大学阶段就没有必要重点学习语法了。实际上，尽管到大学阶段，语法依然是英语学习的重要内容，因为不掌握丰富和准确的语法，是不可能准确、流利地进行交际的。

2. 缺乏有效的学习方法

很多学生的语法学习效率低下，其中一部分原因是学生没有掌握有效的学习方法，从而使得所学的语法知识零散、不系统。在语法学习过程中，学生往往十分被动，通常是遇到新的语法问题时才会去学习。而且学生在学完一篇文章之后，就将文章中的语法知识抛在脑后，这将难以提高语法能力。

第二节 大学英语语法教学中的跨文化因素

语言与文化密切相关，文化差异在语言中有着集中的体现，一方面体现在词汇上，另一方面则体现在语法上。因此，文化差异对大学英语语法教学有着显著的影响，而了解这种影响，对明确大学英语语法教学的目标、改善大学英语语法教学的现状具有重要意义。

一、思维模式层面

不同的民族，其思维模式并不相同，这种差异也会在语言中有所体现。英汉民族的思维方式在语法上体现为英汉语法差异，具体表现是英语是形合语言，汉语是意合语言。

形合又称“显性”，是指借助语言形式，主要包括词汇手段和形态手段，实现词语或句子的连接。意合又称“隐性”，是指不借助语言形式，而借助词语或句子所含意义的逻辑联系来实现语篇内部的连接。形合注重语言形式上的对应，意合注重行为意义上的连贯。形合和意合是使用于各种语言的连接手段，但因语言的性质不同，所选用的方式也就不同。英语属于形合语言，有着丰富的形态变化，语法规则众多，力求用内涵比较丰富的语法范畴来概括一定的语法意义，对句法形式要求严格。

英语句子多使用外显的组合手段，因此句子中的语法关系清晰有序。但汉语句子多用隐性的手段，语法关系并不那么清晰，而是十分模糊，如："知己知彼，百战不殆；不知己而知彼，一胜一负；不知己不知彼，每战必殆。"这句古汉语就足以体现汉语意合的特点。汉语属于语义型语言，受传统哲学和美学思想的影响，形成了注重隐含关系、内在关系、模糊关系的语言结构特点。所以，汉语主要靠词序和语义关系来表现句法关系，并不刻意强求语法形式的完整，只求达意即可。

具体而言，受思维模式的影响，英汉语法之间的差异体现在以下几个方面。

第一，汉语句子注重达意，英语句子注重形式上的联系。例如："已经晚了，我们回去吧。"这句话用英语表达是"Let' s go home, as it is late." 为符合英语的表达习惯，添加了相应的连接词。

第二，英语主要借助词形的变化来组句，汉语则主要借助词序和词在句中的作用及句子的意思来组句。

第三，英语倒装句多，汉语相对较少。为了表示强调，英语句子常将主动词放在主语前面，或者是在没有助动词的情况下，在主语前面加 do, does 或 did，形成倒装句。汉语表示强调就相对简单，有时将宾语提前，一般是不改变词序增加某些具有强调意义的词。

总体来讲，思维模式的差异反映了汉文化的综合整体与英文化的分析细节的思维方式的不同。在具体的大学英语语法教学中，教师引导学生充分了解文化差异对语法的影响，同时向学生输入相关的文化因素，使学生切实了解英汉语法的异同，进而提高学生的语法能力。

二、语序因素层面

语序指的就是词在短语或者句子中线性的排列顺序。语法语序就是表现语法关系的语序。例如，英汉都有并列式的合成词，尽管并列式都是由同等成分构成的，但是仍然存在较大差别。

英语叙述说明事物时，习惯于从小到大，从特殊到一般，从个体到整体，先低级再高级；汉语的顺序则是从大到小，从一般到特殊，从整体到个体。此外，当英汉语言中出现多个定语和多个状语时，定语和状语的排列顺序也是有差别的，这些实际上都源于文化的差异。

因此，在大学英语语法教学中，教师应注重培养学生的文化素养，进而促进学生语法能力的提升。

第三节　大学英语语法教学跨文化转型的原则

一、以学生为中心原则

新课程教学理念提倡以学生为中心开展教学，即教学活动要以学生为主体，紧紧围绕学生来开展。这一教学理念也适用于大学英语语法教学。在大学英语语法教学中，教师应更新教学理念，认识到学生的主体地位，将学生放在教学的中心位置，有效激发学生的学习兴趣，鼓励学生积极参与教学活动，引导学生自主发展、学习和掌握语法规律，培养学生的语法能力。

二、交际性原则

在大学英语语法教学中，教师应遵循交际性原则，即恰当地运用多媒体设计课堂教学，创设合理的语言交际环境，使语言交际环境符合实际环境，从而帮助学生更好地掌握语法知识，提升交际能力。提高学生成绩并不是语法教学的最终目的，语法知识的使用才是语法教学的本质，所以语法教学应结合实际生活，培养学生的语法思维，提升学生的听、说、读、写能力，提高学生的语言交际能力。

第四节　大学英语语法教学跨文化转型的路径

一、三维教学法

在具体教学过程中，英语教师都倾向于两种教学方法，一种是注重语言形式或语言分析的教学方法，另一种是注重语言运用的教学方法。这两种方法各有侧重，但实践证明，将两种方法结合起来才会更加有效。从交际角度而言，语法不仅是各种形式的集合，语法结构也不仅有句法的形式，也可以运用具体的语言环境来表达语义，可以将这三个方面表述为形式、意义和用法。美国语法专家拉森·弗里曼（Larsen Freeman，1995）提出了基于 From, Meaning, Using 三个维度上的三维教学法,将语言的形式意义和用法有机结合起来。其具体模式如图 4-4 所示。

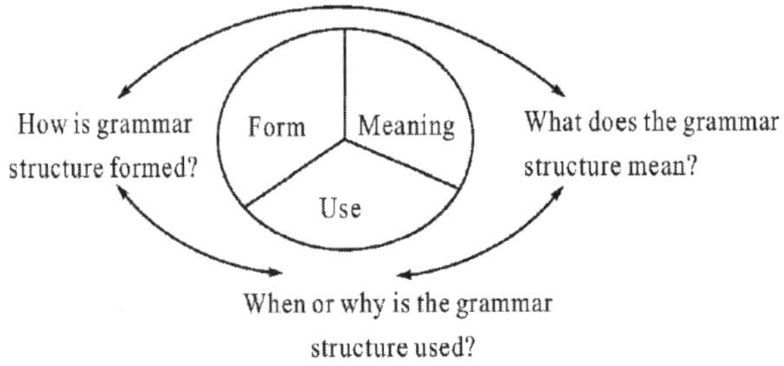

图 4-4　三维语法教学观

（资料来源：邓道宣、江世勇，2018）

三维教学法的实施包含五个步骤：热身运动、发现语法、学习形式、理解意义、应用语法。

热身运动是对上一课堂要点的复习,然后通过一些参与性活动,如听歌、表演、竞赛等形式,让学生对新的内容有所了解,调动学生的背景知识,激发学生的求知欲望。

发现语法是指学生通过教师讲解和引导,感知和发现语法现象。

学习形式是指学生在发现语法的基础上,以语法结构的形式总结出语法规则。在课堂教学中,这部分内容表现为回归课文阅读文章,通过阅读文章找出类似的形式和结构。这一阶段过后,学生能够为下一步理解、操练规则做好准备。

理解意义是指设计以意义理解为主的活动,从而促进学生对语法项目的理解,为语法的应用奠定基础。

应用语法是指教师为帮助学生掌握语法规则、提高其语法应用能力所设计的意识强、交际性好,能够促进思维发展的活动或任务。

在具体的教学过程中,教师可以根据具体的教学情况对上述几个步骤进行调整。

二、语境教学法

在大学英语语法教学中,教师可采用情境教学法开展教学,情境教学法有着包含语法规则和知识的真实环境,可以充分调动学生不同的感觉器官,激发学生学习的兴趣,可以让学生在接近真实的情境中切实参与到学习中,使学生系统地掌握语法知识。语法教学通过情境化实现了认知与情感的联合,颠覆了过去只讲述语法规则的陈旧方法,学生有了使用语言的空间。而且通过情境化教学，课堂氛围更加活跃，师生关系更加和谐，学生的语法能力和交际能力会得到显著提升。具体而言，情境教学的教学途径包含以下几个。

（一）融入音乐，创设情境

青少年通常对音乐有着强烈的兴趣，因此在语法教学中，教师可将音乐与语法教学相融合，营造轻松愉悦的气氛，在聆听中学，在欢唱中学。例如，在讲授现在进行时这一语法时，教师可以让学生先欣赏歌曲，并让学生持有该曲的歌词，然后找出歌词中含有现在进行时的句子。这样既能激发学生的学习兴趣，分散学习的难点，又能使学生在不知不觉中学到知识。

（二）角色扮演，感受情境

在大学英语语法课堂教学中，教师还可以组织学生进行角色扮演，让学生身临其境地学习语法知识。学生可以通过自己扮演的角色，体验相应情境下人物的言行举止、思想情感，深化所学知识，提高学生的人文素养。

（三）运用媒体，展示情境

在语法课堂教学中，有些教学情境因条件的限制无法创设，但随着多媒体技术的发展及其在教学中的运用，这一缺陷被弥补了。多媒体教学素材丰富多样，包含图像、图形、文本、动画以及声音等，将对话的时空体现得生动和形象，图像和文字都得到了充分体现，课堂范围不再沉闷死板，学生的感官得到了调动，加深了学生的印象，提高了学生参与课堂教学的积极性，使教学和学习效率也得到了显著的提升。

（四）设计游戏，领悟情境

设置符合学生心理和生理特征的语法教学游戏，可以激发学生的学习积极性，让学生积极参与其中。生动活泼的游戏可以调动学生的多种感官，使学生觉得原本困难的语法结构也变得简单许多，从而使学生在潜移默化中掌握语法知识。

三、翻转课堂教学法

翻转课堂也是随着信息技术的发展而产生的一种新型教学模式，将该教学模式运用于大学英语语法教学，可有效调动学生学习语法的兴趣，促进学生形成自主学习能力，提高学生的独立思考能力，进而培养学生的语法能力。翻转课堂这种教学模式不再以教师为中心，而是以学生为中心，教师只是起到辅助作用，学生是教学环节的重点，师生之间处于互动的状态。翻转课堂语法教学模式流程如图 4-5 所示。

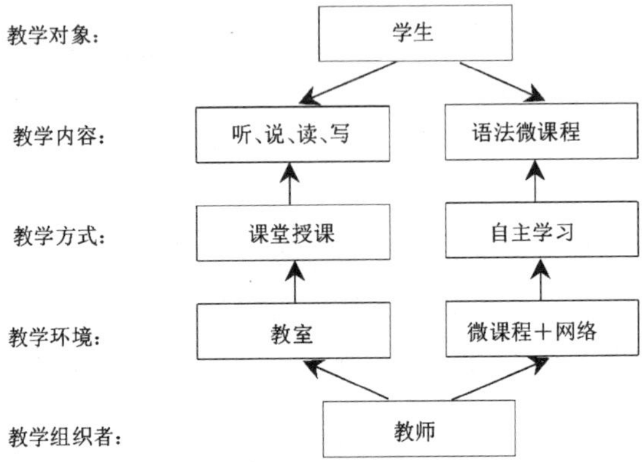

图 4–5　翻转课堂语法教学模式的流程

（资料来源：马慧丽，2019）

（一）提升微课制作水平，借鉴网络教育资源

相较于传统的语法教学模式，翻转课堂最大的特点在于以视频微课代替了“黑板 + 粉笔”的教学方式。但对于已经习惯了传统教学模式的英语教师来说，很难在短时间内适应视频微课这种形式，因此教师首先要熟练掌握微课的制作技术，灵活运用各种制作软件；其次要重视视频微课内容的整合与加工，在内容选择上要结合课本语法知识，并借鉴网络上优质的教育资源制作短小精致、内容丰富的数字化课程资源。

（二）拓宽师生互动渠道，确保语法教学效果

制作视频微课是翻转课堂语法教学的前提，后期的检查、实施和监督是更加重要的部分，因此师生之间应保持多维互动。首先，教师要指导学生观看视频微课，并对学生的学习内容和时间进行计划，把握学生学习的

进度；其次，教师要利用社交软件建立QQ群和微信群等，加强与学生线上线下的互动，对学生在自主学习中遇到的问题进行解答，促进师生和生生之间的讨论，实现英语语法知识的消化和吸收。

（三）关注语法难点，提升教师答疑解惑的能力

基于翻转课堂，教师将制作好的视频微课上传到网络平台，学生自行下载，并在固定时间内完成自主学习，而对于遇到的语法知识难点，除了课堂学习小组讨论外，更多由教师在课堂上统一解答或个别辅导。对此，英语教师应不断充实自身的语法知识储备，提升自己的语法能力，从而更好地解答学生的疑难问题。

（四）开展差异化教学辅导，促进学生自主学习

在翻转课堂教学模式下，教师要更新教学理念，改变传统的教学模式，主动融入和参与学生学习的各个环节，成为学生学习的指导者和监督者。由于不同学生之间存在巨大差异，有着不同的基础水平和认知结构，因此教师需要采用不同的辅导方式来对不同层次的学生加以辅导，特别是对那些自律性不强的学生，更要采取有效方式来加以辅导，促进他们进行自主学习。

（五）重视教学评价，建立激励机制

翻转课堂语法教学重在学生的自主学习，为了掌握学生自主学习的频率以及参与程度，确保翻转课堂教学的效果，对学生进行考核评价就显得十分必要，而且这种考核要贯穿于课堂教学的全过程，并且评价形式要多样化，包括学生自我评价、小组评价、教师评价等多种考核评价形式。这种全方位的考核评价机制有利于教师掌握学生对语法教学的参与度和配合度，便于教师了解学生对语法知识的掌握程度，而且对学生有着正向的激励作用。

总体而言，在文化全球化时代背景下，英语词汇和语法教学应紧跟社会和教学改革发展的趋势，结合文化开展教学，即在教授词汇和语法知识的同时，融入英语文化知识，进而培养学生的文化素养，提高学生的综合能力以及运用词汇和语法知识进行跨文化交际的能力。与此同时，教师要持有客观的态度，不能一味地导入英语文化，还应传授汉语文化知识，从而树立学生的文化自信，使学生运用所学知识传播中国文化。

第五章 大学英语听力教学的跨文化转型与创新路径

听力不仅是重要的语言输入技能，也是交际的重要方式，更是大学英语教学中不可或缺的一部分。提高学生的听力能力是大学英语听力教学的重要目标，但其最终目标是培养学生的跨文化能力，即运用听力能力进行交际活动。因此，大学英语听力教学应基于跨文化视角，将语言教学与文化教学相融合，向学生导入文化知识，扩大学生的文化视野，进而提高学生的听力能力，培养学生的跨文化能力。本章就来分析大学英语听力教学的跨文化转型与创新路径。

第一节 大学英语听力教学简述

近年来，伴随着英语教学改革的不断推进，听力教学越来越受到人们的重视。对于听力教学的研究也越来越多。从一定程度上来说，听力教学的水平得到了某些提升与改善。但是一直以来，我国的英语听力水平呈现出明显的不平衡现象。本节就来分析和论述大学英语听力教学。

一、听力的概念

（一）“听”

在学者罗宾（Rubin，1995）看来，“听是一个包含主观能动性的过程，它涉及听者信号的主动选择，然后对信息进行编码加工，从而确定正在发生的事情以及发话人想要表达的意图”。

理查兹和施密特（Richards & Schmidt，2002）对“听力理解”进行了专门的探讨，他们认为：“听力理解涉及的对象是第一语言和第二语言，所要做的事情就是弄懂这两种语言。但是，对这两种语言的理解是有本质区别的。其中，对第二语言的听力理解比较关注语言的结构层面、语境、话题本身以及听者本身的预期。”

著名学者林奇和门德尔松（Lynch & Mendelssohn）特别指出了“听”和“说”的内在联系，他们认为要想成功地“听”，还必须在“说”上下功夫，但是“听”同时也受到其他声音信息和画面信息的影响，这就要求听者在已有经验的基础上根据语境来对话语进行准确的把握。另外，“听”不是单一的，是连续不断的一种处理过程，包含以下部分。

（1）如何将语音进行划分。

（2）如何对语调形成一种认识。

（3）如何对句法进行详细的解读。

（4）如何把握语境。

大多数时候，上述过程是在人们的无意识中悄悄进行的。

此外，两位学者还就“听”和“读”的联系与区别进行了阐释，并认为与“读”相比，“听”的作用更加显著，具体包含以下几点。

（1）让人感受到一种韵律的美。

（2）让人产生一种追逐速度的急切心理。

（3）对信息的加工和反馈都在最短的时间内完成。

（4）耗时较短，通常不会重复进行。

“听”与“读”都是一种对信息的输入，但是在大学英语听力学习中教师绝对不能将“听”看作阅读的声音版，而应该认真研究“听”的本质属性，并据此去组织教学，从而帮助学生获得一定的听力技能。

（二）“听力理解”

从信息论的角度来讲，听力理解是对信息进行认知加工的过程。“听力理解”呈现出以下几种特征。

1. 时效性

时效性是指听力理解要求听者在一定的时间内高效地对声音信息进行加工。要做到这一点，听者需要认识到时间的紧迫性并且能够快速地判断。声音信息输入的流线型特点也同样要求听力理解具有时效性。听力理解是否具备时效性，往往成为衡量一个人听力能力的一个关键指标之一。

在大学英语听力学习中，教师可以将听力理解的时效性特点向学生进行详细的解释，这样可以督促学生做出更好的听力计划，促使学生监控和评估自己的听力能力。如果要想保证理解效度的最大化，听者就需要解决自身的听力时效性，如果不能解决这一问题，那么听者就很难理解发话人接下来的话语。

2. 过滤性

过滤性是指听者在听力理解的过程中能够准确地筛选出有用的信息，剔除那些无用的甚至是干扰的信息。简单来讲，过滤性就是“抓关键信息”。

显然，听者不需要原原本本地将听力内容在头脑中放映一遍，但是必须能够把握住听力内容的中心思想。因为听力理解的内容是一连串连续性的语言符号，人们必须从整体上把握内容，而不是孤立地关注某一个音素。想要把握听力内容的中心思想，不偏离听力内容的大方向，就必须先获取发话人的“主题”，然后围绕这一主题探索事件的时间、地点、过程以及发话人的思想情感等边缘要素，主题和边缘要素存在着一种内在的连贯性。

3. 即时性

即时性是指听力理解无法提前安排和计划，都是随时进行、随时结束的。这就使得我们不可能提前对听力理解进行演练，从而导致了听力理解的不可预知性，这正是它的难点所在。因此，在听力学习中，教师应该尽可能地培养学生对听力材料的适应能力，能够对各种情况做到随机应变。

4. 推测性

推测性是指听力理解是通过推理进行的。其实说到底，只要是含有理解的行为，就少不了推理的存在。说得具体一点，推理就是依靠自己的主观能动性不断验证先前假设的认知过程。

在一次完整的推理中，有两个环节是必不可少的。首先是预测将要发生的事情，其次是对结果进行推断。当然，这两个环节有其存在的前提，也就是我们不能做无缘无故的预测，那是妄想，而是要根据已有的知识经验来推测未知的事物。并且已有的知识经验和未知的事物之间是有着内在关联的，听者就是需要通过这些显性或者隐性的关联来寻找发话人的信息，从而推测出发话人的意图。

5. 情境性

情境性是指听力理解是发生在特定的时间、场合之下，时间、场合就构成了听力理解的情境。随着时间和场合中任何一方面的改变，情境就会改变，这就引起了不同听力情境的发生。

听者之所以要关注听力理解的情境，是因为这些情境中包含着很多重要细节，它们决定了听者对话语意义的理解，同时也为即将产生的话语提供理解的线索。在日常的听力学习中，教师要提醒学生注意情境，有意识地提高学生对情境的敏感度，从而促使学生对话语有更准确的理解。另外，教师应该尽量为学生创设真实的情境，因为语言的运用就是在真实的情境下发生的。

6. 共振性

“共振性”这一概念应该是从物理学中移植过来的，表示一种瞬间感应性。听力理解具有共振性，是指听力理解是在对应原则的基础上发生的，有着自己独特的经验和惯性。

具体来讲，在听力理解中，一些新信息不断地刺激大脑，从而激活大脑中的已有知识，新知识和已有知识之间的交流就是共振。那就意味着，你拥有的知识总量和你的感知能力的高低是成正比的，和你的共振效率也是呈正相关的。听力理解的共振性和信息加工理论中的“编码—解码”程序具有很大的关系。

（三）听力认知

根据认知理论，听力理解是一个需要听者积极构建意义的过程，也是一个复杂的认知过程。在学习中运用认知策略对学生建构意义、提高获取信息的能力大有裨益。将基于认知策略的听力教学模式运用于大学英语听力教学实践，对提高学生的听力水平和教学效率十分有利。

基于认知策略理论的英语听力学习模式的实施步骤具体如下。

1. 听前阶段

在听前阶段，教师的主要任务是让学生对听力材料的背景有所了解，教会学生使用目标语资源和推测策略，通过各种途径，如查阅词典、百科全书等扫除词汇障碍，同时激活学生已有的知识储备，为即将进行的听力活动做好准备。

2. 听中阶段

在听中阶段，教师要培养学生的联想、推测、演绎、速记等策略来帮助学生完成听力活动。以《新视野大学英语视听说教程》第三版 Book 1, Unit 7 *Weird, wild and wonderful* 为例，本单元涉及的话题是自然与环境问题。在听力教学中，教师首先要充分激活学生头脑中储存的有关环境问题的图式,如水源污染、大气污染、森林破坏等,让学生合理推断文章内容。在第一遍听录音过程中,教师要求学生概括文章大意,这要求学生在听录音的过程中,结合自己的储备知识,运用联想策略,归纳篇章大意。在第一遍听录音过程中,学生需要把握细节信息,完成表格中的空缺信息,教师要训练学生集中注意力,抓住重要信息,进行速记的能力。在听力活动结束后,如果信息有遗漏,教师可以引导学生运用推测、联想等策略,进行合理的推测,以增强学生对听力材料的理解和掌握。

3. 听后阶段

在听后阶段,教师要训练学生通过归纳、总结等策略对听力材料内容做进一步的加工处理,实现语言的内化。此外,教师应指导学生对听过的材料进行重复听力练习,让学生模仿训练,从而起到巩固语言基础的作用。

(四)听力训练

1. 听力训练的形式和方法

(1)听—画:学生边听英语,边画出相应的图画。

(2)听—视:学生边看黑板上的图画,边听教师讲。有条件的地方可利用投影仪、幻灯片或录像机进行视听训练。

(3)听—答:教师对听的内容进行提问,要求学生口头回答。

(4)听—做:教师根据所听的内容发出指令,要求学生做出相应的行动或表情,如“Show me how David felt when he met Jane at the airport.”教师使用课堂用语时向学生发出的指令也应属于此类,如“Come to the front.”

(5)听—猜:学生在听前根据教师的“导听问题”(guiding questions)提示,并结合已学的知识对所听的内容进行预测(predict)。

(6)句子段落理解:教师放录音或口述句子、段落。学生一边听,一边看教师示范表演各句意思以指出或举起相应的图画或做相应的动作来表示;教师用手势画出单词重音、语调符号和节奏,让学生模仿。

(7)短文理解:学生先听录音,然后根据短文的内容,进行形式多样的练习帮助听力理解,如听录音回答问题,听录音做听力理解选择题,听录音判断正误,听做书面完形填充练习,复述短文大意,做书面听力理解练习题等。

(8)课文听力训练:教新课文之前,先让学生合上书本,听两遍课文录音,或听教师朗读课文;讲课文时,教师一边口述课文,一边提出生词,利用图片、简笔画、幻灯或做动作向学生示意，帮助学生达到初步理解的目的；学生根据课文内容进行问答，如就课文中生词或词组提问、就课文逐句提问、就课文几句话或一段话提问等。

2. 听力训练的原则和要求

（1）熟练掌握英语课堂用语，尽可能用英语组织教学。

（2）充分利用音像手段（如录音机）和软件资料进行大量的听力训练。

（3）遵循循序渐进的原则，听力训练时听音材料难度应该由浅入深，生词量小，语速由慢到快，长度由短到长。

（4）尽量将听与说、读、写等活动结合起来进行训练。

（5）结合语音语调的训练，特别是朗读技巧（单词重音、句子重音、连读、辅音连缀、停顿和语调）来训练听力。

（6）听前让学生明确目的和任务。

（7）把培养听力技巧（辨音、抓关键词、听大意、听音做笔记等）作为教学的主要目标。

（8）布置适量课外听力训练。

二、大学英语听力教学的现状

尽管大学英语听力教学深受重视，而且随着教学改革的深入有所发展，但是在教学中学生“听不懂，说不出”的问题依然存在。因此，有必要对大学英语听力教学中存在的问题进行分析，以便有针对性地解决这些问题，促进大学英语听力教学的发展。

（一）课程设置处于弱势地位

在整个大学英语课程设置中，听力教学处于弱势地位，受关注的程度并不高。在多数院校中，大学英语课的周学时为 4 小节，但教师常常将教学中心放在精读课上，部分院校甚至将听力课与口语课相融合，变成听说课，从而稀释了听力课的学时，这使得听力教学课时难以得到保障，学生听力能力的培养也难以得到保障。

（二）教学目标有所偏离

大学英语教学中设置了大学英语四、六级考试，这本是为了激发学生的学习兴趣，培养学生的英语能力而设置的，但有些教师将通过考试作为教学的指向标，从而忽略学生听力能力和跨文化交际能力的培养。基于这样的目标，在时间有限的课堂中，教师常会将听力教学沦落为题海战术，这样不仅使学生感到枯燥乏味，而且很难真正提高学生的听力能力。

（三）教学模式僵化

受课程设置不合理、教学目标偏离、受重视程度不高等影响，现在的大学英语听力教学存在教学模式僵化的问题。很多教师将主要精力放在教学任务的完成上，忽视对教材的整体把握，缺乏对学生的有效指导，甚至目标不明确，只是机械地、一遍遍地播放录音，学生只能被动、盲目地听，这使得听力教学拘泥于“听听录音、对对答案，教师解释”的单一模式。在这种教学模式下，不仅课堂氛围沉闷，而且学生的学习积极性不高，学生的听力能力更是难以得到锻炼。

（四）学生基础知识积累不足

现在，尽管听力教学受到了学生的重视，但是很多学生的听力水平不高，这很大程度上源于学生基础知识积累不足。一方面，学生缺乏必要的语音知识，对音节、连读等掌握不牢固，加之词汇量积累有限，欠缺语法知识等，这些都会对学生的听力理解造成影响。另一方面，学生缺乏良好的英语学习环境，对此学生很难对英语音调、韵律等具有敏感性。由于基础知识积累不足，学生的听力能力将很难得到提高。

（五）学生对听力缺乏兴趣

由于教学方式的单一性和听力本身的复杂性，很多学生对听力学习缺乏兴趣，甚至从心理上对听力产生抵触兴趣。这种抵触兴趣会进一步降低学生参与听力活动的积极性，甚至是应付听力学习，使得听力学习收效甚微。

（六）学生学习形式单一

受传统教学模式的影响，学生在学习英语听力时，十分依赖教师的教学，依赖于学校规划和课程安排，进而导致自主学习听力的能力较低，在英语听力学习上得不到成就感，学习兴趣降低，最终整体学习效果不佳。此外，学生跟随教师的课堂讲解，不利于学生建立个性化的英语知识框架和体系，不利于学生自主学习能力的提升。

（七）学生缺乏英语文化知识

语言与文化密切相关，很多听力材料中都渗透着文化知识。很多学生无法准确理解听力内容，部分原因就在于缺乏必要的文化背景知识。对此，学生在听力学习中不仅要学习听力技能，还要学习文化知识，了解英语国家的历史文化、思维方式等，掌握中西方文化间的差异，这样才能为听力学习扫清障碍，提高听力水平。

（八）缺乏英语听力环境

我国学生是在汉语环境下学习英语听力的，而且主要通过教材和课堂来学习英语听力，学生在课本上学到的英语都是规范英语，教师在教学中为了便于学生理解，常会放慢语速，而使得语流失去了正常的节奏。但在英美国家，人们在实际交际过程中使用的语言具有很强的口语化特征，常使用口语化表达。而在课堂教学中，这种口语化的语言很少出现，学生接触不到地道的英语表达，也就很难切实提高英语听力能力。

（九）学生不善于利用课余时间

课堂教学的时间是有限的，因此对课堂教学起着补充作用的课余时间的利用率直接影响着学生的听力水平。但是在实际学习中，学生并没有充分利用课余时间。很多学生没有制订自己的学习计划，只是依靠课堂教学，但课堂教学是面向全体学生的，是针对学生的平均水平制订的，并不能满足学生的个性化需求。如果制订适合自己的学习计划，并充分利用课余的零散时间，将英语听力学习与日常生活相结合，对提高英语听力水平将起到事半功倍的作用。

第二节　大学英语听力教学中的跨文化因素

大学生在中学甚至小学时期已经学习了多年英语，对语音、词汇、语法和句型等都有了一定程度的掌握，因此很多学生甚至教师都认为，掌握了这些内容足以可以提高听力水平。但是事实并非如此，因为即便学生掌握了大量的语音、词汇、语法、句型等方面的知识，也未必能听懂所听内容。这是因为听力理解的好与坏一方面在于听者的语言基础，另外还与其对话题的熟悉程度、文化背景知识的多寡、听者心理素质的高低等有关,其中文化背景知识的积累是一个重要方面。

学生只有掌握了一定的文化背景知识,才能在听的过程中充满自信。英汉民族文化存在较大的差异,这给语言交流造成了很大的困难,对听力的有效进行以及大学英语听力教学的开展都造成了一定的影响。因此,要想切实提高英语听力能力,并能够运用这一技能进行跨文化交际,就要加深对西方文化的了解和认识,从深层次上提高英语听力能力。

一、词语文化内涵差异的影响

在听力学习过程中,很多学生都反映有的听力材料看上去并不复杂,也没有生词,语言结构也不复杂,但在听的过程中总觉得晦涩难懂,无法理解其内涵。这种情况主要是由于对词语的深层文化内涵不理解造成的。心理语言学认为,听者在大脑中储备的文化背景知识与听力材料互相作用的动态过程,是实现有效的听的重要前提。例如:

Wendy:What do you think of Vicky?

Chad:She is a cat.

Question:Does Chad like Vicky?

对于学生而言,上述对话没有任何陌生单词,理解起来并不难,但是在回答的过程中往往会答错,这主要源于中西方文化的差异。在中国,猫是可爱温顺、讨人喜爱的动物,但在西方国家,猫有着另外一层文化含义,指“心存险恶的女人”。上述对话中的“She is a cat.”实际上是说Vicky是一个狠毒、心怀叵测的女人。由此可见,很多理解障碍并不是由语言本身引起的,而是由对西方文化的不了解引起的。因此,在大学英语听力教学中,教师应注意教授学生一些相关的文化知识,培养学生的文化素养,从而切实提升学生的听力能力。

二、社交差异的影响

学生学习英语听力是用来社交的,如果不了解中西方社交差异,将会对其交际过程产生不利的影响。中西方社交差异在多个方面都有体现,如在俚语的表达方面。英语的俚语相当于汉语的歇后语,蕴含着发人深思的内涵。例如,fill someone in的真正含义是“告诉某人,让他了解一些状况”。由于我国大学生对英国的社交文化不了解,很容易逐词逐句地理解这一短语,将其理解为“把某人填进去”,这必然会对听力产生影响。

对此，在大学英语听力教学中，教师应引导学生了解中西方社交文化的差异，培养学生的文化差异意识，切实提高学生的听力能力。

除了上述两个方面，英汉的思维模式差异、历史背景差异、地理环境差异等都对听力学习有着重要的影响，在具体的教学中，教师应尽量全面地丰富学生的文化知识，提高学生的文化素养，为学生听力能力的提升排除文化障碍。

第三节　大学英语听力教学跨文化转型的原则

大学英语听力教学应遵循科学的教学原则，确保学生的听力能力得到锻炼，促使学生能够有效进行跨文化交际。具体而言，大学英语听力教学应遵循以下几项原则。

一、循序渐进原则

大学英语听力应层层有序开展，从简单到复杂逐步进行，即要遵循循序渐进原则。具体而言，在大学英语听力教学中，教师应充分了解学生的学习情况，选择符合学生学习阶段和水平的听力材料，而且听力材料要由易到难安排，同时兼顾多样性和真实性。在听力教学初期，教师要选择语速适中、吐字清晰的材料，随着教学进度逐步增加难度。听力材料也要贴近生活，最好选择社会热点话题、故事以及日常会话等，以激发学生学习的兴趣。

二、注重情感原则

在教学中，教师除了要注重学生学习本身外，还要重视学生的情感体验。情感是学生智力与非智力发展的原动力，学生只有具有了一定的情感体验，才会有相应的智力及非智力活动，也才能对所学知识产生感情，从而在学习中获得事半功倍的效果。在大学英语听力教学中，教师也要充分重视情感因素，在教学各个环节都要充分考虑学生的情感因素，有效降低情感过滤作用，使学生积极参与课堂上的各种活动，从而达到获得信息、吸收语言的目的。具体而言，教师要为学生创造一个轻松、愉快的课堂环境。例如，教师在听的过程中可以穿插一些幽默小故事、笑话、英文小诗、英文卡通或英文歌曲等,也可以根据实际情况改变听的形式或更换听的内容等,努力消除学生因焦虑、害怕等产生的心理障碍,创造和谐的学习氛围,使学生获得良好的学习体验,进而提升学生的听力水平。

三、强化文化背景知识原则

语言与文化密切相关,很多英语词汇、短语、句子等都蕴含着丰富的文化信息,如果不了解语言背后的文化信息,将很难理解其内在含义,更无法有效进行交流。可以说,很多听力材料背后都蕴含一定的文化知识,学生如果没有掌握必要的文化背景知识,即使听懂了个别甚至全部语句,也不一定能完全理解材料所隐含的深层文化含义,进而影响对材料的准确理解。因此,在大学英语听力教学中,教师必须重视强化学生的英美文化背景知识,提高学生对文化知识的敏感度。教师可以通过组织一些活动,如播放优秀的英美影片、引导学生阅读一些文学名著、组织具有鲜明特色的文化交流活动等,来培养学生的文化素养,进而提高学生的听力能力。

四、激发兴趣原则

听力能力的提高需要一个过程,不能一蹴而就,而且需要不断地练习和努力,很多学生由于自己听力能力不佳,加上进步缓慢,因此对听力学习缺乏兴趣。可见,兴趣对于英语听力学习至关重要,对此教师在开展大学英语听力教学时要有意识地激发学生的兴趣,也就是遵循激发兴趣原则。具体而言,教师在进行听力教学之前,首先要充分了解学生的兴趣所在,即了解学生对哪些听力活动和听力内容感兴趣,然后以此为依据来调整教学内容和教学方法,以激发学生的听力兴趣,调动学生的积极性,进而提高学生的听力水平。

五、情境性原则

听力是交际的重要方式,学生只有在自然、真实的环境中,才能与环境产生相应的互动,获得真实的语言体验。很多教师往往都有这样的感受,即教师竭尽全力鼓励学生参与课堂活动,但学生依然对听力学习缺乏积极性,课堂教学沉闷。实际上,良好的课堂氛围需要师生共同营造,教师应该与学生积极沟通,充分发挥自己的主导作用和学生的主体作用,应在活跃、自然、民主的课堂环境中创建英语语言情境,进而培养学生的听力能力。

六、气氛活跃原则

在大学英语听力教学中，教师必须意识到情感因素的重要性，情感是学生智力与非智力发展的原动力，学生只有具有了一定的情感体验，才会有相应的智力及非智力活动，也才能对所学知识产生感情，从而在学习中获得事半功倍的效果。在听力教学中，教师也要充分重视情感因素，在教学各个环节都要充分考虑学生的情感因素，有效降低情感过滤作用，使学生积极参与课堂上的各种活动，从而达到获得信息、吸收语言的目的。

在大学英语听力教学实践中，很多教师都把听力课上成了测试课，一上课就为学生播放听力材料，听完后直接对答案。这样会使课堂气氛沉闷，学生的情感压抑，进而反应冷漠，教学效果自然不理想。因此，教师要为学生创造一个轻松、愉快的课堂环境。例如，教师在听的过程中可以穿插一些幽默小故事、笑话、英文小诗、英文卡通或英文歌曲等，也可以根据实际情况改变听的形式或更换听的内容，总之教师要努力消除学生因焦虑、害怕等产生的心理障碍，创造一种和谐愉快的课堂气氛。

第四节　大学英语听力教学跨文化转型的路径

在大学英语听力教学中，教师应不断更新教学理念，创新教学方法，以提高教学质量和效率。具体而言，教师可以采用以下几种方法来开展大学英语听力教学。

一、技能教学法

听力的有效进行是需要一定技巧的，因此在大学英语听力教学中，教师应向学生介绍几种常用的听力技巧。

（一）听前预测

在进行听力之前，进行一定的预测是很有必要的。在教学中，教师可以指导学生在正式听听力材料之前，先浏览一下听力问题，据此预测听力测试的范围，如地点、时间、人名等，这样可使听力更具针对性。

（二）抓听要点

在听的过程中，要学会抓听要点。也就是抓听交际双方言语活动中的主要内容、主要问题、主题句和关键字等，对于一些无关紧要的内容则可以不用重点去听。

（三）猜测词义

听力过程中不可能听明白每一个词，而且有时难免会遇到陌生的单词，此时如果停下来思考这个词的意思，就会影响整个听力材料的理解。这时可以继续听，通过上下文来猜测词义，这样既不会中断思路，也能流畅地理解听力材料内容。

（四）边听边记

听力具有速度快和不可逆转性的特点，听者在有限的时间内不可能听懂和记住所有的内容，此时就需要借助笔记来辅助听力活动，也就是边听边记录。听力笔记不需要十分工整，听者自己能看明白即可。

二、文化导入法

（一）通过词汇导入

词汇是语言的基本要素，蕴含着深厚的文化内涵，所以要了解西方文化，首先要从词汇开始。在大学英语听力教学中通过词汇向学生导入文化知识，不仅可以提高学生的文化意识和素养，还能丰富学生的词汇量，为听力能力的提高奠定基础。例如，“狗”这一动物在中国文化中多具有贬义色彩，从“狗腿子”“狗拿耗子”等表达中就能看出，而在西方文化中，dog深受人们的喜爱，被人们当作好朋友。在听力教学中，有意识地扩大学生的词汇量，丰富学生的词汇文化知识，将对学生听力能力的提升大有裨益。

（二）通过习俗导入

交际中必然会涉及习俗文化，如打招呼、称呼、感谢等，了解这些习俗文化对听力能力的提高具有重要意义。在具体的听力教学中，教师可以设计情境对话，或者安排学生进行角色扮演，让学生置身于英语环境中感受英汉习俗文化的差异，听取地道的英语表达，锻炼英语听力能力。

三、电影辅助法

英语电影能够营造真实、生动的听力环境，而且能够帮助学生更好地了解西方文化，从中体会中西方文化差异，进而提高跨文化交际能力。因此，将英语电影运用于大学英语听力教学，可有效激发学生的学习兴趣，提高教学的效率和学生的听力水平。具体而言，可采用以下步骤开展教学。

（一）观赏影片前

在观赏影片之前，教师和学生需要做一些准备工作。这些准备工作是指，在选定影片之后，教师要为学生布置好与电影主题相关的作业，鼓励学生在课下通过网络搜集一些与电影背景相关的信息，通过此方式加深学生对影片的了解。在临近观看前，教师要对影片的相关内容进行介绍，并提出相关的拓展学生思维的问题，如影片中有哪些俚语以及主角爱好等，这样能够引导学生带着问题和好奇心去观看影片。在准备工作完成之后，学生在了解影片的基础上，边观看影片边解决问题，以期达到更好的学习效果。

（二）观赏影片中

在观看影片的过程中，教师可选择和运用影片中某个经典的片段的放映来指导学生进行精听。精听要求学生听清每一个词、短语和句子，清楚每一个情节。通过精听，教师可以更好地引导学生学习影片中的语言。在精听的同时，教师还可以采取泛听的方法，让学生了解影片的故事梗概。此外，在播放影片的过程中，教师可以根据学生的英语水平和影片中的相关内容适时暂停影片，提醒学生影片中的一些关键对话，辅助讲解一些俗语、委婉语、禁忌语等，同时分析其中所涉及的中西方文化差异，帮助学生掌握语言精华，培养跨文化意识。

（三）观赏影片后

在影片结束之后，教师可以有针对性地进行扩展活动，即选择影片中的经典情节，组织学生进行角色扮演，从而巩固学生的听力水平，锻炼学生的表达能力，提高学生发音的准确性，培养学生的语感，同时树立学生的信心，促使学生合作学习。另外，教师可以鼓励学生谈论影片的主题及意义，引导学生撰写影评，这样可以巩固学生通过影片所学的词汇、语法等知识的运用，进而提高学生的写作水平。

总体来说，英语电影语言丰富，情节生动，深受学生的喜爱，将其运用于大学英语听力教学，将能够为学生营造一个真实的语言环境，锻炼学生的听力能力。但需要注意的是，采用电影辅助法开展大学英语听力教学，在选材上要多加留意，要选择那些语音纯正、用词规范、内容健康的经典影片，这样才能让学生学到地道的英语表达，提高学生的听力水平。

四、游戏教学法

大学生“说不出，听不懂”的问题依然是大学英语听力教学中的重要问题，而基于信息技术的发展，游戏教学法成了听力教学的突破口。游戏教学法寓教于乐，能有效激发学生参与听力教学的积极性，促使学生实现知识能力的自我构建。游戏教学法是在“互联网＋”的时空场域下，充分发挥“互联网＋教育”的价值和功能，通过设计和应用网络游戏来提高学生的听力水平。具体而言，游戏教学法在大学英语听力教学中的运用包含以下几个环节。

（一）设计学习目标

在大学英语听力教学中，学生学习的目标是“听得懂、听得清、听得牢”，进而提升跨文化交际能力。在大学英语听力教学中实施游戏教学法，就是运用网络技术，打造“互联网＋”的交互课堂，通过交互性游戏来提升听力教学效果。具体而言，学习目标的设计还涉及以下三个问题。

（1）交互式游戏教学环境的构建问题。

（2）学生参与交互式游戏教学的积极性和主动性问题。

（3）交互式游戏教学的效果问题。

（二）分析教学对象

在开展游戏教学时，还要对教学对象，即学生进行分析，了解学生的学习需求、学生感兴趣的内容等，进而实施因材施教，确保教学效果。

（三）游戏教学的设计和应用

《王者荣耀》这款游戏深受大学生的喜爱，对此教师可以依据这款游戏来开展大学英语听力教学。具体而言，教师可根据游戏中玩家写作和竞争的模式，设计角色扮演的游戏教学程序，将《王者荣耀》游戏模式导入大学英语听力教学中来，让学生以小组形式与另一小组竞争，最终获得成绩与能力的提升。学生可以通过学号登录游戏系统，选择一个虚拟角色，然后与其他同学组队协作，进行虚拟场景对抗，教师将对抗结果纳入教学评价，并计入综合成绩。

五、认知教学法

根据认知理论，听力理解是一个需要听者积极构建意义的过程，也是一个复杂的认知过程。在学习中运用认知策略对学生建构意义、提高获取信息的能力大有裨益。将基于认知策略的听力教学模式（图 5-1）运用大学英语听力教学实践，对提高学生的听力水平和教学效率十分有利。

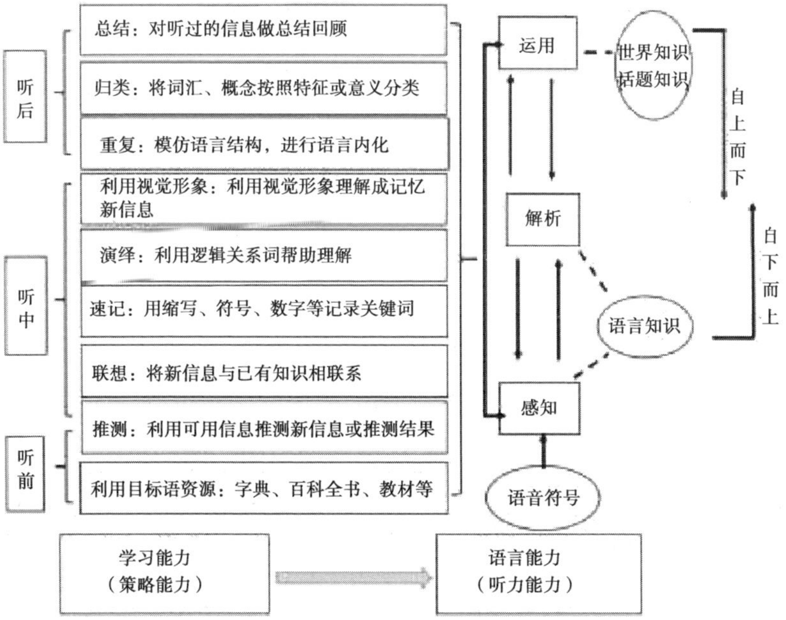

图 5–1　听力理解过程中认知策略模型

（资料来源：杨照，2019）

第六章　大学英语口语教学的跨文化转型与创新路径

由于中西方文化不同,人们在交际过程中经常会出现失误现象。基于不同的文化背景,人们要想顺利地交流,就要具备口语表达能力和对西方文化的理解力。对此,要想培养学生的口语表达能力和跨文化交际能力,使学生符合社会的发展要求,英语口语教学就应基于跨文化交际视角培养学生的口语表达能力。本节将对大学英语口语教学的跨文化转型与创新路径进行研究。

第一节　大学英语口语教学简述

由于国际间交流的日益频繁,英语口语的作用和地位越来越凸显,因此英语口语教学逐渐受到人们的关注和重视,尤其在大学英语教学中,教师和学生都认识到了英语口语的重要性。要想提高学生的英语口语能力,就要对大学英语口语教学进行创新,即在遵循一定教学原则的基础上,探索和使用新颖的教学方法。本节首先对大学英语口语教学进行概述。

一、口语的概念

对于学习英语口语的学生而言,他们想要使用英语进行口语表达,首先就需要掌握一些英语的基础知识,如英语的节奏感、语音、语调等,学生除了要掌握发音,而且还要掌握这门语言的功能。个体想要掌握一门语言,不仅要学会发音,而且还需要把握这门语言的其他方面的知识内容,如这门语言背后的社会习俗、文化背景、交际方式、社会礼仪等。可见,语言交际看似简单,其实相当复杂,是上述所有内容的一种综合体现。

人们对口语能力这一概念的理解往往不同,不同的理解通常会带来不同的教学效果。英语作为一门语言,是随着社会的发展而发展的,其学习理念同样也会逐渐变化。在以前,人们认为英语教学的理念就是发展学生的语言能力,让学生掌握基本的语音、词汇、语法、句法,学生只要对这些知识有了充分的掌握,就会自觉学会运用,流利的使用这门语言进行沟通与交流。然而,现实情况往往与人们想当然的局面大相径庭,而这种理念引导下的教学结果的弊端也越来越大。

20世纪七八十年代,西方国家涌现出大量的移民,在美国、新西兰、加拿大等国家都是如此,在这一现状的影响下,语言学领域的研究者以及作为一线工作者的教师对语言学习的传统模式有了很大的意见,他们的理念开始发生转变。这些人认为,学生只掌握语言的语音、词汇、语法等知识并不能真正地学会英语,更不意味着可以流利地开口讲英语,甚至不能利用自己所学的这门语言在社会上谋生。

随后,学者以及教师开始将英语语言能力看作交际能力的一个组成部分。有的学者认为,交际能力是语言学习者与他人利用语言这门工具所进行的信息互动,进而生成一种有意义的能力,这种能力区别于做语法、词汇知识选择题的能力。然而,学习者如果想要获取更加高级的交际能力,就必须对所使用语言的社会环境、文化环境有一定的了解。社会语言能力往往指的是使用语言的人在不同的场合与环境中运用语言的能力,这一能力涉及的层面如下所示。

(1)语域,即正式语言或非正式语言的使用。

(2)用词是否恰当。

(3)语体变换与礼貌策略等。

二、大学英语口语教学的现状

口语作为一项重要的英语技能,具有显著的实践性特征。对于现代的大学生来说,口语是他们交际能力培养的重要途径。但是目前来看,我国大学英语口语教学的现状并不佳,口语障碍和口语教学中的问题普遍存在。对这些问题进行分析,能有针对性地解决这些问题,进而改善大学英语口语教学的现状,消除学生的口语障碍,提高学生的口语表达能力。具体而言,大学英语口语教学中的问题体现在以下几个方面。

(一)教学模式缺乏创新

相较于其他英语技能教学,口语教学的实践性更强,需要通过交流和沟通来实现教学目的。这就需要教师根据教学目的创新教学模式,培养学生的口语实践能力。但是就目前的大学英语口语教学来看,教师依然采用传统的教学模式,即先讲解、后练习、再运用。这种教学模式虽然符合教学规律,却制约了学生的学习积极性。在这种教学模式下,学生只能被动地接受知识,机械地进行练习,根本没有独立思考和自主学习的空间。现在的学生都习惯接受新鲜事物,根本无法适应单调且缺乏创新的教学模式,这种枯燥的教学模式只会影响学生构建语言的创造力,也会将学生的学习热情消磨殆尽。

(二)课堂缺乏互动

在大学英语口语教学中,师生和生生之间的交流和互动是教学的重要内容,也是口语教学的核心,对培养学生口语表达能力、实现教学计划起着关键作用。但是在现在的大学英语口语教学中,教师依然在课堂教学中处于中心地位,教师占据着绝对的主导权,课堂教学缺乏互动与合作,学生没有开口的机会,更没有开口说的积极性,自主能力得不到培养,最终口语教学陷入僵局。

(三)教师忽视口语实践训练

尽管当前英语口语教学受到了教师的重视,教师也尝试探索相应的口语训练措施来提升学生的口语能力。但是教师对学生的口语训练仅局限于课堂教学,而忽视了学生课后口语强化训练,也很少向学生推荐相关的口语训练平台,最终导致学生的口语训练效果不佳。

(四)学生思路不明确

思路不明确是学生口语学习过程中常遇到的一个问题。在英语口语练习过程中,学生会存储一定量的信息,并组织信息进行表达。但在实际表达过程中,学生的思维常会受到限制,尤其是遇到一些生词的时候,就无法判断要说的词汇和内容,在有限时间内不能有效找到合适的句式来表达自己的思想。所以,思路不明确也会影响学生的口语技能。

(五)学生存在心理障碍

具有心理障碍,是当前学生在大学英语口语教学中存在的重要问题。这种心理障碍具体表现为自信心不足,存在焦虑情绪。这种焦虑现象的存在必然会对学生的口语学习造成影响。

(六)学生口语练习手段单一

现在学生练习口语的手段依然十分单一,学生通常是在课堂上按部就班地学习英语口语,或者是找外教练习口语,这对学生口语水平的提高并不利。实际上,随着社会的发展和知识的更新,大量的口语 APP 诞生并广泛运用,各大高校也建立了自己的英语自主学习平台,这为学生的口语锻炼创造了条件。学生可以充分利用这些资源来练习口语能力,而不必拘泥于传统的学习方式。

第二节 大学英语口语教学中的跨文化因素

文化差异对口语交际有着重要的影响,对大学英语口语教学的影响也是显而易见的,因此教师在开展大学英语口语教学时要让学生了解文化差异所产生的影响,培养学生的文化差异意识。

一、词汇内涵差异的影响

词汇是人们撰写文章、口语表达思想的基础,要想准确地传递信息和情感,首先要掌握大量的词汇,并且要了解词汇的含义,包括基本含义和内在文化含义。词汇蕴含着丰富的文化内涵,这对口语表达也有着至关重要的影响作用。英汉文化差异在词汇上有着鲜明的体现,所以了解和掌握这些词汇的文化内涵,并将其准确地应用到口语表达中,将能有效提高语言表达的水平。例如,在交际中当对方说“Paul was in blue mood.”这句话时,如果不理解 blue 的文化含义,将很难顺利进行交际。在这里,blue并不指其基本含义“蓝色”,与mood搭配表示的是“沮丧的,忧郁的”。了解了这一文化含义,交际自然就能顺利进行了。这样的例子还有很多,如在汉语文化中,“马”(horse)被人们视为朋友,属于积极进取,奋发图强、吃苦耐劳、勇往直前的正能量代表,如“马到成功”“龙马精神”等都表达了这一象征意义。但在英语文化中,horse 常用来作普通的喻体而已,和马毫无关系,如 white horse(泡沫翻腾的浪峰),horse of another color(完全不同的另一回事)等。

对此,在大学英语口语教学中,教师首先应丰富学生的词汇量,同时让学生掌握词汇所蕴含的文化含义,并了解英汉词汇含义所体现出的文化差异,从而培养学生的词汇对比意识,提高学生的口语表达能力。

二、语用规则差异的影响

语言交际是有一定的规则,即语用规则。如果不了解英汉语用规则,就会对交际造成影响。例如,在寒暄方面,中国人见面习惯说“吃过了吗”表示关心。这样的表达并不在于“吃饭”本身,而是一种招呼用语,有着类似于“你好”的问候语义,相当于英语中的 hello。但是在西方国家,如果听到“Have you eaten yet ? ”时,会理解为对方想请他吃饭,然后会做出回应:“Thank you, it is very kind of you.”

对此,在大学英语口语教学中,教师应向学生介绍英汉语中的语用规则和英汉语用规则的差异,以免学生在交际实践中出现误解而影响交际。

三、地理环境和气候条件差异的影响

地理位置不同,其气候条件也不同,这会对文化产生一定的影响,进而在语言中有所体现。例如,英语是个岛国,多面环海,处于温带海洋性气候带,气候四季温暖。受地理环境和气候条件的影响,英国降雨频繁,随时都有可能下雨,因此人们常随身带伞。基于这一背景,在日常生活中就不宜跟英国人开关于天气的玩笑,否则会引起交际失败或者冲突。

第三节　大学英语口语教学跨文化转型的原则

在大学英语口语教学中,教师应遵循科学的教学原则,以有效提高学生的口语水平,提升教学的效率。具体而言,可遵循以下几项原则。

一、先听后说原则

在英语语言技能中,听和说是相辅相成的,听是说的基础,俗话说“耳熟能详”,只有认真听、反复听、坚持听,才能最终说一口流利的英语。因此,大学英语口语教学应当坚持先听后说原则,即教师首先应注意加强学生听的能力,其次才是说的能力。只有坚持先听后说原则,才能帮助学生

掌握正确的发音，为训练口语能力打下良好基础。

二、循序渐进原则

口语能力的提升需要一个很长的过程，不可能一蹴而就，因此在大学英语口语教学中，教师应遵循循序渐进原则，即由易到难、由理论到实践，层层深入，逐步提升学生的口语能力。我国的大学生来自全国各地，不仅英语水平参差不齐，发音也会受方言的影响，因此教师在口语教学的过程中首先应该解决学生语音、发音层面上的问题与困难，纠正他们的错误发音，让学生根据从简单到复杂的程序，从语音、语调、句子、语段等逐步进行锻炼。另外，教师在安排与设计教学步骤时也要遵循科学原则，充分把握难易程度。如果教学目标定得太高，学生学习起来会有压力，如果目标定得太低，学生学习起来会缺乏挑战性和乐趣，因此教学目标设计要适度，符合学生的实际水平。

三、目的性原则

所谓目的性原则，是指明确口语教学的最终目的。在口语学习过程中，学生十分在意自己在语言交流中是否犯了语法错误，是否发音标准等。实际上，英语口语教学与交流沟通并不拘泥于形式上的格式要求，在语言交流过程中产生语法错误是不可避免的，即使本国人用母语交流，也会出现用词不当、语法不符合标准等问题。所以，学生口语学习和口语教学的重点不在于如何纠错，而在于如何有效地进行交流。交际中的一些小错误可以被忽略，相较于追求语言形式的准确，流利地进行沟通能更好地表达深层含义。因此，大学英语口语教学应明确目的性原则，在教学中应认真聆听学生的交谈，而不要因为某个错误而打断学生讲话，中断学生思路。教师可以在学生交流结束后，针对交流中存在的一些细节问题加以指导，并且进行鼓励，这样能激发学生大胆说英语的积极性，也能引导学生在日常生活中学会自我纠正。

四、互动原则

口语练习本身是一件很枯燥的事情，长期的枯燥练习很容易使学生失去对口语的兴趣。对此，教师在口语教学中要坚持互动性原则，不要放任自流，完全不管学生的练习进度与练习效果。教师应努力使学生的口语训练充满互动性，这种互动能有效保持学生对口语学习的兴趣。此外，为保证练习的互动性，教师为学生设计的话题应能够使学生展开互动性的练习活动，使学生之间进行有效的互动练习。

五、内外兼顾原则

所谓内外兼顾原则，是指考虑问题时要顾及内、外两个方面。在这一原则的指导下，教师在大学英语口语教学的过程中不仅要重视课堂教学，而且还需要引导学生合理利用课外活动来练习口语。事实上，学生的口语学习应该以课堂教学为主，并且将课外活动中的口语学习作为课堂学习的一种补充，二者相互促进、相互配合。在课堂教学练习的基础上，学生开展相应的课外活动，可以将课堂上所学习的知识在课外活动中进行充分实践，从而达到复习、巩固知识的目的。此外，学生在课外活动中还可以运用课堂上所学习的理论知识，将知识内容转化为技能。与课堂活动相比较而言，课外活动的氛围比较轻松，学生的心情也会十分愉悦，在这种放松的心情下来练习口语将会取得令人意想不到的效果。在课程结束之后，教师为学生安排作业与练习之前，可以将学生分组，让学生以小组为单位来完成作业，通过相互讨论小组任务，可以帮助学生提升自身的口语能力，同时也可适度加强学生的团结协作能力。

第四节　大学英语口语教学跨文化转型的路径

在英语口语教学中进行文化渗透需要采用科学的教学方法，将目光投向文化教学，实现口语教学与文化教学的融合，从而丰富学生的文化知识，扩大学生的文化视野，进而提高学生的口表达能力和跨文化交际能力。具体而言，教师可采用以下方法开展教学。

一、文化对比法

英汉文化差异对口语交际有着很大的影响，因此在英语口语教学中，教师应加入中国文化元素与西方文化元素的对比，呈现中西方文化之间的差异。以饮食文化为例，西方人宴请客人时多考虑客人的口味、爱好，菜肴通常经济实惠。中国人为了表示热情好客，在请客时通常准备多道菜肴,而且讲究菜色搭配。引导学生进行文化对比,不仅能提高学生的文化适应性,也能减少汉语思维的负面影响,进而提高学生的跨文化交际能力。

二、创境教学法

口语学习的目的是进行实际交际,所以学生只有在真实的情境中开口说英语,才能使自己的口语能力得到锻炼。对此,教师可以采用情境教学法开展口语教学,即创设真实的情境,让学生在真实的环境下学习口语。具体而言,教师可以通过角色表演和配音两种活动来创设情境,锻炼学生的口语能力。

(一)角色表演

教师可以根据教学内容让学生进行角色扮演,将主动权交给学生,让学生自主分工、自行排练,然后进行表演。这种方式深受学生喜爱,不仅能缓解机械、沉闷的教学环境,还能激发学生说的兴趣,让学生在真实的社会场景中进行社交活动,锻炼口语能力。当学生表演结束后,教师不要急于评价学生,应先给学生一些建议,然后再进行点评和总结。

(二)配音

配音是一种有效锻炼学生口语能力的方式,教师可以充分利用配音活动来提高学生的口语水平。具体而言,教师可以选取一部英文电影的片段,先让学生听一遍原声对白,同时向学生讲解其中的一些难点,然后让学生再听两遍并记住台词,最后将电影调至无声,让学生进行配音。这种方式可有效激发学生开口说的积极性,而且能让学生在欣赏影片的同时锻炼口语能力。

三、交际教学法

交际教学法诞生于20世纪80年代,其以交际能力的培养为目标,更加注重语言的实际运用,旨在提高语言交际的质量。交际教学法认为,英语教学的根本目的就是培养学生的交际能力,因此各种语言知识与技能的学习与训练都必须为交际能力服务。交际教学法打破了传统教学教师“一言堂”的教学模式,教师不再是教学的“主角”,学生也不再是被动的

“观众”。在交际教学中，教师要发挥自身主导作用，尊重学生的主体地位，合理安排课堂活动，将学生置于真实的语言环境中，帮助学生开展各种交际活动。

在口语教学中，交际教学法是一种行之有效的方式，课堂口语训练的内容有很多，如语音训练、会话技巧、交际技巧等，无论哪种训练，其核心内容都是语音的功能。

四、课外活动教学法

英语课程的课堂时间十分有限，学生仅仅依靠课堂上的学习时间往往很难满足自身学习任务的要求，所以教师应该引导学生自动利用身边一切可以利用的时间和环境来练习口语。在课外，学生学习的知识可以作为课堂教学内容的补充，如果教师能够利用丰富的第二课堂，即课外活动，那么学生自身的口语能力提升的速度也是显而易见的。例如，教师可以组织学生进行英语演讲、英语作文比赛、英语短剧表演等，让学生将自己的表演录成视频，在多媒体教师播放，学生通过观看视频来提出自己的建议与评价，这可以在短时间内提升学生的英语口语能力。此外，有条件的教师还可以邀请一些外籍教师为学生进行课外讲座，或者创办英语学习期刊，设立英语广播站等，让学生在丰富自己课余生活的同时也能体会到英语口语的乐趣，从而更加热爱英语口语学习。

五、美剧教学法

大学校园中，美剧十分流行，深受学生的喜爱。实际上，美剧并不仅是一种消遣方式，还是帮助学生认识西方文化、提高口语表达能力和交际能力的重要途径。对此，教师可以通过美剧来开展口语教学，以改善口语教学环境，激发学生的学习兴趣，锻炼学生的口语表达能力。

（一）选择合适的美剧

美剧通常语言地道、故事情节生动富有吸引力，是一种有利于激发学生兴趣的学习资料。美剧类型丰富、题材各异，不同类型的美剧对学生的口语能力所发挥的作用也不相同，因此在运用美剧开展口语教学时，教师要对美剧进行筛选，选择有利于发展学生口语水平的美剧。此外，教师还要提醒学生不要只沉浸在对美剧的欣赏中而忽视对美剧中语言知识和文化背景的学习，鼓励学生带着学习动机来观赏美剧。

（二）开展层次性的反复训练

在运用美剧进行口语教学时，教师应遵循循序渐进原则，开展反复性的练习，逐步提升学生的口语能力。例如，在首次观看的时候，教师要引导学生将精力放在剧情上；在第二次观看时，教师可以引导学生对剧中的表达和语法等进行推敲；第三次观看时，教师可引导学生重点对人物说话的语气以及台词所隐含的内容进行挖掘和分析。分层逐步开展，可以有效加深理解和记忆，对提高学生的口语能力十分有利。

（三）关闭字幕自主理解

在看美剧时，很多学生习惯看字幕，脱离字幕将无法正常观看影片，实际上这样观看美剧对提高口语表达能力并不利。在观看美剧时，学生应对台词形成自己的理解，在不偏离剧情中心思想的情况下抛开字幕自主理解，可以有效锻炼英语交际思维。

（四）勇于开口模仿

学生要想通过美剧切实提高口语交际能力，就要在听懂台词、了解剧情的基础上开口说，即对剧中人物的台词进行模仿。只有不断地开口练习，才能培养英语语感，增加知识储备，进而提高口语交际能力。总体而言，采用美剧来辅助英语口语教学能有效提升学生的听说能力，还能提升学生的写作能力，进而培养学生的跨文化交际能力。

第七章　大学英语阅读教学的跨文化转型与创新路径

阅读是学生学习英语时必须要掌握的一项技能，也是对学生英语水平进行衡量的一项重要指标。通过阅读，学生可以获得丰富的信息，拥有丰富的体验，感受语言带给自己的文化魅力。但是，阅读并不是简单地接收信息的过程，还是一种复杂的交际与思维活动，其不仅受到语言能力的影响，还会受到文化因素的影响。因此，在阅读教学中，只有重视对文化内容的教授，并将跨文化内容融入英语阅读实践中，这样才能真正地提升学生的阅读理解与应用能力。本章就对大学英语阅读教学的跨文化转型与创新路径展开分析。

第一节　大学英语阅读教学简述

一、英语阅读教学

在语言学习过程中，阅读能力一直都发挥着重要的作用，因此很多国家都十分重视阅读。例如，美国做过“美国阅读动员报告”，英国启动了“阅读是基础”运动，两国还投入了大量人力和财力来推动国民阅读能力的培养。在中国教育教学中，阅读能力也深受重视。关于阅读的定义，不同的学者发表了不同的看法。

纳托尔（Christine Nuattall，2002）对阅读的理解总结为以下三组词。

（1）解码，破译，识别。

（2）发声，说话，读。

（3）理解，反应，意义。[①]

① 孟银连．高中英语阅读教学中文化知识教学调查研究[D]．重庆：重庆师范大学，2018：10.

“解码，破译，识别”这组词重点关注阅读理解的第一步，也是十分关键的一步，读者能否迅速识别词汇，对于阅读者而言有着重要的影响。“发声，说话，读”是对“朗读”这种基本阅读技能的诠释，这属于阅读的初级阶段。朗读是将书面语言有声化，在各种感官的共同作用下加快对阅读内容的理解，这有助于语感的培养。通常，随着阶段的提升，读的要求会从有声变为无声。“理解，反应，意义”强调阅读过程中意义的理解与交流。在这一过程中，读者不再是被动接受阅读材料中的信息，而是带着一定的目的，积极地运用阅读技巧去理解阅读材料的主要信息。

Aebersold（2003）认为，读者和阅读文本是构成阅读的两个物质实体，而真正的阅读是二者之间的互动。

王笃勤（2003）指出，阅读是一项复杂的认知活动，是读者提取文本中的信息并与大脑中已有的知识结合，从而建构意义的过程。读者理解阅读文本的过程中主要涉及三种信息加工活动，分别是对句子层面、段落或命题层面、整体语篇结构的分析活动。

由上述定义可以看出，很多学者都认为阅读涉及读者和阅读文本，并且认为阅读是这二者之间的交流互动。简单而言，阅读就是读者积极运用已经掌握的语言知识和背景知识等对语言材料进行处理，同时获取信息的过程。

（一）英语阅读教学中语言处理的问题

文本是语言的载体，任何阅读文本的内容、思想都是通过语言表现出来的。但是只有把语言与内容、思维进行有机的结合，才能充分领略它独有的魅力。因为从某种意义上，在一个文本中，其内容即意义是灯，语言是灯罩，而思维是影子。阅读教学中的语言处理，应该是综合视野下的语言处理，是学生在理解文本内容和提升思维能力的过程中进行的有目的的、体验式的、语境化的语言学习。[①]

目前，一线教师已经开始有了在阅读教学中进行语言处理的意识，已经开始认同英语阅读教学的课堂不是只有文本信息的提取，还应有思维的培养和语言的处理。但问题是：什么样的语言需要在阅读教学过程中进行处理？什么时候处理？怎么处理？很多教师对此还不是很清楚，所以在实际操作中出现了这样或那样的问题。

① 王秋红等．英语阅读教学中的语言处理：理解与赏析[M]．杭州：浙江大学出版社，2015．

1. 缺乏“赏析”意识

根据认知发展的规律，学生首先是感知语言，了解其应用范本，然后才是模仿应用。感知语言、理解其应用范本是输入，模仿与应用是输出。只有充分有效的输入才能保证最后高质量的输出。在阅读教学的语言处理过程中，学生需要在信息的提取中感知语言，在文本的评价中赏析语言，在思维的提升中运用语言。其中，教师有意识地引导学生欣赏分析文本的核心语言，体验发现语言在“表情达意示结构”中的“精、准、美”，有利于学生内化目标语言，是后续有效输出的必要准备。

但是很多英语阅读课堂难觅语言赏析的踪迹，课堂的基本模式常常是“信息提取和整合加一个‘装模作样’的语言运用和输出”。很多阅读课堂中，尽管教师没有为学生提供足够的有针对性的语言上的输入，但课堂的最后一个环节往往总有一个“高大上”的口头甚至笔头的语言输出活动。试想，没有输入，何来输出？比如，一位教师的主要教学步骤如下：

（1）According to the picture and the title, predict what will be talked about in the passage.

（2）Go through the passage and find out what the story mainly tells us.

（3）Read the passage again and answer the following question：What do the two restaurants have in common?

（4）Predict the end of the story.

（5）Further thinking：What would happen if they didn’t change their menus? Can you offer them advice?

（6）On the basis of your discussion, write a letter to Yong Hui or Wang Peng to share your opinion with them.

显然，本堂课中，在最后的输出活动之前，教师只为学生做了话题或信息上的铺垫，几乎没有什么语言上的输入，所以最后的输出只是为了输出而输出。实际上，有输入才有输出，输出是建立在对语言充分的感知和赏析的基础上的，所以没有了对语言的感知、赏析和内化，语言的输出活动只是“假输出”。这样的输出只是为了让一节阅读课看起来似乎“完整而又得体”，而并非是学生模仿应用目标语言的平台，效果可想而知。

“也许是我们走了太久，却忘记了为什么要出发。”英语是一门语言课程，英语阅读教学承载着语言目标。但语言学习只是阅读教学中的一个重要组成部分，除此之外，还有内容目标、思维目标。正如葛炳芳（2015）所说的那样：“中学英语阅读教学，应当为内容而读，为思维而教，为语言而学。”

2. 缺乏“语境”意识

虽然目前很多教师开始认同在英语阅读教学中需要进行必要的语言处理,但在实际的课堂教学中,一些教师还是很难摆脱长期习惯了的“两张皮”的做法,即一堂专门的信息处理课,一堂专门的语言处理课。更有甚者,一些教师奉行“三张皮”的做法。这样的教师往往把单元第一课时设计成单元词汇学习课。课上教师根据教材词汇表(包括阅读文本中的部分词汇)进行单纯的词汇教学。在语境完全缺失的情况下,教师带领学生熟悉单词的读音、用法,并提供一些词组和例句。他们的第二课时就是信息处理的阅读课,之后就是专门处理阅读文本中语言点的第三课时。这样的语言学习,课堂容量大,学生课后的记忆负担重,但效果却不尽如人意,因为这样的教学安排人为地使语言学习脱离了语境,语言处理的过程只有教师枯燥的讲解,没有环环相扣的文本理解作支撑,没有令人愉悦的语言赏析,没有“小试牛刀”的输出和运用语言所带来的那份成就感。

3. 缺乏“目标”意识

在现实的课堂中,教师对阅读教学中目标语言往往缺少全面正确的理解,导致了阅读教学中语言处理的片面化、狭隘化。一些教师经常把阅读教学中语言处理等同于“语言点”的处理,把词汇等同于单词,而忽略词块(词组和习惯用语)的教学。其实,除了词汇,文本的语体、篇章结构、语篇的衔接与连贯手段以及修辞方式等都是阅读教学中语言处理的重要内容。课堂教学中的目标就像为夜航中的船只指明方向的灯塔,决定课堂的最终走向。课堂教学需要有教学目标的指引,同样阅读教学中的语言处理,也需要有具体的语言目标。只有这样,阅读教学中的语言处理才能做到“精”“准”,才能取得良好的效果。

然而,一些教师在制定课堂的教学目标时,往往忽略对语言目标的定位。但是阅读教学的课堂时间是有限的。假如课前没有全面的文本解读,没有充分的语篇优势分析,没有精确的目标语言定位,那么在阅读教学中难免就会“脚踩西瓜皮,滑到哪儿算哪儿”,或者是“眉毛胡子一把抓”,什么都抓不好。这样既会出现把阅读课上成语言处理课的危险,也会出现语言处理重点不突出、学生找不到方向的现象。

(二)英语阅读教学中语言处理的艺术

学生学习内化语言的过程就像人们消化吸收食物的过程。囫囵吞枣式的进食,虽然也能给人维持生命的养料,但会造成消化不良,甚或厌食。阅读教学也存在着这样的问题,填鸭式流于表面的教学,让学生缺失学习的体验与享受。阅读的过程应该让学生充分理解文本的内容，品味语言的“色香味”，让阅读成为一种享受，学生才能更好地吸收文本中的“营养”。高中英语阅读教学不仅要帮助学生对语言（词汇和结构）和信息（文本的主旨大意和细节）进行（表层的）理解，而且还要帮助学生对文本进行深层次的理解，关注作者观点、作者情感和态度、写作意图，把握文本的脉络层次和结构特点，了解文本中遣词造句和谋篇布局等方面的技巧，进而鉴赏语言文化（葛炳芳，2013）。

阅读是思维的过程。Anderson 等（2001）对 Bloom 的认知分类进行调整，确立了认知加工的 6 个维度“记忆、理解、应用、分析、评价和创造”，在此过程中的思维层次和要求由低级走向高级。美国心理学家加涅的学习分类理论中蕴含着一个重要观点，即学习具有层次性（邵平儿，2007），阅读教学也应遵循认知发展的规律，拾级而上，从认知理解走向评价创造。朱绍禹把阅读教学分为复述性阅读、解释性阅读、评价性阅读、创造性阅读（丛翔，2004）。因此阅读教学中的语言处理，要求教师在对文本充分解读的基础上，挖掘出文本的优势语言，定位好目标语言，然后依托文本，从信息提取中感知、理解的层面走向文本评价中欣赏、分析的层面，慢下脚步，在字里行间带领学生体验、品味语言，在思维的提升中让语言的工具性和人文性达到和谐统一，为我所用。①

1. 在提取信息中感知语言

语言作为工具，承载着思想，传递着信息。语言从用途上来理解，是用来交际的工具。教授一种语言，学习者必须以某种有意义的方式来经历语言。所谓“有意义”，即指语境，指语言所指向的信息。语言的学习应遵循在语境中、在信息的获取中感知语言。脱离语境、孤立地学习词汇句式等，仅仅是一种单调的记忆练习。很难使学生真正理解和掌握。俗语有云：“字不离词，词不离句，句不离篇。”作为教师应借助文本提供的语境或自行设计的与话题相关的语境，教师应帮助学生提取大脑中已有的背景知识，提取文本中的信息。在阅读教学中，这是学生理解文本内容的过程，也是学生体验感知目标语言的过程。具体的语境为学生提供了理解词义和掌握词汇用法的有利条件，也有助于学生感悟和发现词汇在使用中形式上的特点以及变化。

① 王秋红等．英语阅读教学中的语言处理：理解与赏析[M]．杭州：浙江大学出版社，2015．

（1）在提取背景知识中感知语言

在阅读课前的热身导入阶段，教师可根据本单元的主题和课文内容，借助多媒体展示图片或视频，用英语释义讲解、推进话题讨论等，激活学生已有的内容图式，让学生在真实的语境中感知目标词汇的含义。例如，描写了 Nelson Mandela，课文的引入可以采取 guessing game 的形式，以逐句竞猜伟人的方式，引出文本主题人物曼德拉。

人物竞猜游戏能有效激发学生的兴趣，并能快速引出主题人物。而在人物竞猜游戏的设计中，通过创设一个个小情境，对人物（孙中山、白求恩、甘地、曼德拉）进行描述，教师有意识地输入文本的目标语言：attack, fee, violence, equal, lawyer, guidance, legal, president，使学生能结合自己的知识储备，在对人物信息的提取中感知理解部分目标词汇的大意，并为后续文本阅读扫清部分语言上的障碍。跟进的问题有助于学生提取关于描述伟大人物的品质的词，也为学习和提炼人物描写这一语言目标打下基础。

（2）在挖掘文本信息中感知语言

在文本阅读环节，教师可以引导学生借助对上下文信息的挖掘，推敲前后句子的逻辑关系，加深对部分目标词汇的意义及用法的理解。如在 *A Master of Nonverbal Humor* 一文中对于 not that 一词的理解，借助上下文信息，可以更生动透彻地理解该词的意思与作用。

Read paragraph 1：

Q1：What does the first paragraph talk about?

What role did Charlie Chaplin play?

Q2：Usually what kind of people can make others happy and content with their lives? According to the first paragraph, what's your impression of Charlie's life?

Q1 的设计主要是让学生抓住文本中的两个动词 brightened 和 made people laugh，提取信息，了解卓别林在艰难岁月中给人们以欢乐和慰藉。Q2 引导学生关注到本段内容往往会让人产生这样的印象：似乎卓别林是一个幽默快乐、生活上一帆风顺的人。

Read paragraph 2：

Q3：What's the second paragraph about?

学生通过阅读，能够比较容易地提取出本段的大意：卓别林的苦难童年。

Q4：How does the author connect the information of the first two paragraphs?

该问题旨在让学生关注此段首句“Not that Charlie’s own life was easy!”

Q5：What’s the function of the sentence? Is this sentence the same as “Charlie’s own life was not easy”?

这样学生就会发现此句是用来承上启下的过渡句。那么他们在信息的提取中就可以自然而然地得出not that此处意为“I am not suggesting...don’t mistake me”，它的作用就是为了提防读者产生错误印象而进行修正和说明。

2. 在评价文本中赏析语言

在感知语言的基础上，把赏析引入高中英语阅读教学，可以纠正学生原有的英语课文“枯燥无味”的错误认识，有助于学生体验语言的美感和精到，培养阅读兴趣，促进学生语言知识的习得和语言技能的发展，提升学生的语言素养和人文素养。

赏析，顾名思义，即欣赏分析，这是一种相对高级的思维活动，需要结合已有认知，对事物做出判断评价，去感受美的事物。鲁子问教授认为，作为课文的文章首先是一个独立语篇，具有自身的语义功能、语用目的和语境。因此，每一篇课文都有自己独特的语篇优势，即自身较为突出的地方，如语言优势、结构优势等。教师应抓住这些精彩之处，带领学生去领略语篇文字的美好。同样，在英语阅读教学中赏析语言，应建立在文本浅层信息的理解上，蕴含在对文本的评价中：提炼文本的内容观点、评价语篇的结构逻辑、分析文本的语言特色、挖掘语言的文化内涵等。刘润、付山亮（2010）提出英语教学不仅要指导学生清楚作者表达了什么内容，而且更应该指导学生明白作者是通过哪些语言手段增强表达效果的，以及为什么这样表达。

现今的阅读教学大多只停留在内容层面的表层信息的获取，而不关注语言形式和对文本内在的深层含义的挖掘。教师要从只问“是什么”转向多问“怎么样”和“为什么”。评价文本，挖掘内在的深意，正是从理解走向赏析，从“知其然”跨越到“知其所以然”，体会作者的意图，走入文本的深层。教师要侧重通过问题的设置，引导学生关注作者在语言使用上的技巧，学习遣词造句、布局谋篇、表情达意的方式方法，赏析用词之精妙，句式之丰富，衔接之巧妙，谋篇之用心，修辞之雅韵，立意之高深。赏析语言可以通过比较、分析、归纳语言形式，以朗读、推理、联想等方式推进。评价文本，走入深处，这是赏析的精髓所在。

3. 在提升思维中运用语言

葛炳芳(2013)提出:“阅读起点不仅仅是语言感知,同样重要的是话题知识;阅读过程不仅仅是信息处理,同样重要的是体验感受;阅读终点不仅仅是语言运用,同样重要的是思维能力。”因此读后的环节,教师不仅要关注语言的操练,还要兼顾思维的发展,设计相应的输出活动,提升“语言创新思维,包括逻辑性思维、创造性思维、批判性思维”。英语阅读教学实践中,多数教师把词句英汉互译、复述课文等当成是运用语言的常规手段,然而,研究发现,这些练习对于学习促进的功效是比较低的,更谈不上思维能力的提升。对此,王初明(2014)提出“内容要创造,语言要模仿”,强调学习者自主创造内容,在丰富的语境中去模仿语言,以此强化语言输出与语言理解的结合,增大语言学过能用的几率。因此,读后环节,教师应侧重学生思维发展和语言能力提升,创设与文本相近的真实生活情境,让学生模仿文本提供的语言范式,并给予学生内容拓展、创造的自由,激发学生语言学习的原动力,进行口笔头输出表达。[①]

例如,教师可以设计提问:

Which part of Canada impresses you most? Why?

Which place would you most like to visit if you have a chance to go to Canada? Why?

这样的口头输出表达任务,给予学生内容和语言上的充分铺垫。但谈“印象最深刻的地方”“最想去的地方”,这是需要学生在理解和赏析文本的基础上,结合自身的爱好,做出个人的判断,锻炼评判性思维能力。陈述理由的过程,学生需要基于自己的结论,对文本内容进行分析删减来组织支撑性信息,考验学生的逻辑思维能力。表达观点理由的过程,既提升学生的思维,又提高他们语言表达运用能力。

又如,让学生写一篇题为 The Story of an Eyewitness 的短文。要求学生自主选择描述的内容,但必须尝试使用文本的语言,如修辞手法(重复、排比、夸张、对比等)。

这样的输出活动,从生活实际中来,让学生能有情感可发,有内容可选,有语言可仿,真正激发学生运用语言的欲望,达到刘勰所说的“情以物迁,辞以情发”。同时内容与角度的自主选取也极大地锻炼了学生的思维,因为文章构思的过程包含着一个复杂的思维过程:确定什么样的主题,选择什么样的内容,模仿什么样的语言,按照什么样的顺序来组织语

① 葛炳芳.外语教师的专业成长:阅读教研与行动改进[M].杭州:浙江大学出版社,2011.

篇等。英语哲学家怀特海曾说："通往智慧的唯一道路是在知识面前享有自由"。因为这份自主,学生能在思维的提升中更好地内化输出语言。下面是学生习作:

The Story of an Eyewitness

Never before in history had Yuyao been faced with such a challenging disaster. After typhoon Fitow swept across the region, nearly all the downtown areas were flooded. All the roads and drains were flooded, so people had to feel the way cautiously like the blind. All cars, except those deliberately parked on the bridge, were flooded, floating in the floodwater as if deserted. Supermarkets and shops were flooded, with goods submerged in the waist-deep water. Small houses and apartments on the first floor were flooded too, leaving people homeless and helpless. All these made the worst several days of Yuyao.

Cold and merciless as the flood was, flames of friendship between ordinary people burned. In Yuyao High School, for instance, scenes moved me to tears. A lot of short boys and girls were carried on the tall boys' backs to dormitories in the rain and floodwater. A lot of "boats" made of mineral water barrels were paddled all around the campus to offer help. A lot of foods and pure water were transported from different places to boys' and girls' dormitories to meet their daily needs. Actually, more places than this witnessed such moving scenes. Never in all Yuyao's history were her people so kind and united as on those terrible days.

学生的习作较好地模仿了文本的框架结构,首段写灾,末段赞人,前后对比。习作的语言也借鉴了首句和末句,借鉴了文本中的 never 的倒装句,语气强烈,首尾对比呼应。首段中五个含 flooded 的句子采用重复的修辞,选取了道路、车辆、商店、住宅这些内容,凸显水灾下一切都被淹没的惨烈景象。次段首句,仍旧模仿了文本中 as 引导的让步状语从句,承上启下。但该段中对于友谊的描绘不是通过全景描写,而是以校园内的场景为例,这与文本有些微差异。三个 a lot of... 的句子运用了排比句式,结构工整,极富整齐美和韵律美,表现了灾难之下,人们勇敢面对、自救互助的场景。总体来说,全文较好地模仿了文本的结构、语言,但在内容的选取上则发挥了学生的自主性和创造性,根据自己的亲身经历,抒发真实情感,达到了预设的语言学习目标。

二、大学英语阅读教学的现状

(一)阅读教学模式落后

在一些英语阅读课堂上,传统英语教学的影子还没有完全消失。虽然教育学界一些专家都在倡导先进的英语教育理念,但是真正让这些理念落地,还是困难重重的。我们还是会在英语阅读教学课堂上看到这样的情景:教师在上面讲得津津乐道,学生在下面认真聆听,并且还做着笔记。教师是在逐句讲解阅读文章里的新词汇、新句型、新语法等,然后分析文章里的问题,这样的英语阅读课就有点变味了,倒像是一堂语法课。关键问题是学生还习惯了这样的教学模式,久而久之养成了被动的学习习惯,自己缺乏思考、缺乏实践,课堂缺乏互动,这样不仅减少了阅读兴趣,也无法真正提高学生的英语阅读能力。

(二)阅读课外学习缺乏监督

大学的课时有限,因此很多的阅读主要是在课外完成的。虽然教师布置了课外作业,但是由于学生长期形成的依赖教师的思想,如果教师不抽时间检查学生的课外作业,学生很可能就不会认真对待课外作业。课堂的阅读量是很小的,加上学生对待课外阅读不认真,这样就很难提高自身的阅读能力了。

(三)学生英语阅读的动力不足

从中学进入大学后,学生摆脱了家长和教师的严格监督,因此大学的学习主要依靠自主性来推动。如果学习的自主性不强,学生就会浪费大把时间。另外,很多学生进入大学后一下子松懈了,错误地将考试当作唯一的学习目的,英语阅读的动力明显不足。如果阅读材料的篇幅过长,或者难度过大,学生就更加没有动力完成阅读了。

(四)学生的词汇量和阅读量小

篇章是由许多词汇构成的。显然,没有一定的词汇量,英语阅读是无法进行下去的。要想提高英语阅读能力,词汇量是基础,足够的阅读量是前提。在词汇量薄弱的情况下,扎实的阅读技巧是没有用武之地的,是无效的。进入大学以后,英语阅读所要求的词汇量相比于中学阶段有了大大的增长，并且同义词、近义词繁多，词义之间的区别和差异模糊、难以辨认，这给学生的学习增加了难度，对学生的目标要求也就不一样了。英语阅读综合能力的提高，需要学生在掌握充足的词汇量的前提下进行大量的阅读。当然，词汇量和阅读也是相辅相成的，词汇量是通过阅读加以积累的，而词汇量又进一步推动着阅读的进行。

第二节　大学英语阅读教学中的跨文化因素

阅读过程常会涉及文化问题，如果不具备一定的文化知识，不了解英汉文化的差异，将很难有效进行阅读。可见，文化差异对英语阅读有着重要的影响，而对大学英语阅读教学也有着一定的影响，以下就对此进行具体说明。

一、历史文化因素

每一个国家和民族在漫长的演变和发展中形成了有着本民族特色的历史文化，蕴含着丰富的文化底蕴。在阅读英语文章时，学生时常会因为不了解相关的历史文化而产生阅读障碍。

例如，meet one's Waterloo 这一成语中来自著名历史事件滑铁卢战役。Waterloo（滑铁卢）是比利时中部的城镇，1815 年拿破仑在这个地方大败，从此一蹶不振。Waterloo 这个小镇也因此次著名战役而出名。从字面意思上来看，meet one's Waterloo 是"遭遇滑铁卢战役之类的事"，可以进一步引申为"惨败"。

对此，在大学英语阅读教学中，教师应丰富学生的历史文化知识，扩大学生的知识面，为学生阅读能力的提升奠定基础。

二、思维模式因素

不同的民族有着不同的思维模式，这种思维模式在语言中有着显著的体现，即表现为英汉语篇有着显著的差异。英语语篇属于演绎型语篇，往往开门见山，在文章的一开头就表明作者态度，随后再进行验证说明。汉语语篇属于归纳型语篇，往往是先摆事实、讲理由，最后得出结论，而且作者的主题思想隐蔽，需要学生边阅读边体会。这就使得学生养成了精读的阅读习惯，在面对英语文章时不善于运用略读等技巧，进而影响阅读效率。

对此，教师在阅读教学中应引导学生了解英汉思维的差异以及这种差异对语篇阅读的影响，英语培养学生的英语思维，锻炼学生运用英语思维理解文章的能力。

三、社会文化因素

由群众创造的具有民族特征的并对社会群体发挥作用的文化现象就是社会文化。社会文化的不同也对学生的英语阅读造成了一定的影响。例如，bread and butter 这一短语，bread 的意思是“面包”，butter 的意思是“黄油”，在西方，面包和黄油都是很日常的食物，是人们日常生活中不可缺少的，因此 bread and butter 在英语中就长用来引申为“生计，主要收入来源”。如果学生不了解这一文化背景，在阅读中就会影响正确理解。

第三节　大学英语阅读教学跨文化转型的原则

一、重视一般词汇教学原则

对于英语阅读而言，词汇是必不可少的组成部分，也是顺利进行阅读的基础。作为一名英语教师，应该理解词汇在阅读理解中所扮演的角色。学生理解基础词汇，有助于他们在阅读上下文时猜测出一些低频词汇的含义。根据研究显示，那些经常阅读学术性文章的学生对术语应付的能力要明显强于应付一般词汇的能力。因此，学生如何积累一般的词汇是教师需要关注的问题。

在词汇积累教学中，单词网络图是比较好的方式。在英语阅读课堂上，教师可以给出一个核心概念词，然后让学生根据该词进行扩展，从而建构其他与之相关的词汇。需要指出的是，高频词教学在词汇积累中是非常重要的，其有必要渗透在英语听、说、读、写、译教学中，并在细节层面给予高频词过多的关注，这样才能便于学生顺利完成阅读，并根据这些高频词顺利猜测陌生词的语义。

二、速度与流畅度结合原则

英语阅读教学存在一个严重的困难就是，虽然学生具备了阅读的能力，但是很难进行流畅的阅读。也就是说，当教师将更多的关注点放在学生阅读的准确性上，而忽视了学生阅读的流畅性。这就要求教师在阅读教学中应该找寻一个平衡点，不仅帮助学生提高阅读的速度，还要保证学生阅读的流畅性，这是阅读教学培养速度的最终目的。一般来说，学生阅读的过程不应该被词汇识别干扰，而是应该花费更多的时间研读内容及语言背后的文化。要想提升阅读的速度，一个好的办法就是反复进行阅读。学生通过反复的阅读，直到实现速度与理解的结合。

三、激活背景知识原则

文化语境知识即所谓的背景知识，是读者在对某一语篇理解的过程中所具备的态度、价值观、对行为方式的期待、达到共同目标的方式等外部世界知识。在英语阅读教学中，背景知识是重要的组成部分，尤其是对母语为汉语的人来说，阅读那些源自汉语文化背景的著作要容易一些，但是阅读那些不同文化背景下的相关著作必然会遇到困境。要想对以英语文化为背景的语篇有深刻的理解，必然需要具备相关的文化语境图式，这样才能实现语篇与学生文化背景图式的吻合。读者的背景知识会对学生的阅读理解产生影响。其中，背景知识包含学生在阅读语篇过程中所应该具备的全部经历，包括教育经历、生活经历、母语知识、语法知识等。如果教师通过设定目标、预测、讲解一些背景知识，读者的阅读能力就能够大幅度地提高。如果学生对所阅读的话题并不清楚，教师就需要建构语境来辅助学生的学习，从而启动整个阅读过程。

具体来说，教师在进行备课时要精心准备教材，弄清弄透英语阅读教学中存在的文化语境空白，对材料进行精心的选择，或者为学生提供某些线索，让学生通过一定的手段和方式处理语篇中涉及的文化背景知识。当然，由于课堂时间是非常有限的，学生不可能解决所有不熟悉文化背景知识的内容，这时候就需要教师充当建构新文化语境的工具。教师需要了解学生在自主学习中遇到的问题，帮助学生顺利理解所学的知识与材料。

四、把握阅读教学关键原则

受中国应试教育的影响，阅读教学与其他教学一样，教师将更多的关注点放在教学检测结果上，而阅读理解中的理解却被忽视。实际上，成功完成阅读的关键就在于完善与监控阅读理解。为了能够让学生学会理解，可以从学生的自我检测入手，并鼓励他们同教师探讨具体的理解策略，这是元认知与认知过程的紧密结合。例如，教师不应该在学生阅读完一篇文章之后，提问学生关于理解的问题，而是应该为学生示范如何进行理解。全体学生一起阅读，并一起探讨，这样便于每一位学生理解文章的内容。

第四节　大学英语阅读教学跨文化转型的路径

一、采用“阅读圈”教学

“阅读圈”是指一种由学生自主阅读、自主讨论与分享的阅读活动。[①]在大学英语阅读圈中常常会采用分组的学习方式，小组中每位学生自愿承担一个角色，负责一项工作，并进行读后反思。在阅读体裁的选择上，可以选择自己喜欢和感兴趣的文章开展有目的性的阅读。同时，每个人都有自己的任务需要完成，每个人在阅读完以后都要和他人分享和讨论相关性的问题。阅读圈模式的目的是鼓励学生阅读和思考，其活动效果在很大程度上取决于小组成员在前期是否做好了充分的准备工作。采用“阅读圈”教学法开展阅读教学，对于提高学生的阅读兴趣和教学效果具有重要意义。在英语阅读教学中，“阅读圈”教学法主要包含以下几个实施步骤。

（一）设计任务

教师以某个文化专题为教学内容，明确教学目标，选定学生在课堂以及课外需要阅读的材料，设计好相应的需要学生进行讨论和分析的问题，

---

① 刘卉．英语文化教学中阅读圈教学模式的构建与探索[J]．教育现代化，2018（45）：237.

并规划好学生完成这些任务的学习模式。

（二）布置任务

在这一环节，教师安排学生组成“阅读圈”，每个小圈子为 6 ～ 7 人。之后，教师向学生讲解阅读圈教学模式的理念、要求和规则，告知学生的学习重点和内容。此外，教师可以鼓励学生在自己的阅读圈内承担一定的角色，具体角色示例如表 7-1 所示。

表 7–1　阅读圈各成员的角色分配示例

角色	具体任务
讨论组织者	主持整个讨论过程，并准备相关问题供圈内成员讨论
词汇总结者	摘出阅读材料中的与文化专题相关的重点词汇和好词好句，引导圈内成员一起学习
总结概括者	对所有阅读材料的文化元素和内容进行总结并与组员分享，并总结、评价小组活动的内容和成果
语篇分析者	提炼阅读材料的重要的语篇信息并与圈内成员分享
联想者	将所读阅读材料与文化专题相对应的中国文化的内容建立联系，结合最新的社会文化发展动态进行批判性评价
文化研究者	从阅读材料中找到与自己相同、相近或者不同的文化元素和内容，并引导圈内成员进行比较

（资料来源：刘卉，2018）

（三）准备任务

在完成布置完任务之后，教师引导学生进行独立思考，并让学生对需要讨论的问题及自身的思考结果形成文字。此外，由于阅读圈内各成员承担着不同角色，教师应鼓励学生完成各自任务，自由表达自己对文化的不同看法。

（四）完成任务

当学生通过自己的努力和教师的引导完成相应的任务时，各个小组就可以按照各自负责的内容进行汇报，对所读内容进行信息加工、思维拓展，确定小组汇报的内容，最终形成 PPT，在课堂上展示核心成果。这一阶段是学生汇报并自由讨论的阶段，有助于启发学生的多元思维，深化文化内容的探讨，因此教师要引起足够的重视。而教师作为活动的组织者和指导者，要掌控整个讨论过程，对讨论过程中可能出现的争论不休或偏离主题等问题进行及时解决。

（五）评价任务

当学生各自汇报完自己的学习成果时，就可以进入评价阶段了。评价可以是学生自评，也可以是同学互评，还可以是学生和教师共同评价。在互评时，可以根据每个阅读圈展示的阅读成果以及成员讨论表现进行打分。学生互评完成后，教师可以进行总结，对各阅读圈及学生自身的表现进行点评。需要注意的是，教师在点评时要注意尊重学生对文化的不同观点，重点关注学生思想的深度和广度，同时对那些积极参与讨论的学生提出表扬，以此带动全班同学积极参加此类活动。

二、构建阅读文化图式

图式理论充分彰显了阅读的本质，即强调阅读的本质是读者及其大脑中所理解的相关主题知识与阅读材料输入的文字信息之间相互作用与交互的过程。图式理论是一种关于阅读研究的科学理论，其不仅强调文化背景知识与文化主题知识的重要性，还并未忽视词汇、语法在阅读中的重要作用。下面通过读前、读中、读后三个阶段进行详细的分析。

读前阶段是信息导入阶段。在这一阶段，要发挥出图式在阅读之前的预测功能。教师可以组织学生参加一些讨论、预测或者头脑风暴等活动，从而将学生头脑中的图式激发出来。在这一阶段，通过自上而下的阅读，学生头脑中的先验知识与文本相结合，从而将学生的图式激活与构建，为学生进一步的阅读埋下伏笔。

读中阶段是文化渗透阶段。在这一阶段，要发挥出图式的信息处理功能。学生根据自上而下的模式来探究文章的整体思路。一些新的文化知识可以通过自上而下的阅读模式获得，从而构建内容图式与阅读技巧。在读中阶段，略读、细读等都是比较好的策略。

读后阶段是文化拓展阶段。在这一阶段，要发挥出图式的记忆组织功能。教师可以通过各种活动对学生的新图式加以巩固，如辩论、角色扮演、讨论等。图式理论指出学生存储在大脑中的图式越丰富，学生的预测能力就越强。因此，课外阅读是非常重要的。具体可以通过图 7-1 体现出来。

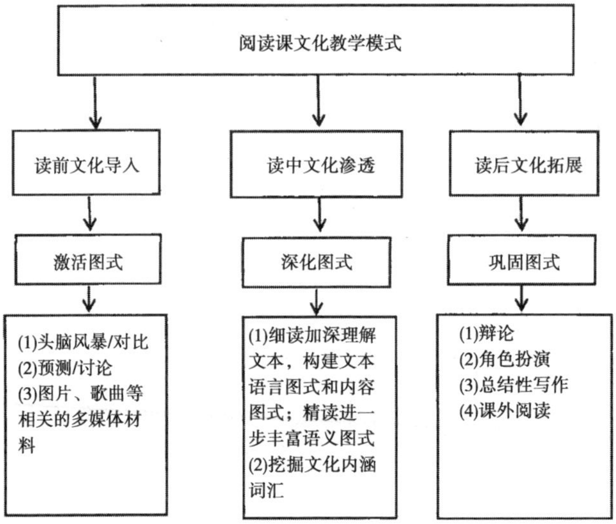

图 7–1　阅读文化图式模式

（资料来源：马苹惠,2016）

（一）读前文化导入——激活图式

1. 头脑风暴法

在英语阅读中,头脑风暴法常被用于导入环节中。学生通过这一方法可以展开丰富的联想,从而刺激头脑中形成新的图式。因此,教师在文化导入过程中要考虑话题的需要,为学生创设合理的头脑风暴,让学生更好地融入课堂之中。

2. 预测与讨论

在阅读之前运用图式理论时,教师应该发挥学生推理的能力。学生通过对文本材料进行解读与推理,从而刺激自身的图式。

3. 运用多媒体资料

在文化导入阶段,教师应该善于运用多媒体资料,从而让学生更好地体验文化教学的特色。通过多媒体,学生可以更直观地感受语言知识,了解中西方语言文化的差异,刺激学生的图式,让学生在激活自身图式的基础上进行下一步内容图式的拓展。

（二）读中文化渗透——深化图式

在读中阶段,教师可以在这一阶段进行文化知识的渗透,进一步对学生的内容图式加以丰富，从而让学生更好地展开阅读。在阅读教学中，教师采用扫描、略读等策略帮助学生构建灵活的图式，促进学生激发头脑中与之相关的图式，从而便于学生更好地理解文章。在细读阶段，教师要帮助学生挖掘与语篇相关的文化内涵，扫除他们在正式阅读中的障碍。

首先，可以通过略读和扫描法，让学生大致了解文章的大意，从而获得对文章的总体信息与思路，这是帮助学生建构相关内容图式的有效路径。扫描法是学生根据教师的指令，能够在文章中找到特定的信息。

其次，可以通过细读，根据上下文，让学生明确每一个单词的含义，尤其是那些具有文化内涵的词汇，从而丰富学生的内容图式。

（三）读后文化拓展——巩固图式

在读后阶段，主要是充分发挥学生头脑中的记忆功能。一般来说，读后的文化拓展的方法主要有如下几种。

第一种是辩论。教师可以针对文本材料中的相关内容，选取一些视角展开辩论，学生在辩论中对与文本相关的内容图式加以巩固。同时，通过辩论，学生也可以更好地理解文本的文化内涵与文化背景知识。

第二种是角色扮演。学生通过学习与文本相关的文化知识，从而丰富自身的文化内容。然后，学生带着角色有目的地重新阅读文本，教师引导学生对文本进行改变或者情景模拟，从而激发学生学习的兴趣和积极性，提高他们在真实语境下对文本综合运用的能力。

第三种是总结性写作。这一方式有助于学生加深对文本的理解，让学生将文化知识从短时记忆转向长时记忆。

第四种是课外阅读。除了课后巩固之外，教师还应该鼓励学生展开课外阅读。通过大量的课外阅读，学生可以提高学习的自主性，而且还能在阅读中不断丰富自身的内容图式。

第八章 大学英语写作教学的跨文化转型与创新路径

在英语技能教学中，写作教学是其重要的一部分。通过写作教学，学生能够不断提升自身的写作能力与思维能力，提升自己情感表达的水平，从而激发自身写作学习的动机。但是，英语写作教学也会受到文化因素的影响，因此需要将文化渗透其中。本章就来分析大学英语写作教学的跨文化转型与创新路径。

第一节 大学英语写作教学简述

一、写作的概念

写作是人们传达思想与情感的一种书面形式，其与口语是同等的地位，不是口语的附属品，都属于对语言的重要输出。

写作的过程是非常复杂的，其需要复杂的思维，并受到知识、技能、风格、内容、结构等多个层面的影响和制约。如果要想写出一部完美的作品，首先需要保证风格的统一与结构的完整。

需要指出的是，写作是一个对各类问题与信息展开加工的过程。一般来说，写作的目的也是非常明确的。根据写作目的的不同，写作形式有论文、报告等多种形式。

通过写作，可以实现如下两大功能。

首先是为了学习语言而展开写作。通过写作，学生可以对自己所学的词汇、语法、语篇知识加以巩固。

其次是为了写作而展开写作。因为通过写作，学生可以将自身的观点表达出来，从而锻炼自身的手和脑，强化自身的写作学习，提升自身的写作能力。

简单来说，英语写作是运用书面形式传达思想与情感的。但是，语言与文化关系密切，是否能够准确地理解文化对写作有着直接的影响。汉语往往呈现整体性与象征性，而英语呈现的是逻辑性与明确性，因此在写作时，学生切不可用汉语的思维展开英语写作，这样写出的文章很难让人理解。

二、大学英语写作教学的现状

（一）写作课程设置缺乏合理性

一直以来，英语写作教学的地位得不到重视，在课程设置上也不能凸显其合理地位，很多高校在英语写作的课程设置上存在不合理之处。例如，很多高校并没有设置专门的英语写作课程，这导致英语写作课时特别紧张，总是得不到合理进行。再如，英语教师在综合英语课程的讲解过程中往往先讲解词汇、课文，然后安排听力练习、阅读练习，进而让学生完成课后练习题，等这些环节结束之后，一堂课的时间也就消耗完了，根本没有时间来教授学生学习英语写作方面的知识，这让学生形成了英语写作是可有可无的观念，对英语写作的学习是十分不利的。

（二）写作教学目标缺乏系统性

学生英语写作能力的提高是一个循序渐进的过程，并不是一蹴而就的，这就要求英语写作教学的目标也应该体现出阶段性、渐进性的特点。然而，就当前的英语写作教学目标而言，总体目标与阶段性目标之间严重脱节，存在不协调的情况，这对于学生写作能力的提高是十分不利的。

（三）学生的语言质量不过关

很多学生在使用英语写作文的时候往往不会使用地道的英语表达方式，所写出的英语句子存在大量语法错误，甚至还有很多单词也都拼写错了。英语与汉语存在很大差异，英语词汇在词性、用法、词义、搭配等方面都有自己的鲜明特点，如果学生按照汉语的逻辑思维来组织英语作文，那么显然就会出现各种语言知识点层面的错误。

（四）学生的“中式英语”现象严重

中国学生长期生活在汉语的环境下，受中国传统文化的影响比较深刻,也形成了相对固定的汉语思维习惯。然而,英语思维与汉语思维存在较大差异,汉语思维自然会影响到大学生的英语学习进程,并且往往会带来各种消极影响,“中式英语”就是其中的一个突出表现。很多学生使用汉语的表达方式来写英语句子,所写出的句子往往词不达意,呈现出中式思维习惯,这一现象所带来的后果是比较严重的。

第二节　大学英语写作教学中的跨文化因素

一、词汇层面的跨文化因素

词汇与文化有着密切的关系,并且是语言中最为弹性与活跃的部分,是文化负荷量最大的部分。因此,要想对英语词汇有真正的了解,就需要明确词汇的文化内涵。英汉语属于不同的词汇体系,词汇含义不可能是完全对应的。有的学生认为,只要掌握了一定的词汇量,那么就可以凭借常识与习惯去了解不同的文化。当然,英汉语中存在一些耦合的现象,但是耦合得并不多。如果仅仅从自身经验与文化立场出发,恐怕很难了解英语中的一些惯用法。

二、句子结构与段落篇章层面的跨文化因素

除了词汇,文化因素也会对句子结构与段落篇章产生影响。在句子结构上,英语思维是先直接传达重要信息,然后再传达次要信息。尤其是表达复杂的思想时,英语习惯开门见山,先把叙述的重点放在开头,然后再运用各种手段展开分述。在西方人观念中,文章是否连贯取决于连词的使用是否符合逻辑。但是,汉语中连词很少,句子与句子的逻辑是通过内容体现的。

在段落布局上,中西方思维出现了螺旋式与直线式的差别。英语直线式的思维要求开篇点题,一般会在首句点出主题,每一段的主题句与文章主题相呼应。之后每一段的具体内容与整个段落的首句呼应。但是相比之下,汉语往往采用螺旋式的思维,即先进行渲染,然后在结尾点出主题。

第三节 大学英语写作教学跨文化转型的原则

一、恰当性原则

英语写作教学的恰当性是指写作任务的设计应该恰当。具体来说，写作任务需要具备如下两点特征。

一是能够激发学生思想交流的需求，使学生有内容进行写作。

二是对于学生语言能力提升有帮助，如增加词汇量、学习新句型等。

这两点虽然是作者对写作方法的要求，但是也是对写作任务的设计要求。具体来说，如果教师要想设计出一个好的写作任务，那么就需要与学生的实际相符，让学生有充足的内容与经验展开写作。同时，还需要符合学生实际的语言能力，这样才能完成写作，将理论知识运用到具体的实践之中。

二、多样性原则

英语写作教学中需要坚持多样性原则，主要体现在训练方式与表达方式上。

从训练方式上说，教师应该采用多样化的方式，如可以通过扩写、仿写等办法训练学生的写作能力，同时教师应该把握好每一种方法的优缺点，让学生在多种方法下掌握适合自己的方法。

从表达方式上说，教师应该引导学生在写作中运用多种表达方式，这样的写作才是灵活的写作。这不仅可以对学生写作中的问题加以弥补，还可以提升学生的灵活运用技巧。这样写出来的文章才能更引起读者的注意。

三、循序渐进原则

任何一件事情的顺利完成都是需要花费时间的，都是一个循序渐进的过程，大学英语写作教学也不例外。在英语写作教学中，循序渐进原则主要涉及以下几个方面。

（一）语言层面：由低到高

在语言层面，教师可以先让学生进行句子写作方面的练习，然后逐步过渡到段落与篇章的写作。由于课堂教学时间有限，教师可以将对句子的写作训练穿插在其他技能课中，如精读和听说课。此外，教师可以设置组织各种训练活动，如连词组句、补全句子、合并句子、扩充句子等，学生对句子写作逐步熟练后，教师就可以增加难度，过渡到篇章写作。

（二）语法结构层面：由易到难

在写作过程中，很多同学都因语法欠佳而无法使用哪怕稍微复杂一点的表达，这样势必会影响输出效果，写作质量也不会太高。因此，学生一定重视语法学习，掌握基础的语法结构，在此基础上掌握更为复杂的语法结构。具体来说，在写作学习中，学生要先掌握简单句，然后掌握复杂句和并列句；先掌握短句，然后掌握长句；先掌握陈述句，然后掌握虚拟句和感叹句。[①] 对教师来说，也要坚持循序渐进原则，在语法结构上由易到难，帮助学生巩固基础，进而攻克薄弱环节。

（三）话题层面：由熟到生

学生对于自己熟悉的话题往往更有写作兴趣，写起来也相对容易。因此，教师在写作训练中，可以先从学生熟悉又感兴趣的话题开始，等学生掌握一定的写作技巧后，可以让学生就一些社会热点问题等表达自己的观点，锻炼学生的写作水平。

（四）体裁层面：由简到繁

对学生来说，不同文体其难易程度各不相同。一般来说，记叙文的写作难度较低，其次是描写文，然后是说明文，议论文的写作难度最高。因此，在写作体裁方面，学生应从记叙文的写作训练开始，逐步向其他文体过渡。

① 黄元龙．浅议高职英语写作教学的循序渐进原则 [J]. 开封教育学院学报，2017（2）：152.

四、文化对比原则

受文化背景的影响，英语写作教学中需要坚持文化对比原则，即教师在教学中将中西方文化的差异引入教学之中，从而为学生的写作学习奠定基础。很多学生到了大学阶段，实际上已经掌握了一定程度的写作，但是他们掌握的写作大多都是中式写作，忽视了英语写作的编码与解码。也就是说，他们的写作大多是将汉语翻译成英语进行写作，导致文章中出现了很多的中式英语文章，这样很难让读者理解。因此，在英语写作教学中应该坚持文化对比原则，让学生明确中西方语言与文化的差异，写出地道的文章。

第四节　大学英语写作教学跨文化转型的路径

一、重视文化知识积累

在跨文化转型背景下，英语写作教学应该重视让学生积累丰富的文化知识，摆脱汉语负迁移作用对学生英语写作的影响。在日常的写作中，如果学生遇到困难的句子，他们往往会选择用汉语思维对句子进行组织，导致出现了明显的语言错位，这就是受汉语负迁移作用的影响导致的。因此，在英语写作教学中，教师除了对学生的词汇、语法等语言知识进行训练，还需要训练他们的文化知识，避免学生出现负迁移的现象。同时，教师应该鼓励学生多进行阅读，让他们在阅读中挖掘文化知识，从而对自己的语言进行充实，写出一篇得体的文章。

二、通过阅读提升写作能力

无论写什么题材或者体裁的文章，要想真正地能够打动读者，就必须要言之有物。如果缺乏文化知识的积淀，那么这样的写作必然是单调与死板的。要想保证顺利展开跨文化交际，不能仅仅在自己的小圈子里说话，而应该从与他人沟通的角度展开写作。当然，在这之前，学生需要阅读大量的文章，首先充实自己，这样才能有话可写。因此，在写作教学之前，教师可以让学生读一些相关的资料，通过收集与选择，将这些资料运用到自身的写作之中，提升自身的写作水平，培养自身的归纳与总结能力，从而写出与众不同的内容。

三、多技能综合教学

所谓综合教学法，是指将写与听、说、读几项基本英语技能相结合，使之相互作用提升学生的写作能力和培养学生的英语综合能力。

（一）听、写结合

听是语言输入性技能，可以为写作积累丰富的素材，加快写作的输出。具体教师可以采用边听边写和听后笔述或复述的方式开展教学。

边听边写可以是教师朗读，学生记录，也可以是播放录音，学生记录。听写的内容可以是课文内容，也可以是其他故事或内容。

听后笔述或复述是指教师以较慢的语速朗读或者录音播放听写材料，一般朗读或播放两至三遍，在这一过程中学生只听不写，在朗读或播放录音完毕后，教师要求学生凭借记忆进行笔述或复述。在笔述或复述时，学生不必拘泥于原文的词句，也不用全部写出或背诵出，只要总结出大意即可。这种方式能有效锻炼学生的语言组织和概括能力。

（二）说、写结合

说与写密切相关，说是写的基础，写与说相互贯通。以说带写，可以有效激发学生的写作兴趣，提高学生的写作能力，还能锻炼学生的口语表达能力。具体而言，教师可以采用改写对话和课堂讨论的方式开展教学。

（三）读、写结合

读与写的关系十分密切，通过阅读可以获取大量写作所需的素材，通过写作可以进一步巩固阅读能力。写作作为一种输出活动，是离不开语言知识的输入的，如果没有语言知识的积累，将不可能写作内容充实的文章。阅读作为积累语言知识的重要途径，将能为写作奠定良好的基础。但学生的阅读需要教师的指导，因为很多学生都将理解文章内容作为阅读目的，而很少从中吸取有利的写作素材。对此，教师应引导学生体会作者遣词造句的技巧，并培养学生记笔记的良好习惯，从而使学生积累大量的有利于写作的语言知识。通过阅读，学生的阅读能力不仅会得到锻炼，写作水平也会显著提高。

四、运用语块教学模式

受负迁移作用的影响，学生习惯用汉语思维来对文章进行组织，这样很容易出现各种错误，如句式单一、语言不通顺等。因此，在跨文化转型背景下，教师可以采用语块教学法展开写作教学。根据语块教学法，本族语者之所以能够表达顺畅，是因为他们在脑海中会存储一些各种情境下的语块，而不是某一个词。在发话或者写作中，他们可以调用这些语块，无需进行排列加工。这样的语言输出才更有速度与质量。同样，将这一理论运用到写作教学中就是要求教师对学生加强语块训练，让学生脑海中形成整体的语言知识，以语块来组织写作练习，这样写出来的文章才具有整体性与格局性。

五、通过写作技巧展开教学

在写作教学中，记叙文、议论文和说明文是最常见的三种文体，这里就对它们的写作进行分析。

（一）记叙文写作技巧

记叙文是写人、叙事、状物的文章。记叙文包括通信、特写、游记、回忆录等。在课本中，记叙文所占的比重很大，作文选择记叙文的也很多，因此教师需要做好记叙文的写作教学设计。

一般来说，以叙事为主的记叙文以现实生活中发生的、真实的、有一定意义的具体事件作为叙写对象。从理论上讲，可以是社会生活的事件，也可以是日常生活的事件，还可以是自然界的事件。有人把记叙文的表现对象，局限于“社会生活的典型事件”是不太恰当的。诚然，社会生活的典型事件有其优越性。首先是典型性，并因其典型性而有普泛意义，这样就赋予了“事件”的现实意义；其次是社会性，并因其社会性而受到人们的热切关注，这样就赋予了“事件”以社会价值。教师在设计记叙文写作教学时要体现教学大纲的要求，要把握记叙文的特点，要考虑到学生的实际水平和接受能力。教学设计，形式应该是多样的，可以是常规型的，也可以是探索型的；可以简约，也可以详尽。总之，要用实用价值，要体现教学改革的精神。例如，教师让学生以“今天中午”为题叙述自己的所见所闻，学生在叙述的过程中可能会提到许多画面，教师就要引导他们将他们在不同画面中的听觉、视觉、感觉表达出来，同时引导他们掌握叙述的节奏,如慢节奏的温馨早餐、快节奏的运动活动等。下面来看两则范文。

范文一

A Memorable Trip

During the summer vacation I made a trip to an ancient town, where an old friend of mine lived. I found my friend waiting for me at the station when I arrived. On the way to his house, we decided to go sightseeing the next day.

Of all the places of interest there, I like best the Pine Peak, where tourists can watch the sunrise. We got up at five and made our way to dawn break pavilion. Many people were already there, looking eagerly to the east. We waited and waited but could only see the sky slowly brightening. At 6: 10 suddenly shouts were heard, "It's rising!" A red ball of fire emerged and rose little by little. It was a grand view.

What impressed me even more than the scenery was the bloom the town was having? In the old days, industry was unheard of in the ancient town. Now the town was turning out many kinds of products. Some of its products not only met local needs, but were exported to other countries.

All day long huge trucks could be seen hauling in farm produce and raw materials from nearby countryside and carrying finished products out. Clearly, the town was thriving.

解析:

本篇文章采用的是第一人称的口吻,通过第一人称口吻的叙述,读者仿佛有种身临其境的感觉,十分亲切。此外,本文采用的是顺序的方式,通过这种方式的叙述,读者可以清晰明了地理解事情发生的经过和结果。文章的最后一段进行了总结,说明了旅行的意义,点明了主题。

范文二

I think the most terrible thing in life for my little brother is getting up in the morning. He is almost sick when my mother calls, "Herbert! It's seven o'clock!"

Herby answers, "I'm coming!" and goes right back to sleep.

I'm not at all like my brother. I don't like to go robed at night but I don't mind getting up in the morning. I usually wake up before my mother calls me. I jump out of bed and go into the bathroom to take my shower. I get dressed, brush my teeth, comb my hair, and get ready to go downstairs for breakfast as soon as my mother calls.

But not Herby. He just sleeps. A military band in our bedroom could not wake him up. I call him and say, "Get up! Morn will be up here to pull you out of bed if you don't get up immediately!"

But he just sleeps. After calling a few more times my mother has to come upstairs and pull Herby out of bed. He always says, "I was going to get up in another minute. Really I was."

It's that way every day with my little brother. Perhaps some day he'll learn to get up on time, but I really don't think so.

解析:

上述文字同时使用了第一人称和第三人称。通常来讲,文章全篇所使用的人称应当一致,但为了叙事的方便和描述的生动,第一人称和第三人称可以交互使用。但有一点需要注意,在人称改换的地方应交代清楚,甚至做必要的过渡,以提醒读者。

范文三

When the balloon rose to 3,000 feet, the pilot took off his ear-pads. He had been wearing them ever since the balloon had left the ground so as not to hear the noise of the hot-air fans. All at once, he heard a small, frightened voice below him calling, "Sir, would you please help me?"

Looking down, the pilot saw a boy about twelve years old holding on to a rope. He immediately shouted hack, "Hold on...don't look at the ground" "look at me." The balloon descended slowly and the boy was soon safe on the ground again.

As the pilot learned later, the boy had been eager to help before the balloon took of together with others, he had held on to the heavy ropes. The pilot had signaled "Let go!" Every body did so...except the boy who had tied the rope to his wrist and he was soon sailing through the air.

解析:

文章以故事中间惊人的一幕开头:在三千英尺的高空飞行员听到气球下面一个孩子的呼救声。文章采用了倒叙的手法,以惊险的场面引出故事的经过。倒叙的运用使故事紧紧地抓住了读者的眼球和心灵,使读者不得不继续读下去。

(二)议论文写作技巧

议论文写作要求作者通过摆事实、讲道理,直接表达自己的观点和主张。作者对客观事物进行评论,以表明见解、主张、态度,通常由论点、论据、论证三部分构成。议论文写作教学虽然比不上记叙文写作的教学，但也是语言教学的一个组成部分。因此，做好议论文写作教学设计十分必要。

一般来说，议论文写作教学设计首先要做好教师启发。学生生活在一定的社会环境中，每天都要接触许多人，遇到许多事，听到许多议论，有令人满意的，也有不尽如人意或令人气愤的。同时，他们平时可能获得某些成功，也可能遇到某些困难或失败，这些都会使他们产生种种感受和看法，教师就需要学会启发他们思考。例如，用一些值得议论的典型事例或现象让他们思考，并将自己的思考用文字的形式表达出来，最后写成文章。

考虑到议论文中，学生表达观点需要一定的论据支持，教师也要在教学设计中引导学生找到论点和论据。由于学生的身心发展还不成熟，因此议论水平不会太高，教师要注意不要设置太高的论点，以适应学生的实际水平。下面来看范文。

范文一

Honesty

What is honesty? Honesty means speaking the troth and being fair and upright in act. Honesty is a good virtue. He who lies and cheats is dishonest. Those who gain fortunes, not by hard labor, but by other means are dishonest.

Honesty is the best policy. If you are honest in all matters you'll be trusted and respected by others. A liar is always looked down upon and regarded as a black sheep by the people around. Once you lie, people will never believe you even if you speak the truth. The fable of the shepherd boy is an example. Be honest, and your reputation will become great. Be dishonest, and your name will be spoiled and your personality degraded.

Since honesty is so important, we must cultivate it. We should speak the truth at all times. Only by doing like this can we become really honest people.

解析：

上述议论文以问题开头，首次吸引读者的注意力，并使读者思考何为 honesty。接着，作者给 honesty 一词下了一个定义，然后采用例证法展开思想，论述了 honesty 的重要性。最后，归纳法结尾，点明主题：要想做一个诚实的人，必须注重培养诚实的品质。整篇文章完整紧凑，结构连贯。

范文二

Is "serving the people"Out of Date?

With the rapid development of market economy, money plays a much more important role in the society. It seems that almost everything can be measured by money. Some people doubt that the spirit of serving the people has been out of date. However, developing market economy is not in contradiction with the thought of serving the people. On the contrary, it is intended to make people live better. So serving the people will never be out of date and should be the essential spirit in our market economy society.

Obviously, everybody can see the fact that more and more people like Xu Hu and Li Sub have emerged. They don't regard money as the most important thing, and go to lengths to serve the people: helping the disabled, donating money and clothes to the flood victims or children in remote areas. Perhaps, some think about them as fools, but they are the very people our society needs.

As young college students, we should follow the example of Xu Hu and Li Suli. And at present, it is essential that we try every possible means to qualify ourselves, not only academically but also morally, as potential servants of the people.

解析:

文章分三段展开论述。第一段采用了归纳法展开,并以 So 归纳出全文的破题句。第二段举出徐虎、李素丽等当代全心全意为人民服务的典范人物,对论点加以论证。第三段是结论段,虽然没有明确给出推论,但字里行间充溢着对这种榜样的肯定和推崇。通过三段的论述,巧妙地传达了作者作为大学生的代表所表达的心声:以徐虎、李素丽为榜样,树立为人民服务的思想,学会为人民服务的本领。

范文三

The mourning dove is a game bird. Those who strive to put it on the "song bird list" describe the dove as an important weedcontrol agent, a songster, the bird of the Bible, and the bird of love, peace and tranquility. To me, as a wildlife photographer, hunter and outdoorsman, this is hogwash.

The dove feeds on waste grain and weed seeds, but it does not control noxious weeds. The call of the mourning dove is pleasant to hear, but what of the scream of an eagle, the cry of a gull, or the cackling of a rooster pheasant? I find these calls to be the sounds that mother nature endowed each and all of her brood with. I find a pleasantness in the crowing of the rooster on the backyard fence. And the lamb and many other animals and birds are also mentioned in the Good Book.

Million of doves fall to the gun each hunting season, but under today's scientifically determined, conservative hunting regulations, the gun will never cause the loss of any wildlife species. I have faith in our state and federal dove management programs and in the professional biologist-conservationists administering them. The dove is listed as a migratory game bird by international treaty. It is more numerous in many states than many of the common song bird species, and because of the challenging sport and fine eating it offers, it is fair game during limited open hunting seasons in many states. The result: millions of manhours of wholesome outdoor recreation.

Hunters take approximately 10 percent of the dove population each year with the gun, but this harvest pales into insignificance when compared with the annual loss of 70 percent of the entire dove population through predation, disease, and accidents. Despite this pupulation turnover, the number of nesting birds stays much the same each year regardless of whether of not the state in question allows hunting of doves.

We are fortunate that the dove "puts up with" human beings and is able to nest near human habitations; this adaptability bodes well for its continued abundance. It will nest five of six times during the breeding season, and a pair may bring off twelve young in the course of a year. While some birds are still nesting when the hunting season opens, these solitary birds rarely are taken by hunters, who concentrate around the fields frequented by the migratory flocks.

I have listened to the melancholy cooing of the male dove as he serenades his mate. I have photographed the cycle of dove life from egg to adulthood. And I have shot them as they winged swiftly across a sunny September sky. The mourning dove is a supreme game bird held in high esteem by the hunter. The dove's future is not threatened by the gun.

解析：

在文章的一开头作者就开门见山地表明了自己的观点：鸽子是被猎

鸟。然后从鸽子的食物、与其他猎鸟的类比等各个方面展开讨论，驳斥了对立面的观点，论证了自己的观点。在文章的结尾处作者再一次强调了自己的观点。

范文四

Punctuality is a necessary habit for everyone, without it, many things could not be brought to a conclusion; many things would be in a state of chaos. A few minutes delay may cause some bad results. Getting up five minutes later than usual may upset the plan of the day. Calling on friend five minutes later than the appointed time may cause some expected trouble. Arriving at the railway station five minutes late means that you have to wait for another hour or more for the next train. What's more, if a person has formed the habit of unpunctuality, people will consider him unprincipled and untrustworthy.

解析：

文章的一开始作者就提出了论点：养成准时的好习惯对每个人来说都是很必要的。接着，通过实例从反面来论证这一观点。在文章的最后作者提出"有不准时习惯的人得不到信任"，进一步强化了论点。

（三）说明文写作技巧

说明文是以说明某种事物或某种过程为写作目的的一种写作形式。要写好说明文首先要对被说明的对象有充分的认识和了解，分析、比较这一事物和另一事物之间的不同点，把握事物的特点，然后紧紧抓住这一特点加以说明，只有这样，才能把事物说得明白清楚。例如，《我们的学校》就要写出我们的学校与其他学校的不同之处，切忌泛泛而谈。

教师在设计说明文写作教学时，应注意说明文给人以知识，所以学习者必须对所要传授的知识有所了解，这也是合理安排顺序的前提。如果对泰山没有比较丰富的知识，自己也没有仔细游览过，即使掌握了关于空间顺序或者时间顺序的技巧，也不可能给人以真正的知识。阐释事理亦然，如对事物本身的逻辑关系若明若暗，也无从安排逻辑顺序了。

此外，说明文和记叙文、议论文都有条理性即顺序安排问题。记叙文中的时间顺序安排，应用极其广泛，写说明文时可有目的、有选择地进行借鉴。另外，记叙文中涉及写景和游记类文字中经常有方位安排的技巧，这也可在说明文中运用。议论文以说理为主，根据事物之间的逻辑关系进行判断推理，和事理说明文中逻辑顺序的安排有相通之处。下面来看范文。

范文一

Risk Worth Taking in Life

There's no denying that life is filled with uncountable undesirable risks. To illustrate, a driver throws himself into danger when driving too fast, and a heavy smoker is running the risk of suffering from lung caner. Still in our life, however, there are many risks worth taking, since they will bring you success, fame or pleasure.

There are many worthy and rewarding risks. A case in point is that recently Zhang Jian challenged the physical limitation of man succeeded and is hailed as a hero. Another ease in point is starting one's own business, esp. for a laid-off worker. Although one risks losing all his savings or property at the beginning, he stands a good chance of winning an ever-promising future. Besides, buying stocks is another risk worth taking, if you can tolerate the dramatic changes in the stock market, you'll be awarded with endless opportunities to get rich. Of course, meanwhile risks accompany you every minute, and if you are not lucky enough, you'll become penniless overnight. But one thing is certain, luck and misfortune will accompany you as twin brothers.

To sum up, although undergoing risks can make you more experienced and enable you to weather any crisis in life, it's advisable to take only the rewarding risks whose opportunities far outweigh their risks.

解析：

上述文章属于举例说明文。文章共由三个段落组成，第一段说明生活中充满无数不必要的冒险；第二段采用三个例子说明生活中同时还存在许多值得尝试的冒险；最后一段得出结论文章的结论：我们只应尝试那些值得尝试的冒险。例子的运用使得文章极具说服力，而且整篇文章结构严谨，行文流畅。

范文二

Patients may be divided into two different types according to their attitudes toward their diseases: the optimistic and the pessimistic.

An optimistic patient takes a sanguine attitude to what he is faced with, even though he has been aware of being on the verge of death. He has much faith in the treatment given by the doctors and cooperate with them as enthusiastically as he can. He always feels confident of being perfectly recovered because he is convinced that a more brilliant future is waiting for him!

A pessimistic patient, on the other hand, usually feels over suspicious about his disease which may be not serious at all! He is also disheartened at any therapeutic measures taken by the doctors and remains inactive during the treatment. When being confirmed that be has suffered from some fatal illness, he will immediately feel that death is approaching and he may even give up all hope of continuing to live!

Although these two kinds of patients are both under the treatment in hospital, the results will differ significantly: the former may have a more possibility to recover from a more serious disease owing to his conquering it in his mind; and the latter, in contrast, may get bad to worse even from a slighter sickness owing to his being captured by the disease psychologically.

解析:

上述文章是一篇分类说明文。文章开头陈述了主题,正文分两段介绍了乐观病人和悲观病人对疾病、治疗、前途、命运的不同态度,文章的结尾指出了两类病人截然不同的治疗效果。整篇文章紧扣主题,对比效果鲜明。

范文三

Before you apply for a job, it is important to know the differences between business and personal references. Business references are the recommendations that you get from former employers or instructors. A supervisor or teacher can talk about your work performance, training and skills. The people who have seen you in action on the job can give a future employer specific information about how well you work. In contrast, personal references come from contrast, personal, references come from friends. Unlike former employers or instructors who have seen what you can do, friends can only recommend you for your character. They can point out your energy, determination and flexibility as a person but not your job skills. Before you list any names on your job application, decide which kind of information an employer wants most.

解析:

上述是对比说明文。文章按照整体对比的方法展开,分别阐述了公事推荐信和私人推荐信在不同方面的不同特点,文章的对比效果十分显著。

第九章　大学英语翻译教学的跨文化转型与创新路径

翻译是世界各国之间相互沟通的桥梁,其不仅涉及语言之间的转换,而且涉及文化之间的交流。可以说,翻译是基于不同语言之间转换的跨文化交流活动,其与文化之间的关系自然不必多说。因此,在大学英语翻译教学中,教师应基于跨文化视角来培养学生的翻译能力,使学生成为能够运用翻译技能流利进行跨文化交际的英语人才。本章就对大学英语翻译教学的跨文化转型与创新路径展开分析。

第一节　大学英语翻译教学简述

翻译教学是英语教学的重要组成部分,是培养更高品质的翻译人才的主要途径。其主要目的是让学生习得必备的翻译知识,掌握翻译这项基本技能。本节就对大学英语翻译教学的基础知识展开分析。

一、翻译的内涵

(一)翻译的概念

翻译的概念是翻译理论的基础与原点。翻译理论的很多流派都对翻译进行过界定。人们的翻译活动已经有 2 000 多年的历史了,并且对翻译概念的认知也随之发生了改变。学者威尔斯说:“一部翻译史事实上就是对‘翻译’这个词的多义性进行的论战。”从威尔斯的论述中可知,对翻译的理解需要从多个层面进行考量。

1. 翻译认识的过程,从感悟式到通论式

对翻译的认识过程,经历了感悟式、语文学式、文艺式以及通论式这样一个过程。

人们对翻译最初的认识是感悟式的，主要是通过隐喻或者比喻的方式来进行表达。著名学者谭载喜（2006）通过对大量关于翻译的比喻说法进行总结，认为翻译主要是由作为行为或过程的翻译本身、作为结果的译文、作为主体的译者构成。从作为行为与过程的翻译本身来说，很多形象说法都对翻译的特点、性质等进行论述。

语文学式是对翻译的进一步认识，在这一层面上，人们往往通过一些简单的话语表达对翻译的看法，这些看法虽然构不成系统，但是也存在着一些真理，甚至有些对后世的翻译研究有着深远影响，如严复的“信达雅”，至今仍被视为翻译工作的一大重要标准。

翻译可以被视作一种对问题进行解决的活动，因为源语中的某一元素可以采用目的语中的某个元素或者某几个元素来处理。之后，由于翻译活动多为文学作品的翻译，因此对于翻译概念的探究主要是从文学层面展开的，是文艺式的研究。这类研究强调文学作品的审美特征，并将文学翻译的本质特征揭示出来。文艺式的翻译主要是针对文学这一语体来说的，将那些非文学翻译活动排除在外，所以缺乏概括力。

进入20世纪中期，人们认识到无论是文学翻译还是非文学翻译，语言的转换是必须的，因此就语言学角度对翻译进行界定是最具有概括力的，能够将不同的翻译类型揭示出来，也开启了现代意义上的翻译研究，将传统对翻译的界定转向翻译的通论研究，将传统对文学翻译的研究转入翻译专论研究，这就是通论式阶段。从整体上说，通论式翻译研究对于翻译的普适性是非常注重的，因此其概念也更为大众化。

2. 翻译的任务：源语文本的再现

在翻译的定义中经常会出现“意义”一词，其主要包含翻译的客体，即“翻译是什么？”应该说，“意义”相比费奥多罗夫的“所表达出的东西”，更具有术语性，用其解答什么是翻译的问题是翻译学界的一大进步。但是也不得不说，有时候运用“意义”对翻译进行界定会引起某些偏差，因为很多人在理解意义时往往会受到结构主义语言学的影响，认为语言是有着固定的、明确的意义的。但就实际程度来说，语言的意义非常复杂。

著名语言学家利奇（L. N. Leech）指出意义具有七大类型，同时指出：“我不希望给人留下这样的印象，即这些就是所有意义的类型，能够将所传递的一切意义都表达出来。”利奇还使用 sense 来表达狭义层面的意义，而对于包含七大意义在内的广义层面的意义，利奇将这些意义称为“交际价值”，其对于人们认知翻译十分重要。换句话说，源语文本中的这种广义层面的意义实际上指代的都是不同的价值，将这些价值结合起来就是所谓的总体价值。

很多学者指出,如果不将原作的细节考虑进去,就无法来谈论原作的整体层面。但需要指出的是,原作的整体不是细节的简单叠加,因此从整体上对原作进行考量,并分析翻译的概念是十分必要的。

王宏印在对翻译进行界定时指出:“翻译的客体是文本,并指出文本是语言活动的完整作品,其是稳定、独立的客观实体。”但是,原作文本作为一个整体如何成为译本呢?作者认为,美学中的“再现”恰好能解释这一过程。

在美学中,再现是对模仿的一种超越。在模仿说中,艺术家的地位是不值得被提出来的,他们不过是在现实之后的一种奴仆,他们的角色如镜子一样,仅仅是对现实的一种被动的记录,自己却没有得到任何东西。换句话说,在模仿说中,艺术品、艺术表现力是不值得被提出来的,因为最终要对艺术品进行评论,都是看其与真实物是否相像。实际上,模仿说并未真实地反映出艺术创作的情况,很多人认为模仿的过程是被动的,但是在看似这种被动的情况下,也包含了很多表现行为与艺术创造力,其中就包括艺术家的个人体验与个人风格。同样,即便是那些不涉及艺术性的信息类文本,其翻译活动也不是模仿,而是译者进行的创造过程;对于那些富含艺术性的文本,模仿说更是无稽之谈了。最终,模仿必然会被再现替代。

用“再现”这一术语对翻译概念进行说明,可以明确地展现翻译的创造性,可以将译作的非依附性清楚地表现出来。因为再现与被再现事物本身并不等同,而是一个创造性的艺术表现形式,同时再现可以实现译作替代原作的功能。

(二)翻译的特点

随着国与国交往的日益频繁,翻译在国际交往中扮演着非常重要的角色。在跨文化交际的过程中,翻译也呈现了自身的特点,具体表现在社会性、文化性、创造性上。

1. 社会性

翻译活动具有社会性,这主要是因为翻译活动对于国与国之间的交流起着巨大的作用。具体来说,表现为如下三点。

首先,翻译的社会性体现在交际性上。翻译能够打开人们的思想和心灵,而交流是人们能够理解的前提与基础,理解则是人们从窄到宽的动力。学者邹振环指出,中国古代的翻译工作虽然不能说尽善尽美,但是确实对当时的社会交往起着非常重要的作用,有助于推进社会文化的进步与发展。当然,这种影响分为积极的影响和消极的影响,也有正面的影响和负面的影响。

其次,翻译的社会性体现在民族精神与国人思维上。对于这一点,可以从鲁迅的翻译经历体现出来。鲁迅的翻译经历了三个重要时期。第一个时期是鲁迅在日本留学的时期,他翻译了法国作家凡尔纳的科幻小说《月界旅行》以及雨果的《随见录》,并且还编译了两本小说。在这一时期,鲁迅的思想是偏向于弱者的。第二个时期是鲁迅思想的转变时期,从民主主义思想转向共产主义思想。受当时形势的影响,鲁迅翻译了一些《文学与革命》等类似的文章。第三个时期是鲁迅最辉煌的时期,这一时期鲁迅彻底地转变成一名共产主义者,因此为了革命的需要,鲁迅翻译了一些战争作品。从鲁迅的三个时期可以看出,翻译有助于塑造国人的精神与思维,使他们奔向革命浪潮之中。

最后,翻译的社会性体现在对社会重大政治活动的影响。例如,对易卜生的《玩偶之家》的翻译,让国人体会到中国妇女应该解放出来,也使得中国社会发生了巨大变化。

2. 文化性

翻译对世界文明的进步与发展作用巨大,而社会的发展与文化有着紧密的关系,因此翻译的社会性中其实也渗透了翻译的文化性。

著名学者季羡林这样说道:只要交谈双方具有不同的语言文字,不管是在一个国家,还是在一个民族,都需要翻译的参与,否则彼此就很难进行沟通,文化也很难进行交流,人类社会也无法向前迈进。

从季羡林的观点中可以看出,翻译需要民族之间的交往,而在交往中必然会涉及文化内容与信息。

3. 创造性

翻译具有创造性。传统的翻译理论认为翻译仅仅是两种语言之间的转换,其实不然,因为从翻译的社会性与文化性中可以明显看出翻译的创造性。

首先,从社会角度来说,翻译是为了语言之间的交流,是为了传达思想,而思想是开放的,是翻译创造性的前提和基础。

其次,从文化角度来说,翻译中将文化因素导入,是为了激活翻译中的目的语文化,这实际也是在创造。

最后,从语言角度来说,为了能够传达新事物、新观念,创造是必需的,当然翻译也不例外。

在郭沫若看来，好的翻译就等同于创作，甚至可以超过创作。翻译工作是非常艰苦的工作。在创作过程中，译者需要具备足够的经验，除了要熟悉本国语言，还需要熟悉他国语言，这一难度甚至可以超过创作。因此，翻译是一种艺术，是一种创造性艺术。

茅盾也指出，文学翻译与文学创作有着同等重要的地位。中国近现代社会实际上是一个充满矛盾的社会，很多人认为翻译等同于临摹，认为译者与创作者是无法比拟的。针对这一问题，茅盾多次进行了批评。在茅盾看来，翻译的困难与创作是一样的，甚至比创作更难。因为要想翻译一部好的作品，首先就需要把握作者的思想，进而找寻作者写作的美妙之处，从而将自己带入到作者的作品之中，感受作者笔下的妙处。

（三）翻译的分类

依据不同的标准，翻译有着不同的种类。以下就从不同的标准出发来分析翻译的具体类型。

1. 从翻译作品种类分类

根据翻译作品的种类，翻译可以划分为五大类。

（1）全译，即逐词逐句对原作进行翻译，是最常见的翻译种类。

（2）摘译，即从出版部分、编辑人员、读者的要求出发，对原作的一部分进行翻译，其往往在一些报刊中比较适用。

（3）参译，即参考翻译，是一种自由的、特殊的翻译品种，可以是全译，也可以是摘译或者编译。

（4）编译，即一篇原文或者几篇原文的内容进行串联的翻译，是一种特殊的翻译形式，其可以将原作松散的内容进行整合，还可以将多篇原作内容进行串联，对译文进行丰富。

（5）写译，即译者将翻译作为主体的写作，是比编译更为宽松、自由的翻译形式。

2. 从翻译原作种类分类

根据翻译原作种类，可以将翻译划分为如下三种。

（1）一般语言材料翻译，即日常使用的语言，其包含一般报刊翻译与各类应用文翻译。这类翻译往往包含四个特点。

其一，杂，即内容上包罗万象，不仅有趣味的新闻，还有科普类文章，更有生活常识类文章等。

其二，浅，即语言上比较容易理解，不像文学作品那么深奥，也不像专业翻译那么专业化。

其三，活，即与一般科技类文章相比，行文上比较活泼。

其四，新，即语言上比较现代化，添加了很多新词、新语。

因此，在翻译此类文本时，译者需要对“忠顺”的矛盾加以灵活处理，采用一切方法，对译文进行加工与修饰，追求行文的传神与活泼。

（2）文学翻译，其要比一般语言材料的翻译较为困难，这是因为其具有如下几个特点。

其一，长，即跨度时间都比较长，因此要求译者具备扎实的基本功。

其二，突，即翻译时要凸显“忠顺”。

其三，高，即要求译者具有较高的译语基本功，尤其是对世界名著展开翻译时，要求的译语基本功更高。

其四，雅，即要求翻译时要雅，具有文学味道与作品气质。

其五，创，即要求翻译时译者要发挥自身的创造性，这一点要比其他两种翻译要求更多，因为文学翻译对传神达意的要求更高。

因此，在进行文学翻译时，译者需要对“忠顺”的矛盾进行灵活把握，解决二者的矛盾时需要考虑原作的特色、译作的目的以及译作的环境。

（3）专业翻译，即包含科技资料、商务信函、军事著作等在内的各种文本的翻译，这里仅就科技翻译来说明其特点。

其一，专业，即涉及大量的专业词汇与表达。

其二，重大，即具有重大的责任，因为如果其误译的话，可能会造成严重的后果。

其三，枯燥，这是其特殊性，因为其涉及的词汇、表达等有时非常地枯燥无味、晦涩难懂。

3. 从翻译工作主体分类

根据翻译工作的主体，可以将翻译划分为如下两类。

（1）人工翻译，即传统的以译者作为主体的翻译形式，往往从多人到一人。

（2）机器翻译，即 20 世纪 70 年代后出现的将翻译机器作为主体的翻译形式，往往从简单型到智能型。

需要指出的是，机器翻译比较快，不怕重复，也不需要休息，但是它也存在着不足之处，即往往比较机械，离不开人，还需要译者进行核对、润色与定稿。因此，要想翻译准确，机器翻译也需要人工翻译的配合。

4. 从翻译等值程度分类

根据等值程度，可以将翻译划分为如下四种。

（1）完全等值，即 1∶1 的等值，是对于一种原文，虽然译法有一种或者几种，但是效果需要与原作保持基本一致。

（2）部分等值，即1：几或者几：1的等值，其源自两种，一种是对于某一原作，有几种译文；二是对于多种原作，仅有一种译文。无论是哪种，其都未达到完全等值，仅仅是部分等值。

（3）假性不等值，即是前面的完全等值或者部分等值。这种现象也非常常见。原作中的某个词、句子等，有时候译文初看与原作不等值，但是译语明明有完全等值的表达，译者就是不采用。这是为什么呢？因为译者如果采用了完全等值的表达，其在实际中的效果就不能实现等值，虽然他们在措辞上似乎是不等值的，但是实际效果是等值的。

（4）不等值，即1：0或者0：1的等值。

二、大学英语翻译教学的现状

（一）教学理论与实践脱节

翻译是具有实践性特征的一项语言技能，需要理论与实践的有机结合。对此，在大学英语翻译教学中，教师除了传授学生基本的翻译知识与技巧外，还需要不断带领学生参与到翻译实践中，在实践中验证学生对课堂的掌握情况。但是就目前来看，我国很多学校在翻译教学中都是理论与实践的脱节，仅传授理论，导致学生学习了大量理论知识，但无法有效运用到实践中。

（二）教师素质有待提升

教师要教书育人，首先自身素质要高，这样才能起到榜样的作用。但目前，翻译教师的整体水平较差，很多教师翻译功底不足。在翻译教学中，很多教师也没有足够的经验，并未形成科学、规范的教学习惯，因此对于翻译人才的培养是十分不利的。另外，很多教师也并非翻译专业出身，对翻译的基础知识掌握得并不透彻，因此很难有效地开展翻译教学，更不能有效培养学生的翻译能力。

（三）学生双语能力薄弱

翻译涉及两种语言的转换，所以要想有效进行翻译，就要具备双语能力。所谓双语能力，就是两种语言沟通所需要的程序知识，包括两种语言的语用、社会语言学、语篇、语法和词汇知识。在翻译文本中，双语能力主要体现在一定语境下的翻译能力,如连贯与衔接、语法差异等方面。但由于学生普遍缺乏语境知识,双语能力薄弱,译文常会出现连贯性不强、语法错误较多等问题。

(四)学生语言外能力不足

翻译涉及的内容和主题十分广泛,除了要具备翻译技能外,还要具备语言外能力,即关于世界和特定领域的陈述性知识。具体而言,语言外能力包括源语文化知识和目标文化知识,也包括百科全书知识,还包括其他领域的学科知识等。但大部分学生在语言外能力上有所欠缺,文化知识的翻译表现不佳。例如:

我小的时候特别盼望过年,往往是一过了腊月呀,就开始掰着指头数日子,好像春节是一个遥远的、很难到达的目的地……

I felt particularly expected to celebrate the New Year when I was a child. After the end of Lunar December, ...

源于文化知识的欠缺,学生在翻译"腊月"一词时,误译成了 the end of Lunar December,其中 Lunar 一词的确有"阴历"的意思,但不是中文"腊月"的意思。

第二节　大学英语翻译教学中的跨文化因素

文化与翻译之间的密切关系是不言而喻的,翻译深受文化差异的影响,大学英语翻译教学也受文化差异的影响。对此,在大学英语翻译教学中要注意文化差异所产生的影响。

一、思维方式差异的影响

不同的民族有着不同的思维方式,具体表现为:英语民族擅长抽象思维,习惯用抽象的概念来表达具体的事物;但汉民族则习惯具体思维,常用具体的事物来表达抽象的概念。因此,在翻译实践中就要根据译入语的思维习惯对原文进行改动。例如:

Is this emigration of intelligence to become an issue as absorbing as the immigration of strong muscle?

知识分子移居国外是不是会和体力劳动者迁居国外同样构成问题呢?

上述原文中，intelligence 的基本含义为“智力，理解力”，muscle 的基本含义为“肌肉，体力”。如果直接译为其基本含义必然会造成言语不通，所以译文并没有进行死译，而是灵活地将它们译为了“脑力劳动者”和“体力劳动者”。

二、风俗习惯差异的影响

中西方文化差异在风俗习惯上有着显著的体现，而风俗习惯的差异对翻译也有着很大的影响。例如，在饮食方面，中西方就有着显著的差异。中国人对饮食向来十分注重，俗话说“民以食为天”，中国人不仅讲究吃，而且追求美味，将美味作为评价食物的最高标准。西方人在饮食上非常注重营养，往往以营养作为饮食的最高标准。在西方人的饮食观念中，维系生命，保持身体健康，是饮食的主要目的，饮食并不是为了享乐。在饮食对象方面，西方人主要以面包为主，而中国则通常以米饭或面食为主食，这种差异在翻译中体现得很明显。例如，英文中有 a piece of cake 这一短语，如果直译为“一块蛋糕”，会让读者感到莫名其妙，不知其意，这是因为蛋糕在中国人的主食中并不常见。但是，如果将其译为“小菜一碟”，那就很容易为中国读者所理解。同理，在汉语中有“画饼充饥”这一成语，译者在翻译时最好译为 draw a cake and call it a dinner，这样会更容易被西方读者理解。

第三节 大学英语翻译教学跨文化转型的原则

在大学英语翻译教学中，教师要想取得良好的教学效果，必须遵循一定的原则，在此基础上灵活采取各种教学方法。具体而言，应遵循以下几项原则。当然，在大学英语翻译教学跨文化转型中也必须遵守这些原则。

一、循序渐进原则

翻译能力的提高不可能一蹴而就，而是要经历一个过程。相应地，翻译教学也不能操之过急，应遵循由浅入深、循序渐进的规律，所选的语篇练习也应该是先易后难，逐步帮助学生提高翻译能力。从篇章的内容来看，应该是从学生最熟悉的开始；从题材来看，应该从学生最了解的入手；从原文语言本身来看，应该是从浅显一点的渐渐到难一些的。这样由浅入深，学生们对翻译会越来越有信心，兴趣也会逐渐增强，翻译技能也会相应得到提高。

二、题材丰富原则

当今社会迫切需要实用型、综合型的翻译人才。因此，翻译练习的材料应该做到多样化和系统化，这样才能更好地满足社会对翻译人才的需求。教师在教学过程中要遵循题材丰富原则，让学生接触不同的文体，进行有针对性的训练。具体来说，翻译的文体应该涵盖各种实用文体，如广告、新闻、法律、影视、科技、文学等。此外，教师需要注意，每一种文体的练习都不是孤立进行的，教师可以将学生翻译中的常见问题进行归纳与总结，如果某类翻译问题在某种文体练习中出现得比较多，那么教师要即时进行解决，帮助学生更顺利地进行翻译训练。

三、学以致用原则

学习翻译是为了将来进行交际，所以在翻译教学中教师要遵循学以致用原则，尽可能地为学生创造实践机会，如安排学生到翻译公司参与实际的翻译工作。翻译的好坏最终取决于译文读者的反馈，译作能否被接受要看是否符合客户的需求。这就决定了翻译教学不是封闭的，而是一门实践性很强的课程。因此，学生在正式从事翻译工作之前，进行一定的社会实践锻炼是非常有必要的，这有利于他们在毕业之后快速融入社会环境，更好地投入工作。

四、注重文化原则

外语学习本身是一种跨文化交际活动，翻译学习也是如此，它要求学生应该了解不同文化背景国家的政治体制、思维习惯、风土人情等。因此，在多元文化下的翻译教学过程中，教师应该时刻谨记这一原则，并努力将学生置于文化语境中，重点培养学生的文化信息转换能力。

第四节　大学英语翻译教学跨文化转型的路径

基于跨文化交际视角，大学英语翻译教学在遵循科学教学原则的基础上，应优化教学方法，采用创新的教学方法来提高教学效率，提升学生的翻译能力。

一、文化导入法

在大学英语翻译教学中导入文化是很有必要的，教师可以采用以下方法来丰富学生的文化知识，培养学生的文化意识，为学生翻译水平的提高奠定基础。

（一）比较法

在大学英语翻译教学中，教师可以采用比较法来进行文化教学。具体而言，就是教师在翻译教学中向学生解析英汉民族文化差异，将英语运用能力与跨文化能力结合起来进行培养，使学生同时掌握语言知识和文化知识，进而培养学生的跨文化意识和翻译实践能力。例如，在教授关于动物的翻译时，教师可以引导学生对比英汉动物的文化内涵差异，进而在丰富学生文化知识的同时，避免学生造成误译。

（二）课外补充法

课堂教学是学生接受知识的主要场所和途径，但课堂时间毕竟有限，加上翻译课时较少，因此学生很难通过课堂教学全面掌握翻译知识和进行翻译实践。但学生的课外时间相当充足，教师可以对此加以充分利用，引导学生在课外进行自主学习。具体而言，教师可以鼓励学生在课外阅读英美书籍，观看英美原声电影，或通过网络查阅与学习相关的资料等。这样不仅能培养学生自主探究的精神，还能提高学生的文化意识，培养学生的翻译能力。

二、翻译技巧介绍法

（一）词汇翻译

对于普通词汇的翻译，一般需要考虑词汇的搭配、词汇的词性、词汇上下文关系、词义的褒贬与语体色彩等层面。下面就具体对这几个层面加以分析。

1. 确定词汇搭配

由于受历史文化的影响，英汉两种语言都有各自的固定搭配。因此，译者在翻译时应多加注意这些搭配。例如：

heavy crops 丰收
heavy road 泥泞的道路
heavy sea 汹涌的大海
heavy news 令人悲痛的消息

浓郁 rich
浓茶 strong tea
浓云 thick cloud
浓眉 heavy eyebrows

2. 弄清词性

英汉语言中很多词汇往往有着不同的词性，即一个词可能是名词也可能是动词。因此，在进行翻译时，译者需要确定该词的词性，然后再选择与之相配的意义。例如，like 作为介词，意思为“像……一样”；like 作为名词，意思为“英雄、喜好”；like 作为形容词，意思为“相同的”。下面来看一个例句。

I think, however, that, provided work is not excessive in amount, even the dullest work is to most people less painful than idleness.

然而，我认为对大多数人来说，只要工作量不是太大，即使所做的事再单调也总比无所事事好受。

上例中，如果将 provided 看作 provide 的过去分词来修饰 work，从语法上理解是没有问题的，但意义上会让人产生困惑。如果将其看作一个连词，翻译为“只要、假如”，那么整个句子的含义就很容易让人理解了。

3. 考虑上下文

上下文之间存在着紧密的关联,这种关联构成了特定的语言环境。正是由于这种特定的语言环境,才能帮助读者判定词义,并且衡量所选择的词义是否准确。事实上,不仅某一个单词需要从上下文进行判定,很多时候一个词组、一句话也需要根据上下文来判定。例如:

Fire!

火!

上例可以说是一个词,也可以说是一句话。如果没有上下文的辅助或者一定的语境,人们很难确定其含义。其可以理解为上级下达命令"开火",也可以理解为人们喊救命"着火了",但是要想确定其含义,必须将其置于具体的语境中。

4. 分析词义褒贬与语体色彩

词义既包含喜欢、厌恶、憎恨等感情色彩,又包含高雅、通俗、庄严等语体色彩,因此在翻译时需要根据上下文来进行区分,并且将其代表的情感色彩与语体色彩体现出来。例如:

An aggressive country is always ready to start a war.

好侵略的国家总是准备挑起战争。

An aggressive young man can go far in this firm.

富有进取心的年轻人在这家公司前途无量。

显然,读完上述两句话就可以得知,两句中的 aggressive 的情感色彩是不同的,第一个为褒义色彩,而第二个为贬义色彩。

(二)句子翻译

在进行句子翻译时,首先要了解英汉句子的差异,这对翻译的进行具有重要指导作用,其次要恰当运用翻译技巧,这是确保翻译有效进行的基础。下面将重点介绍句子翻译的常见技巧。

1. 顺译

顺序译即按照顺序进行翻译。顺序法并不意味着每个词都按照原文的顺序翻译,允许小范围局部的词序变动。顺序法通常适用于英语表达顺序与汉语表达顺序基本一致的情况下。例如:

As soon as I got to the trees I stopped and dismounted to enjoy the delightful sensation the shade produced: there out of its power I could best appreciate the sun shining in splendor on the wide green hilly earth and in the green translucent foliage above my head.

我一走进树丛，便跳下车来，享受着这片浓荫产生的喜人的感觉：通过它的力量，我能够尽情赏玩光芒万丈的骄阳，它照耀着开阔葱茏、此起彼伏的山地，还有我头顶上晶莹发亮的绿叶。

显然，在翻译时，译文按照原句的顺序来翻译，当然并不是字字翻译，而是有些许的变动。同时，译文体现了汉语的独立分句的表达习惯，也易于汉语读者理解。

2. 逆译

逆序译即逆着原文顺序进行翻译，因此通常从原文后面部分开始翻译。逆序法通常适用于英汉表达顺序存在较大差异甚至完全相反的情况下。例如：

A great number of graduate students were driven into the intellectual slum when in the United States the intellectual poor became the classic poor, the poor under the rather romantic guise of the beat generation, a real phenomenon in the late fifties.

20 世纪 50 年代后期，美国出现了一个任何人都不可能视而不见的现象，穷知识分子以“垮掉的一代”这种颇为浪漫的姿态出现而成为美国典型的穷人，正是这个时候大批大学者被赶进了知识分子的贫民窟。

如前所述，这种翻译技巧的产生主要是从英汉的语序差异考虑的，即英语句子为前重心，而汉语句子为后重心。因此，在翻译时将 A great number of graduate students were driven into the intellectual slum 这一主句置于最后翻译出来，体现了汉语的表达习惯。

（三）修辞翻译

语言是表达思想的一个重要工具，而修辞是语言的艺术。在语言应用中，修辞格起着非常重要的作用，其不仅可以使句子更加匀称、铿锵有力，还使得语言表达更加鲜明、生动。由于英汉两种语言有着悠久的历史，它们各自的修辞方式也是非常丰富的，但由于思维方式、风俗习惯等差异的存在，导致修辞方式在运用上有相同也有相异的地方。下面来具体分析这些相同或相异修辞格翻译的技巧。

1. 直译法

在英汉两种语言中，明喻（simile）、隐喻（metaphor）、拟人（personification）、夸张（hyperbole）等修辞格是常见的修辞格，对于这些修辞格的翻译，我们可以采用直译的方法，这样才能做到神形的相似。例如：

In his dream he saw the tiny figure fall as a fly.

在他的梦中，他看见那小小的人影像苍蝇一般地落了下来。（明喻修辞）

The red flower smiles to the sun.

鲜红的花冲着太阳微笑。（拟人修辞）

显然，从上面的例子可以看出，英汉语在这些修辞格的运用上存在着相似性。

2. 意译法

由于英汉语在思维方式、行为习惯等层面存在着差异性，在修辞格的运用上也会存在一些不同的地方，对于这些修辞格的翻译，我们可以采用意译法进行表达。具体来说，可以采用如下几点技巧。

其一，转换修辞格。所谓转换修辞格，就是译者在进行翻译的时候，需要将一些修辞格转换成另外一种修辞格，这样便于读者理解和把握，同时有助于增强语言表达的感染力。这一类的修辞格主要有矛盾修辞（oxymoron）、头韵（alliteration）等。另外，还有一些修辞格在汉语中是不存在的，这时候就不能机械地采用直译的手法，而是采用其他合适的修辞格展开翻译。

矛盾修辞是将意义相反或者看似矛盾的词语进行搭配，从而构成修饰关系，以对事物的复杂性与矛盾性加以强调。虽然读者乍一看可能觉得不合逻辑，但是仔细分析又觉得很有道理。例如：

bad good news 既坏又好的消息

bitter-sweet memories 苦甜参半的回忆

这种修辞格在汉语中不常出现，因此在翻译时要采用灵活的方式进行处理，从而保证行文的流畅性。

头韵是指一组词、一句话中的开头音重复出现的词，是英语中常见的修辞形式，用来对语言的节奏感加以增强，对语言的旋律进行美化。现代英语中头韵常常出现在谚语、散文之中。在翻译的过程中，需要根据不同的情况加以选择。例如：

Money makes the mare go.

有钱能使鬼推磨。

其二，更换比喻形象。不同的民族其比喻形象有着不同的内涵，并且少数事物有着自身特有的典故，因此在对英语修辞格进行翻译时，译者可以更换比喻形象，避免发生偏离。例如：

as timid as rabbit 胆小如鼠

在中国，兔子是敏捷的动物，但是西方人认为兔子比较胆小，因此在翻译时我们需要了解这一形象，明确英汉文化对兔子的不同认识，从汉语的习惯出发，翻译成“胆小如鼠”更为妥当。

其三，增加用词。在翻译的过程中，我们往往需要从原文的意义与语法考虑，增添一些词或者短语，从而保证与原文的思想相符合。

Success is often an idea away.

这句话如果直译的话可以翻译为“成功往往只是一个念头的距离”，这样的表达与汉语的习惯不符，因此我们可以增加“与否”，翻译为“成功与否往往只是一念之差”，这样的行文才更为流畅，才能让读者理解。

第十章　网络技术融入大学英语教学的跨文化转型

在当今教育领域，网络技术的运用是一个明显的趋势，其使得传统的教学模式发生改变，通过图文并茂的形式，将英语知识展现在人们的面前。语言与文化密不可分，语言教学与文化教学相互融合，网络的辅助对于英语教学的跨文化转型有着十分重要的意义。本章就来分析网络技术融入大学英语教学的跨文化转型问题。

第一节　网络技术的特点与优势

当今社会正处于从“+ 互联网”向“互联网 +”转变的时期，是第五次技术革命时期。随着科技的进步，“互联网 +”的领域也在逐渐扩展，范围逐渐扩大，目的在于进一步开发信息资源，实现资源的共享与互通。可见，网络技术的融入使人们的交往更加便捷，并逐渐改变着人们的生活。

一、网络技术的特点

（一）开放性

随着网络技术的快速发展，人们有了全方位的、四通八达的交往平台。网络技术分散于世界上的各个角落，无论人们处于何地，都可以享受到网络带来的便捷。通过网络技术的应用，人们对自己传统的交往方式进行改变，逐步进入一种全新的非集中化的人际交往模式。随着网络技术在人们生活的方方面面得以渗透，人们的交往方式也突破了时空的限制，任何地域、任何国籍的人们都可以摆脱地域、身份、职业等的限制和制约。通过网络技术，人们可以自由地表达自己的思想和观点，并充分应用广阔的信息资源。

（二）虚拟性

很多人将网络技术定义为一种虚拟空间，因此网络技术具有虚拟性，其有着虚拟的空间环境，也有着虚拟的个人。

首先，网络空间环境的存在是一种虚拟无形的状态，是基于现实的空间环境而建立起来的。通过网络技术，人们可以交换信息、交流思想，接触文字、声音、图片等并对其进行加工，最终给人以身临其境之感。因此，网络技术的虚拟性并非无中生有的，是一种客观的事实存在。

其次，人们可以通过网络技术使用虚拟的身份与他人进行交往与沟通，也可以选择自己喜欢的角色进行角色扮演，还可以从自己的喜好出发选择适合自己的交往对象，尝试一种在现实生活中无法体验到的新的生活。

（三）互动性

当人们与他人进行交往时，网络技术的出现为人们提供了一种新的交往形式。以前，传统的通信工具使得信息资源的接收与发送是单向流动，而网络技术的出现使得信息资源的接收与发送呈现互动流通。在虚拟的网络空间中，人们很容易找到他人进行聊天，也可以自主创建微博，与他人分享自己生活的点点滴滴。通过网络，他人可以了解自身的想法，自己也可以了解他人的想法，并对他人的观点进行评论，随时随地发表自己的观点。可见，在网络技术环境下，人们可以更深层次地进行交往，同时具备信息资源的提供者、生产者、消费者与传播者的综合身份。网络技术的互动性也使得人们的交往兴趣更为高涨，增强参与欲望，进而扩大交往范畴，提高信息的价值。

二、网络技术的优势

（一）提高教学效率

生产技术的改革必然会促进生产效率的提高，在教育领域，技术也具有相同的提高教学效率的作用。所谓教学效率，具体是指一定时间内完成的更多教学任务，或者完成相同教学任务量使用更少的教学时间。网络技术的发展和英语教学的结合可缩短英语教学时间，能更加高效地实现教师和学生在英语教学过程中的知识输出与输入。在网络与英语教学结合的过程中，丰富而先进的网络技术可使学生综合利用多种感官进行学习，使学生充分获取知识，有实验证实，在学习过程中，学生利用的感官越多，越有利于学生对知识的记忆、理解，就越能帮助学生获得较佳的学习效果，进而提高英语教学的效率。

（二）转变师生角色

在网络与英语教学结合的过程中，最大的障碍是教师角色的转变。很多研究者认为，网络环境下的英语教学通过“传递信息”和“吸收内化”过程的转变，教师由知识的传授者转变为学生学习的指导者、服务者；学生由被动的接受者转变为主动的研究者。

（三）扩大教学规模

网络技术能扩大教育规模，加速英语教学的发展。从当前我国的英语教学现状来看，国家正在实施科教兴国战略，充分利用网络技术开展各种远程教育，更多的偏远地区的学生受益，客观方面大大节省了师资、校舍和设备，并有效促进了英语教学规模的扩大。

（四）更新教学观念

网络技术的创新与应用可使教师对教学过程与教学资源利用有新的思考，进而促进教学观念的更新。传统的英语教学以教师为中心，教师作为传授知识的主体，在英语教学过程中发挥着十分重要的作用，而且这种作用被放大，整个教学都围绕教师来进行，学生只是被动地参与学习。教师是教学技术（黑板、教学教具模型）的绝对使用者，学生只是被动观看。在英语教学观念方面，网络技术的应用为英语教学的发展提供了新思路、新思想、新办法，促进了现代教育观、现代学校观、现代人才观的形成。在现代英语教学中，网络技术在英语教学过程中得到了广泛利用，不仅增加了师生之间的交流与沟通、实现了师生之间的交互的双向教学，教师从单纯地讲授书本知识转变为利用多媒体技术进行教学设计，学习者从被动地接受知识转变为利用网络技术进行自主学习，学生能更加主动地获取知识，教师也在英语教学过程中逐渐建立起以学习为中心的观念。可见，“应试教育”更加彻底地向“素质教育”转变。

（五）提高教学质量

网络技术的应用极大地提高了英语教学质量。具体来说，英语教学质量的提高表现在英语教学过程中真正实现了英语教学目标，促进了学生的德、智、体、美等多方面的发展。网络技术在英语教学过程中的应用对于学生的多方面素质的发展均有较高要求，学习过程中学生的各项知识与技能不断得到提高，手、眼、耳、鼻、口各个感官共同应用到英语学习过程中，还促进了学生大脑思维的发展，从而实现学生的全面发展。网络技术对于提高英语教学质量作用巨大，具体分析如下。

首先，网络技术为教学提供技术支持，能为现代英语教学提供一个良好的交互环境，给学生提供更自主学习的机会，使学生更加主动地投入到学习中去，更加积极地去收集、处理、加工、反馈各种学习信息，有助于增强学习效果，促进学生主动发展、个性化发展，提高个体化英语教学品质。

其次，在新时代，网络技术与英语教学的结合无时间、空间的限制，有利于创建英语教学的大格局，能更加高效地调动各种英语教学资源，使得优质的英语教学资源得到有效整合，扩大优质的英语教学资源的受益面，进而促进英语教学质量的整体提高。

最后，现代化的英语教学强调高素质、全面发展的人才的培养，强调学生的发展应与社会发展相适应，现代英语教学为社会现代化发展服务，新的英语教学观念将会催生新的英语教学质量评估体系和评价方式，并有助于建立信息全面的大数据跟踪与检测，促进每一名学生的真正发展。

（六）促进教学改革

网络技术的发展是英语教学改革与发展的制高点和突破口，引起了英语教学领域的多方面变革，具体分析如下。

1. 英语教学组织形式的变革

在传统的英语教学中，英语教学组织形式是以学校、班级和课堂为主场所，在英语教学过程中，也重视学生的个体化发展，提倡个别答疑、分组学习，但是受多种条件限制，学生的统一化教学仍是主要教学形式，学生的个性化教学难以实现。随着网络技术在英语教学中的应用，学生的小组学习、个别化学习成为可能。例如，网络化的传输功能能在各种学科实现实时交互学习。

2. 英语教学手段与方法的变革

网络技术在英语教学实践中的应用，为教师的多样化灵活教学提供了更多的技术支持，也能丰富学生的感官体验，有助于提高教师和学生的教与学的积极性与主动性。教育手段多媒体化，教学方法多样化，在英语教学实践过程中，教师对多样化的英语教学工具与方法的选择，能为学生的不同英语教学内容的学习提供最佳的教学环境与教学体验。

3. 英语教学模式的变革

在英语教学模式上，传统的英语教学模式限于教室、教师、黑板和教科书。现代教学媒体改变了原有英语教学过程的结构，形成了多种人—机结合的教育新模式。网络技术在英语教学中的应用突破了有围墙的学校模式，使教师的“教”与学生的“学”均摆脱了学校、课堂、时间、地域的限制，远距离教学的模式——“网络大学”“开放大学”“全球学校”得以实现。

（七）匹配学习活动与学习环境

按照学习过程是否需要交流协作或独立思考，可以将学习分为独学和群学。独学以独立思考为特征，如知识传授；群学以协作交流为特征，如知识内化。学习环境也有两类：私环境和公环境。私环境如家里，安静，干扰少，适用于独立思考，适用于独学；公环境如课室，公共场所，适用于交流分享、协作探究，适用于群学。网络与英语教学的结合将“在课堂学习知识，在家完成作业”的方式转变为“在家观看视频学习知识，在课堂讨论学习”，实现了学习方式与学习环境的完美匹配，即适宜群学的学习内容和与适宜群学的环境相互匹配；适宜独学的学习内容与适宜独学的学习环境达到高度的统一。网络与英语教学结合的最大潜力和最大特色可以认为是实现学习活动与学习环境的完美结合与匹配。

第二节　网络技术应用于大学英语教学跨文化转型的理念与原则

网络技术具有自己的特点和优势，但是在具体的英语文化教学过程中，也会受到教师、学生以及其他客观环境的影响和制约，如教师思想上的认识不足、学生自主学习条件差等。这些都会对英语文化教学产生不利影响。因此,在英语文化教学中应用网络技术需要坚持一些理念与基本原则,以这些理念与原则为指导,更好地推进网络技术下的英语文化教学。

一、大学英语教学跨文化转型应用网络技术的理念

既然是教学,那么必然与教学理论与学习理论有着密切的关系,当然英语文化教学也不例外。在网络技术背景下,英语文化教学还需要遵循特定的教与学理念。下面就对其进行具体分析。

(一)教学理念

1.视听教育理论

(1)视听教育理论的核心——“经验之塔”

在教育中,教师会运用到各种视听教学媒体,这些教学媒体也发挥着非常重要的作用,视听教育理论也指出了这一点。视听教育理论是现代教育技术应用的基础理论之一,也是教育技术应用需要遵循的一个基本规律。关于视听教育理论的研究,戴尔(美国教育家)撰写了《教学中的视听方法》(1946),并对当时产生了巨大的影响。其中视听教育理论的核心——“经验之塔”理论就是出自这本书。“经验之塔”理论将人们获得的经验划分为三种类型:做的经验、观察的经验和抽象的经验三种类型,并将经验获取方法分成若干层次。做的经验主要源自如下三个层面:直接有目的的经验、设计的经验、游戏的经验。

其一,直接有目的的经验。在“经验之塔”模型中,位于最底部的是直接有目的的经验,指的是从日常生活的具体事物中获得的知识,这类经验最具体也最丰富,从日常生活中总结而来,学生获得直接经验是形成概念和进行抽象思维的基础。

其二,设计的经验。通过间接材料(如学习模型、学习标本等)获得的经验就是设计的经验。由人工设计、仿制的学习模型和标本与实物是有差异的,如大小差异、结构差异、复杂度差异等,尽管如此,学生利用这些材料可以更好地理解实际事物。

其三,游戏的经验。通过演戏、表演等获得的经验更接近现实。学生要获得关于社会观念、意识形态、历史事件等事物的经验,通过直接实践是行不通的,因此要根据这些事物的特点来设计相应的戏剧活动,让学生在活动中通过角色扮演获得逼真的经验。上述这三种经验的共同特征是

都通过学生的亲自实践而获得，比较具体、丰富。

观察的经验主要源自如下几个层面。

其一，观摩示范。学生先模仿别人，再亲自尝试，以获得直接经验。

其二，广播、录音、照片与幻灯。学生听录音、广播，看幻灯与照片，可获取相关信息，形成视听经验。这些经验来源的真实性不及电视、电影，比较抽象，但和完全抽象的经验相比，还是具有直接性的。

其三，参观展览。学生通过观察展览活动中陈列的实物、图表、模型、照片等事物而获取经验。学生在参观展览中看到的事物缺乏真实性，不具有普遍意义。

其四，电视与电影。学生观看电视与电影获得的经验是间接的。利用电视、电影艺术可以将教学中的难点内容形象地表现出来，表现手法有编辑、动画、特技等，采用这些丰富的手法可以生动形象地呈现教学内容，使学生理解起来更方便。电视和电影相比，具有直接功能，学生观看电视获得的经验比观看电影获得的经验相对来说更直接一些。

其五，见习旅行。学生在参观访问、考察等活动中对真实事物进行观察与学习，从而增长见识，获得丰富的经验。在学生的学习过程中，抽象思维伴随其整个过程，只是在程度上存在某些差异。

随着信息技术的推广与发展，应在这层经验和电视电影之间增加“计算机互联网”这个新的层次经验。以上经验的共同点是都通过学生的“观察”而获得，它们在“经验之塔”中的分布越高，就越抽象。

抽象的经验主要源自言语符号与视觉符号两大类。

其一，言语符号。在“经验之塔”模型中位于最顶端的言语符号的抽象程度是整个模型材料中最高的。言语符号是事物与观念的抽象表示方法，包括口头语、书面语等。言语符号几乎不能单独发挥作用，而要和模型中的其他材料结合起来发挥作用。

其二，视觉符号。学生在示意图、图表等事物中获得的经验都是视觉符号经验。如水的流动方向用箭头代表，铁路用线条代表等。这些符号是真实事物的抽象表示形式，学生在这些视觉符号中无法看到真实事物的形态。和语言文字相比，视觉符号更直观一些，学生要对视觉符号所代表的事物有正确的理解，这样才能学到知识，获得有价值的经验。

（2）“经验之塔”理论的要点分析

“经验之塔”理论的基本要点如下。

第一，“经验之塔”模型中最底层的经验是最直接和最具体的学习经验，学生容易掌握，层次越高，经验的抽象程度和间接程度就越强。最抽象的是顶层经验，这一层次的经验便于形成概念，应用起来较为便捷。学生并不一定要经历从底层到顶层的整个过程才能获得经验；也没有说哪个层次的经验比其他层次的经验更有价值，对经验进行层次划分，只是为了对不同经验的抽象程度有一定的认识。

第二，观察经验在经验之塔中处于中段位置，和抽象经验相比，这类经验相对更形象、具体，更容易被学生理解，有利于对学生的观察能力进行培养，并使其直接经验得到弥补。

第三，获得具体经验并不是学习的目的，要在获得具体经验后过渡到抽象经验，以形成概念，便于应用。在推理中需要用到概念，思维与求知都要以概念为基础，这有利于对实践进行有效的指导。在教育中不能过分重视直接经验和过分追求具体化的教学，而要尽可能使学生达到普遍化的充分理解。

第四，在学校教学中，为了使教学更直观、具体，应充分运用丰富的教学媒体手段，这也是使学生获得更好的抽象的重要手段。

总之，“经验之塔”理论模型对学习经验进行分类，说明各种经验的抽象程度，这与人们的认知规律相符，即从具体到抽象、从感性到理性、从个别到一般。

（3）视听教育理论的优劣

视听教育理论的核心是“经验之塔”，对现代教育技术起到以下几方面的作用。

第一，经验之塔理论划分出具体学习经验和抽象学习经验两种类型，提出学生的学习规律是从直观到抽象，这与人类的基本认识规律相符，为教学中对视听教材的应用提供了重要的理论依据。

第二，为划分视听教材的类型提供了重要的理论依据，即划分视听教材时，应参考的一个主要依据就是各教材所对应的学习经验的抽象程度，对视听教材的合理分类能够为划分教学媒体的类型和优化选择教学媒体奠定基础。

第三，有机结合视听教材与课程，这是现代教育技术研究与应用的思想基础。

除了上述这些贡献，视听教育理论也具有以下局限性。

第一，只对视听教材本身的作用进行强调，而对设计、开发、制作及管理等一系列环节不够重视。

第二，视听教育理论对媒体在教学中地位与作用的认识不到位，认为视听教材只是教学的辅助手段，这会导致教育改革的不彻底和视听教育的作用得不到充分发挥。

2. 程序教育理论

程序教育的概念源自行为主义学习理论，该理论中对关于程序教育的原则进行了总结，随着教学原则的不断完善，程序教育理论也逐渐形成。程序教育理论提出，为了最大化地提高强化的频率，最大程度地降低教育中因出错带来的消极反应，应将教学内容分解为一个个相互关联的教育单元来有序实施。程序教育原则是根据刺激—反应—强化的原理总结而成的。

（二）学习理念

1. 行为主义学习理论

行为主义学习理论源自著名生理学家巴甫洛夫（Ivan Pavlov）的“条件反射”这一概念。受巴甫洛夫的影响，很多学者对行为主义理论展开分析和探讨，重要的学者主要有如下两位。

美国著名的心理学家华生（John Broadus Watson）创立了行为主义学习理论。20 世纪初期，他提出了采用客观手段对那些可以直接观察到的行为进行研究与分析。在他看来，人与动物是一样的，任何复杂的行为都会受到外界因素的制约与影响，并往往需要通过学习才能将某一行为获得，当然在这之中，一个共同的因素——刺激与反应是必然存在的。基于此，华生提出了著名的“刺激—反应”理论，这一著名的行为主义心理学公式可以表示如下。

S-R，即 Stimulus—Response

美国学者斯金纳在华生行为主义学习理论的基础上进行了深入的研究与探讨。在斯金纳看来，人们的言语及言语中的内容往往会受到某些刺激，这些刺激可能来自内部的刺激，也可能来自外部的刺激。通过重复不断的刺激，会使得效果更为强化，使得人们学会合理利用语言相对应的形式。在这之中，“重复”是不可忽视的。

行为主义学习理论在实际教育中的应用普遍可见。例如，在课堂教学中，对于认真听讲的学生，教师会不吝表扬，这部分学生受到激励后会保持认真听讲的态度与行为，而不认真听讲的学生为了可以受到表扬，也会转变学习态度，认真听讲。事实上，让上课不认真的学生变得认真是教师表扬上课认真听讲的学生的主要目的。下面简要归纳行为主义学习理论的基本观点。

第一，学习是刺激与反应的联结。

第二，学生的学习过程是尝试错误的渐进过程。错误在学习中难免会出现，对此要正确看待。

第三，表扬、批评等强化手段是影响学习的重要因素。

2. 认知主义学习理论

认知主义学习理论认为，学习个体本身会对环境产生这样或那样的作用，大脑的活动过程能够向具体的信息加工过程转化。布鲁纳、柯勒、加涅和奥苏贝尔等是认知主义学习理论的主要代表人物。人要在社会上生存，必然要与周围环境互相交换信息，作为认知主体的人也会与同类发生信息交换的关系。人是信息的寻求者、形成者和传递者，从一定意义上来讲，人的认识过程也就是信息加工的过程。认知学习理论的基本观点为，在外界刺激和人内部心理过程的相互作用下才形成了人的认识，而不是说只通过外界刺激就能形成人的认识。依据这个理论观点，可以这样解释学习过程，即学生从自己的兴趣、需要出发，将所学知识与已有经验利用起来对外界刺激提供的信息进行主动加工的过程。

从认知学习理论的基本观点来看，教师不能简单地将知识灌输给学生，而要将学生的学习动机激发出来，对学生的学习兴趣进行培养，使学生能够将已有的认知结构和所要学的内容联系起来。学生的学习不再是被动消极的，而是主动选择与加工外界刺激提供的信息。认知主义学习理论认为，在影响学生学习的因素中，学生自身已有的认知结构具有非常重大的影响，在教学中应将教学内容结构直观地展示给学生，让学生对各单元教学内容之间的相互关系有深入的了解。

3. 建构主义学习理论

建构主义学习理论认为个体与外部环境的交互作用使得知识得以产生，人们会从自己的已有经验出发来理解客观事物，每个人对知识都有自己的理解和判断。维果斯基、皮亚杰等是建构主义学习理论的主要代表人物。

建构主义教学理论要求教师在学生主动建构意义、获取知识的过程中起到帮助和促进的作用，而不是给学生简单灌输和传授知识。因此，在教学过程中，教师首先要转变教育思想，改革教学模式。学生是在一定的学习环境下获取知识的，学生在获取知识的过程中需要主观努力，也需要他人帮助，而且也离不开相互协作的活动。建构主义学习理论要求有利于学生获取知识的学习环境应具备情境创设、协作、会话、意义建构四大基本属性或要素。下面具体分析这四个基本要素。

其一，情境。学习环境中必须要有对学生意义建构有利的情境。在建构主义学习环境下，教师要基于对教学目标的分析与对学生建构意义的情境创设问题的考虑而设计教学过程,并在教学设计中把握好情境创设这个关键环节。

其二,协作。在学生的整个学习过程中都离不开协作,如学生收集与分析学习资料、提出和验证假设、评价学习成果及最终建构意义等都需要不同形式的协作。

其三,会话。在协作过程中,会话这个环节是不可或缺的。学习小组要完成学习任务,必须先通过会话来商讨学习策略。学习小组成员之间协作学习的过程也是不断会话的过程,在这个过程中,学生的学习资源包括智慧资源都是共享的。

其四,意义建构。学习过程的最终目标就是意义建构。建构的意义指的是事物的本质、原理以及事物与事物之间的内在联系。帮助学生在学习中建构意义,就是帮助学生深刻理解学习内容反映的事物的本质、原理及其与其他事物之间的内在联系。

二、大学英语教学跨文化转型应用网络技术的原则

实施任何一种教学,都有着特定的准则。在网络视角下的文化教学的实施过程中,教师要根据文化的属性制定相应的原则。具体来说,网络视角下大学英语文化教学应该遵循如下几项原则。

(一)以理解为目标原则

文化理解指的是"学习者以客观、正确的态度看待、理解母语文化和目的语文化,并能以得体的行为方式与非本族语者进行跨文化交际"。只有正确地理解自身文化以及他国文化,才能更好地进行跨文化交际。因此,网络视角下的大学英语文化教学应当坚持以理解为目标的原则。在教学过程中,教师可以采取分析或解释目的语文化等手段,帮助学生了解两种文化的差异以及差异的根源。此外,对教学进行评价时,教师需要考虑学生对目的语文化的共情能力,而非一味地关注学生对非本族文化的排斥或接受情况。

(二)文化多元性与情境性结合原则

在网络视角下,大学英语文化教学应该改变传统的教学模式,将先进的科学信息、教学理念等输入到课堂之中。教师可以运用丰富的网络资源对自己的课件进行改良。在讲授新课之前,教师可以为学生布置预习

任务，让学生提前上网查阅下节课将要讲述的内容，这样不仅有助于激发学生的学习积极性，也有助于学生增进对相关背景知识的了解与把握，加深他们对文化的理解，扩充自身的知识面。另外，教师应该注意课外教学是培养学生文化知识的重要渠道，因此教师要充分利用课外的教学实践，让学生形成感知文化的氛围，使课外教学成为课内教学的有效补充。

让学生沉浸于目的语文化氛围的目的在于让学生培养自身的跨文化意识，提升自身的跨文化能力。在课堂上，教师为了方便操作，可以在教学计划实施的同时，每堂课抽出一定的时间培养学生的文化意识。教师可以设计一些与文化相关的话题与活动，让学生讨论与参与，从而加深学生对文化差异的感受与理解。另外，课外活动也是对学生语言能力与文化意识培养的最好检验，教师可以让学生在真实的情境中对自己学过的文化知识进行体验与运用，如定期举办角色扮演的活动，这样学生就可以对西方文化有深刻的理解，从而真正地做到学以致用。

（三）文化包容性原则

黑格尔和马克思均指出，人类历史的发展必定导致世界历史的形成。大工业的发展以及对剩余价值最大化的追求，导致人类历史的发展跳出了地域限制，成为利益相关的命运共同体。在文化全球化的大格局之下，引领潮流的世界性文化不再单单由某个国家或民族来创造，而是由更多主体来创造。因此，文化全球化是世界文化创造主体和世界文化元素的多元化。

如今的时代已经远离了文化霸权，而是你中有我、我中有你，倡导文化包容。文化只有具备包容的品质，世界不同国家和民族的文化才能在共存中达到更多的一致，进而使得世界各个国家和民族联系得更加紧密。在人类文化发展史上，封闭的文化会被推到边缘地带，并且阻碍世界历史的前进脚步；而那些包容性的文化才能主导世界文化，推动着世界历史的发展。

包容性的文化比较能够接受其他文化中的先进成分，因此能够较好地发展，也比较容易被其他文化接受，因此就能够从地域性文化向世界性文化转变，进而成为推动世界文化进步的强大力量。从根本上讲，一种文化之所以缺乏包容性，是因为文化创造主体的思想狭隘，并且这种封闭的文化也会影响生活在其中的人们的思维方式，使得他们也变得狭隘，缺乏开放精神，难以接受其他文化，从而导致世界在文化上的割裂。过于强调世界上的文化冲突，不利于世界文化的发展。只有包容性的文化，才有利于推动世界文化的车轮滚滚向前。

（四）文化的多维度互动原则

在网络视角下的大学英语文化教学中，教师既要实现和学生之间的互动，还要实现语言和文化的互动，也要实现中西方文化的互动。就教师和学生之间的互动而言，教师教学影响着学生的学习，而学生又反过来影响着教师的教学传播行为。跨文化教育应该紧贴时代的教育脉搏，改变以前的单向传递模式，在互动中求得发展和优化。至于语言和文化的互动，学生应该了解语言和文化的相互联系，用发展的、动态的眼光看待二者之间的关系。在这个全球化的时代，不同文化之间的互动表现得越来越突出，导致互动的频率有所提高，互动的范围有所扩大，互动的深度有所增加。跨文化交流本身就要求进行文化的双向交流，语言本身也是在交流中产生和发展的，因此跨文化外语教育过程应是一个互动的过程。

（五）整体文化、主流文化输入原则

依据语言教学的整体目标，单纯的语言教学已经慢慢向文化教学倾斜。在英语教学中实施文化教学时，教师应从宏观入手，帮助学生掌握文化学习的整体性。整体文化输入原则包括纵向和横向两个维度，从纵向来看，文化的形成是一个源远流长的过程，时间横跨古今，学生应该对文化的生成和发展脉络有一种清晰的把握；从横向来看，文化具有多样性，不同的文化具有不同的特色，所以文化的输入类型也应是兼而有之的。

另外，为了提高学生在跨文化交际中的文化自信心，教师应该引导学生尊重母语文化，适度适时地宣扬母语文化中的精华部分。但是，教学内容应保持理性中立的态度。总之，教师不应该将教学孤立起来，应注重引导学生关注文化的整体性，即整体地输入古今中外文化。从文化的支配地位的角度来看，文化分为主流文化和非主流文化。主流文化是当前社会提倡的文化，是大多数人认可的文化。在英语教学中实施文化教学时，教师应该选择具有广泛代表性的主流地位文化来进行输入，从而使学生更能适应当下的社会生活。

第三节 网络技术应用于大学英语教学跨文化转型的创新方法

当前的英语文化教学中要求教师不仅要对目的语文化进行教授，还需要让学生掌握一些现有的规约与事实，同时要注重搜寻各种有效的学习途径，引导学生对现实事物有主观的感受。但是，在英语文化教学中引入网络技术，还需要有更好的要求。本节就来分析英语文化教学中网络技术实施的方法。

一、翻转课堂教学

翻转课堂是运用互联网思维创新教学的产物，核心在于将互联网开放、自由、平等的特征与英语教学的本质与规律紧密结合，形成对教学活动、师生关系等要素的重新思考与定位。在基于班级授课的框架下，翻转课堂引入网络学习新思维，对课堂的时空加以拓宽，实现传统课堂与网络课堂的有机结合。也就是说，翻转课堂作为一种全新的英语教学模式融入传统课堂中，颠覆了传统课堂的基本结构，为英语教学注入了新的活力。

（一）翻转课堂教学的内涵

通常意义上，大家对翻转课堂最朴素的解释就是，将传统的课堂学习和课后作业的顺序进行颠倒，即将知识的吸收从课堂上迁移到课外，知识的内化则从课后转移到课堂，学生课前在网络课程资源和线上互动支持下开展个性化自学，课堂上则在教师引导下通过合作探究、练习巩固、反思总结、自主纠错等方式来实现知识内化。目前看到的最初的翻转课堂实施结构模型（图 10-1）来自美国富兰克林学院数学与计算科学专业的罗伯特·塔尔伯特（Robert Talbert）教授，他在“线性代数”等很多课程中应用了翻转课堂教学并取得了良好的教学效果。

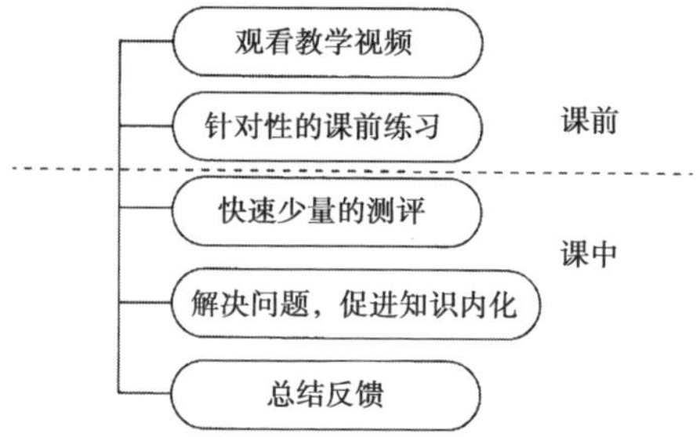

图 10–1 罗伯特·塔尔伯特的翻转课堂教学结构图

（资料来源：孙慧敏、李晓文，2018）

这一模型为后续学者、专家进行教学模式探索提供了基本思路。随着教学过程的颠倒，教与学的流程、责任主体、师生角色、课内外任务安排、学习地点和备课方式等方面都发生了明显变化。与传统意义上的课堂教学结构相比，翻转课堂颠覆了人们对课堂模式的思维惯性，改变了学生学习流程，从新的角度揭示了课堂的新形式、新含义。

有人认为，“翻转课堂”打破了持续几千年的教学结构，颠覆了人们头脑中对课堂的传统性理解，倡导先学后教、以学定教，赋予了学生学习更多的自主性和选择性，强化了师生之间的沟通与交流，实质是学生学习力解放的一次革命。这不仅契合了国家教育信息化发展规划指导思想的核心——创新学习方式和教学模式，它也因此被称为是传统教学模式的“破坏式创新”，成为信息技术与学习理论深度融合的典范。

（二）英语翻转课堂教学的优势

翻转课堂教学为英语教学提供了新的平台，从本质上体现了英语教学改革的深化，帮助英语教学突破困境，为学生的英语学习提供便利。下面就具体分析英语翻转课堂教学的优势。

1. 学生可自由安排时间

英语翻转课堂教学有助于学生对自己的英语学习时间进行安排，尤其是对于毕业生而言，有助于他们平均分配自身的学习时间，将一部分时间用于自身的实习工作上，另一部分业余时间用于开展知识的学习。对于这一部分学生而言，英语翻转课堂教学非常符合他们，并且便于他们恰当安排自身的工作与学习时间。

2. 课堂管理趋于人性化

在传统的英语课堂教学中，教师为了让学生能够更好地获取知识，往往对课堂管理非常注重,强调学生应该集中注意力。这是因为在教师的眼中,如果学生被某些事情扰乱了思绪,那么必然会导致他们的进度下降。相较于传统的英语课堂教学,英语翻转课堂教学是不存在这一情况的。这可以从如下三点来理解。

第一,英语翻转课堂教学将学生的主动权归还给学生。英语翻转课堂教学强化了师生间、生生间的互动关系,让学生有了足够的主动权,发挥自身的主观能动作用,投入到学习之中。虽然在传统的英语课堂教学中,教师也会对学生进行辅导,但是基于传统理念,教师的辅导仅限于形式上,教学活动仍旧在于讲授,学生并未占据主体地位。在网络背景下,英语翻转课堂教学使得学生的主体地位得以确立,学生能够根据教师给予的资源开展自主学习,然后遇到不懂的情况,可以在课堂上与教师展开讨论,久而久之这样自己的知识就不断深化了。

第二,英语翻转课堂教学对传统的教学模式中学生的学习态度与观念进行扭转。在英语翻转课堂教学中,学生的学习内容是从自身的需要考量的,根据自身的兴趣来定位。基于总体学习目标,学生根据教师提供的学习资料与路径,对自身的知识进行建构,提升自身的英语水平。

第三,英语翻转课堂教学逐渐降低了学生对教师的依赖程度。也就是说,在英语翻转课堂教学下,学生知识的习得是最主要的,他们并不完全依赖于教师,因此学生占据主体地位。英语翻转课堂教学要求学生要自主学习,在他们的自主学习中,往往会需要其他同学的帮助,久而久之就会形成一种习惯,然后愿意去接受与学习知识,并展开与其他同学的探讨,这样不仅有助于提升自身的英语水平,还有助于加强自身与他人的交流。

3. 学生可以个性化学习

由于学生很多都是来自各个地方的,他们的基础水平不同,对英语的认知程度与爱好程度不同,因此呈现了明显的参差不齐。虽然,现代的教学研究领域对这一点已经予以关注,但是传统的英语教学模式很难改变这一现状,尤其是很难实现分层教学,相比之下,英语翻转课堂教学恰好能从学生的学习兴趣出发,根据学生自身的能力展开教学,这样可以使不同阶段的学生获取符合自身水平的知识,从而循序渐进地展开英语学习。

4. 师生之间可以互动

与传统的英语课堂教学相比,英语翻转课堂教学便于师生之间进行互动,改变他们传统的相处模式,并且彼此之间是一个一对一的交往方式。如果学生对某一或某些知识点存在着疑惑,那么教师可以将这些学生存在困惑的知识点加以整合,并对其进行解析,帮助学生解惑。除此之外,在英语翻转课堂教学上,学生也会不断地进行互动,他们不会再将教师作为唯一的知识来源,还可以通过与其他同学之间的互动来获取知识。

5. 差等生可以反复学习

在传统的英语课堂教学中,教师将教学的重心置于那些优等生身上,因为在教师的眼中,这些学生可以紧跟教师讲课的步伐,并且愿意参与到自身的教学之中。但是,教师不能忽略的一点是,班级除了这些优等生之外,还有一些英语水平薄弱的学生,这些学生在课堂上往往是被动地听课,很难追赶上教师的讲课步伐,基于这些学生的情况,英语翻转课堂教学可以帮助他们开展反复的学习,即对教师课堂讲授的内容进行循环播放,以获取与理解所讲知识,直到真正地明白。另外,英语翻转课堂教学有助于教师节省时间,让他们将更多的精力放在那些差等生身上。

(三)英语文化教学中翻转课堂教学的实施

翻转课堂作为一种颠覆传统课堂的教学模式,其教学设计过程当然不同于传统教学设计过程。虽然国内外出现了各种各样的翻转课堂教学,但它们都建立在课程资源、教学活动、教学评价和支撑环境这些要素的基础之上,因而翻转课堂教学的设计也是以此为依据的。

1. 设计英语教学过程

美国创新学习研究所(Innovative Learning Institute, ILI)提出了翻转课堂设计流程。ILI 认为,翻转课堂的设计过程主要包括确定学生课外学习目标、选择翻转内容、选择传递方式、准备教学资源、确定课内学习目标、选择评价方式、设计教学活动、辅导学生八个主要环节。

其一,确定学生课外学习目标。英语文化教学中翻转课堂教学过程的设计首先要确定学生的学习目标。翻转课堂使得课内教学和课外教学进行了颠倒,学生总共需要完成两次知识内化过程,第一次知识内化是在课外自主学习新知识,第二次知识内化是在课内完成的。显然,课内和课外对学生的要求是不同的,学生需要在课内外实现不同的学习目标。

其二,选择翻转内容。当确定了翻转课堂的课外学习目标后,就要结合学生本身的认知规律和特点去选择课外自主学习的内容。需要指出的是,课外学习目标主要是低阶思维的目标。

其三,选择内容传递方式。选择内容传递方式是指确定学生的自主学习内容通过什么媒体工具表现出来。教师要结合持有的接收设备情况、学习者的地理位置、学习内容的形式和资源大小等因素，选择便于学生开展个性化学习、传递内容形式丰富、传递速度快、获取方便的内容传递方式。

其四，准备教学资源。在确定了学习内容及其传递方式后，就可以搜集相关的网络学习资源供学生学习，或者开始制作、开发新的相应的学习资源。在该环节中需注意，无论是利用已有的学习资源还是自己开发的新学习资源，均需与先前确定的学习内容保持一致，资源的形式、大小等要求也需和传递工具相匹配。

其五，确定学生课内学习目标。第一环节确定的是课外学习目标，是针对低阶思维技能的学习目标；本环节确定的是课内学习目标，是针对分析、评估和创造等高阶思维技能的目标。因为在课外学生能参与的更多是培养其识记、理解和应用等的学习内容，而在课内学生是通过与同伴和教师面对面的交流、讨论和开展协作探究等活动。所以，这一环节的学习目标与第一环节的学习目标有所不同。

其六，选择评价方式。在教学正式进行前，教学中的主体者和主导者，即学生和教师都要对课堂教学活动提前做好充分的准备。对于教师而言，选择一种合适的评价方式非常重要。低风险的评价方式应该是教师的理想选择，它是指不对学生的评价结果进行分数、等级的评比，而仅作为发现学生学习问题的一种教学评测方式。通过低风险的评价方式，教师可以发现学生学习真正的难点，以便教师和学生调整教学计划和学习计划。低风险的评价方式有很多，其中一种就是常用的课前小测验，这些小测验的题目量并不多，一般只有 3 ~ 4 个问题，针对的内容是学生在课外自主学习的内容，其不仅仅是检测学生在课前学习的事实性知识，更重要的是为学生提供一个综合应用所学知识的机会。通过课前小测验，教师能及时地把测验中出现的问题反馈给学生，学生也可以向教师提出自身遇到的问题，并通过与教师交流促进问题的解决。

其七，设计教学活动。如前所述，课外的学习内容和活动主要帮助学生解决识记、理解类的知识，在课内则是帮助学生解决学习难点，并充分应用所学知识，学习更深层次的内容。当通过课前评价了解到学生真正的学习难点后，教师需针对性地设计具有导向性的课堂教学活动，以便更好地培养其分析、评估和创造等高阶能力，可采用如基于项目的学习、基于问题的学习、协作探究学习等形式。

其八，辅导学生。教师作为教学的主导者，在各种形式的教学活动中都要充分发挥自身的主导作用，只有这样才能取得良好的教学效果。具体而言，在学生进行教学活动时，教师需提供相应的脚手架，为学生更好地开展活动提供必要的支持。另外，在必要的时候，教师还应该为某些理解学习内容和活动有困难的学生提供个性化的辅导。在整个学习活动中，教师需要给予提出疑问的学生及时的反馈，在学生汇报学习成果或学习结束后，教师要进行统一的总结反馈，以促进学生进行知识的内化和升华。

2. 设计英语教学资源

其一，支持翻转课堂的信息化教学资源。广义的教学资源是指用于教与学过程的设备和材料以及人员、预算和设施，包括能帮助个人有效学习和操作的任何东西。随着信息技术的发展，信息化教学资源的概念就出现了，它是指在以网络和计算机为主要特征的信息技术环境下，为教学目标而专门设计的或者能为教育目标服务的各种资源，包括教育环境资源、教育人力资源和教育信息资源。

随着信息化资源的发展与教育应用，翻转课堂教学理念才得以提出。从上述翻转课堂的完整过程可知，支持翻转课堂需要用到的信息化教学资源主要包括教学视频、进阶练习、学习任务单、知识地图和学习管理系统五大类。

翻转课堂教学的实施不仅需要上述教学资源作为主要资源，还需要借助一定的教学辅助工具软件，该类教学资源几乎贯穿于翻转课堂的全过程，其作用主要是帮助教师进行教学视频的制作、师生间开展交流协作、学生学习成果的展示等。按照作用于翻转课堂教学开展过程中的不同方面，可以将教学辅助工具分为视频制作工具、交流讨论工具、成果展示工具和协作探究工具四类。

其二，遵循资源选择原则。翻转课堂的资源包括教学视频、进阶练习、学习任务单、知识地图、学习管理系统和各类教学辅助工具等。每一类资源都不是完美的，不存在放之四海而皆准的资源。每类资源都各具特点，并且每类资源可供选择的具体资源种类、载体类型众多，因此教师应根据教学实际需要选择合适的翻转课堂的教学资源。一般而言，翻转课堂教学资源的选择需遵循最优选择原则、具有较强兼容性、多种媒体组合。

最优选择原则是指教师根据教学内容和教学目标的要求，选择存储和传递相应教学信息并能直接介入教学活动过程中的载体，就是选择教学资源。具有较强兼容性是指当众多便携式的移动智能终端在大学英语教学中广泛应用以后，大学英语教学不仅变得更加高效，也发生了一场变革。在这种情形下，翻转课堂理念变得普及起来，翻转课堂的应用也得以在大范围内开展。翻转课堂实施的普遍现象是，学生利用各类移动设备，如平板电脑、智能手机等进行课外自主学习，课内教师利用移动终端设备进行授课。因此，资源载体的改变迫使资源的形式也做出相应的改变，要求其必须兼容各类学习终端设备,在各类终端设备中都能流畅运行。多种媒体组合是指翻转课堂教学真正做到了以学习者为中心,这对后期的教学资源的选择也有着一定的指导作用在选择教学资源时,教师应该考虑学生的兴趣、生活现实,尽可能选择丰富的教学资源形式,即有机结合文字、图片、声音、视频、动画等多种媒体形式。

3. 设计英语教学活动

根据前面所述的翻转课堂的完整过程,翻转课堂教学活动设计包括课外活动设计和课内活动设计两个部分。

其一,课外学习活动设计。翻转课堂的课外学习活动一般属于线上活动,主要包括以下几类。

在线学习。在课外,学生通过阅读相关的电子书籍、资料或观看教师提前准备好的讲授视频,掌握并理解课程中重要的信息。在线学习主要有阅读电子教材和观看教学视频两种形式。有时为了加深学生对信息的理解,在线学习的材料还附加一些引导性问题、反思性问题、注释、小测验等,用于辅助学生进行自主学习。

交流讨论。通过在学习管理系统中开辟一个专门的讨论区,或借助专门的在线交流工具,教师和学生以课外学习内容为主题展开交流和讨论。讨论主题既可以是教师预设的,也可以由学生创设。这样一种师生在线辅导和生生自组织学习的学习模式就形成了。借助这种学习模式,学生掌握学习内容的速度较快,并且掌握的层次较深,从而为课内的学习活动做好准备。

在线测评。在学生完成了新知学习的任务后,可以进行在线测评。在线测评一般采用低风险、形成性的评价方式。这样不仅检验了学生的学习成果,还提供一个学生反馈问题的机会。通过在线测评,教师和学生在课内教学活动开展前针对问题提前做好准备。

其二,课内学习活动设计。根据翻转课堂的特点,影响翻转课堂教学效果的最大因素是如何通过课堂活动设计完成知识内化的过程。在设计课堂活动时,关键要看情境、协作、会话等要素是否有利于学生主体性的发挥,从而促进学生达到高阶思维能力的目标。课内学习活动一般可以分为个体学习活动和小组学习活动。

二、慕课教学

慕课教学是基于关联主义理论,建构起来的一种在线的教与学方式。

慕课教学的诞生并不是偶然的，是随着网络技术的发展而不断发展的。

（一）慕课教学的内涵

慕课（MOOC），全称是“大规模在线开放课程（Massive Open Online Courses）”，源于美国，在短短数年间，被全世界广泛运用。慕课这一模式是由具有分享与协作精神的个人组织而成，将优异课程予以上传，让世界各地的人们可以下载与学习。慕课教学与传统模式的比较如图 10-2 所示。

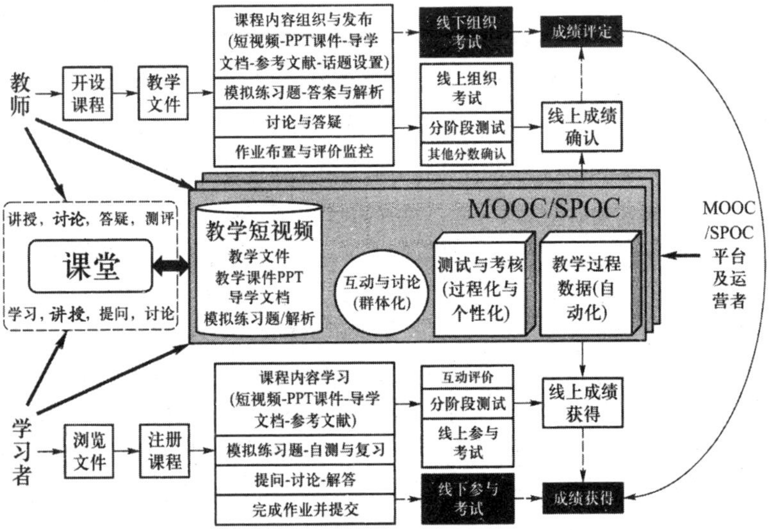

图 10-2　慕课教学与传统课堂的比较

（资料来源：战德臣等，2018）

简单从形式上说，慕课教学就是将教学制成数字化的资源，并通过互联网来教与学的一种开放环境。本质上看，慕课教学是一种与传统课堂相对的课堂形式，因为其基于互联网环境而发送数字化资源，实施的是线上教学。学生完成了网上课程学习之后，通过在线测试，可以获得证书或证明。

一般情况下，慕课教学的要素包含如下四点。

其一，具有完整的教学视频，并且一般时间设置为 6 ~ 10 分钟。

其二，具有完善的在线考试体系，往往可以实现过程考核与个性考核。

其三，具有一定量的开放性话题，可以集中学生的学习兴趣与积极性。

其四，具有 PPT、电子参考教材、模拟试题与解析等其他辅助资源。

在这些要素的基础上，慕课教学需要教师与学生之间的互动，如教师对信息的发布、回答学生问题等。慕课教学本身为学生提供了学习的数据，教师和学生都可以通过数据，对学习状态进行分析，从而改善自身的学习情况。

（二）英语慕课教学的优势

英语慕课教学在英语教学中的运用必然会导致教学方式与理念的变革。这就是说，慕课教学对当前的英语教学具有重大的作用，具体而言主要有如下优势。

1. 平衡不同学生水平

很多学生来自不同地区，并且学生之间也存在明显的差异，因此学生的基础水平也明显不同，如果教师实行大班课堂，那么很多学生很难学到想要学习的知识，甚至丧失学习的积极性。英语慕课教学是一个开放性的平台，为学生展开一对一教学提供了平台，便于缓解师生之间的教与学矛盾。同时，英语慕课教学也不受时空的限制，有助于学生在任何地方、任何时间巩固自身的英语知识，提升自身的英语水平。

2. 提供能力培养平台

我国的英语教学在不断发生变革，但是总体上还是将重心置于基础知识教学层面，这一教学模式必然对当前的英语教学产生负面影响，即很难帮助学生提升自身的综合能力。受其影响，很多学生对英语并未给予过多关注。英语慕课教学为学生提供了新的专业动向与视角，便于学生调动自身的积极性，促进他们提升自身专业能力，对自己的教学问题进行专业化解读。

（三）英语文化教学中慕课教学的实施

一般来说，在英语文化教学中，慕课教学往往会通过如下几个步骤来展开。

1. 多样化的课程设置

就当前的英语文化教学而言，慕课教学对传统的文化教学模式的单一状况进行了改革。从教师资源来说，传统的教师资源是非常有限的，很多文化课程的讲述也缺乏针对性。基于这一点，慕课教学从学生的需求与兴趣出发，对文化课程进行设置，大大提几了学生文化学习的兴趣和积极性，便于学生提高文化学习的质量与效率。

2. 多样化的考核方式

英语文化教学中的慕课教学设置了多样化的考核方式，如果仅靠传统的笔试或论文形式，那么很难检测出学生的文化能力。在慕课教学模式下，可以实施开放性考核与个性化考核。这样多样化的考核可以不断激发学生的文化学习兴趣与积极性，从而更好地进入下一阶段的学习。

3. 多样化的教学方式

虽然很多学校都推进英语文化教学改革，上课方式也不再是单一的形式，但是仍旧以知识点讲授为主，即便应用了多媒体，也都是以辅助形式呈现的，只是教师板书的一种替代形式。但是，慕课教学使得教学方式更加多样化，学生即便不在校内，也可以获得知识，甚至通过 iPad 也能够学习。

三、线上线下混合式教学模式

中国教育将最先迎来线上与线下融合时代，通过线上和线下教学活动的有机结合，开展混合式教学，把课前、课中、课后甚至实验等教学环节，整合在一起并且融合得很好，以实现更高目标的教育培养和产出。

（一）线上线下混合式教学的内涵

具体而言，线上线下混合式教学模式指的是将传统意义上的面授教学与以互联网为依托的教学相融合，打造线上资源联合线下辅导的一体化教学模式，教学过程呈现多维度性，训练具有多层次性。线上线下混合式教学模式使得教师的主导作用和学生的主体地位相融合，课堂教学与在线学习相融合，最大限度地发挥了教师的引导、启发和监督作用，体现出以学生为本的教学思想，尊重学生的个性发展，注重学生知识和技能的培养，体现出优质的教学效果。

（二）线上线下混合式教学的优势

1. 方便灵活，能够突破时空的限制

信息科技与互联网的发展及其所带来的便利，使得英语教学视频可以在网上广泛传播，多样化的视频教学形式，如专题讲解、碎片化学习、视听说一体的视频教学等教学形式开始出现，使得英语教学的灵活性大大提高。首先,学生可以通过网络方便快捷地获取多元化的教学资源,不受时间和空间的限制而进行碎片化的学习。其次,教师可以借助网络资源提升自身的专业素质和水平,从而开展形式灵活、多样化的优质教学,提高英语课堂教学效果。

2. 贴合需要,能够整合多重教学资源

在大学英语教学中运用线上线下混合式教学模式,能有效加强学生的学习体验,提升学生的学习效率,而且切合学生的实际需求。首先,网上含有大量的英语教学视频,学生可以根据自身的水平和学习需求,自主选择优质课程,有针对性地利用教学资源。其次,通过线上线下混合式教学模式,学生可以获得丰富的学习体验,会形成自主探究的学习习惯,满足个性化发展需求。

3. 切入精准,能够拓展学习空间

相较于传统的教学模式,线上线下混合式教学模式切入点精准,在整体上能够扩展学习空间。该教学模式引发了教师主导的课堂格局的改变,通过丰富的线上资源来充实课堂内容,并且通过线下形式多样的个性化实践措施丰富学生的学习体验,进而精准地切入学生的爱好点,拓展学生的学习空间。将线上线下两种模式混合应用,能够有效改变教学的思路,切实优化教学质量。

（三）英语文化教学中线上线下混合式教学的实施

线上线下混合式教学模式在英语文化教学中的应用大致分为以下三个阶段。

1. 课前预习助学阶段

在基于线上线下混合式教学模式的英语教学中,教师在授课之前要针对具体的教学内容和学生的学习情况选择切合的课程资源,并且结合实际情况设计能够培养学生自主学习能力的学习任务,以充分利用教材和网络课程资源。例如,“朗文交互学习平台”“新理念外语网络教学平台”等都是可实现师生交互的移动网络平台,通过这些平台,教师可以将教材中所涉及的学习计划、学习目标、学习重点、学习难点、学习主题等相应的预习内容和学习任务等,及时发送到学生手中,学生可以根据任务的要求通过不同的方式,如个人独立思考、小组讨论等,有效地获取知识背景,高效地完成预习任务,而且在这一过程中,自主学习能力也会相应地提高。在这一阶段,教师可以利用自主式的学习平台,充分实现师生之间的互动，为学生提供有效的在线咨询，为学生答疑解惑，向学生提供有阵地性的辅导和帮助，进而切实提高学生的自主探究精神和自主学习能力。

2. 课堂面授阶段

所谓线下，也就是课堂上的面授。在这一阶段，主要是通过课堂的教学平台和自主学习平台的相互融合，展开具有针对性的多媒体辅助教学。首先，教师根据学生对课前预习的完成情况进行检查和分析，重点指出相关问题。其次，运用多媒体创设富有情境化的教学内容，进一步提出问题，引发学生积极思考，进一步激发学生的探究意识。再次，教师结合教学实际情况和单元主题，设计相应的学习任务，鼓励学生积极讨论，也可以通过情景对话、角色扮演等方式，激发学生参与的积极性，促使学生主动参与课堂教学活动。最后，教师鼓励和引导学生进行总结和反思，可以让学生进行自评或学生之间进行互评，进而总结学习内容，激发学生的学习动机和自主探究精神，巩固学习知识，同时提升协作互助意识和英语应用能力。

3. 课后巩固阶段

在课后阶段，教师可以通过线上线下混合式教学模式进一步补充相应的学习材料，有效拓宽学生的视野，加深学生对所学知识的理解和掌握程度。在课后，学生也可以利用网络平台寻找相应的复习资料，进一步加深学习效果，增加练习的实践，扩大知识范围，更好地完成相应的学习任务。

课后巩固延伸了课堂教学的空间，能够显著培养学生的自主学习能力，也能够为学生养成良好的终身学习习惯打好基础。目前，师生们每天使用在线方式开展教学，已掌握了很多平台和智慧教学工具的使用，熟悉了在线教学的特点和资源的建设方法，这些将为传统的英语文化教学改革提供良好机遇。教师可以根据各自课程的特点，设计出多维度的教学环节，确保学生跟得上、学得稳。

四、微课教学

随着网络技术的推广，人们的学习方式在逐渐发生变化，这时微课悄然进入人们的视野，并对各个领域产生了重要影响，其中英语教学领域就是其中最突出的表现。可以说，微课为英语教学开辟了一个新视角，提供了一个新平台，逐步推进英语教学向前发展。

（一）微课教学的内涵

对于“微课”的概念，目前还未统一，不同的学者观点不同，下面介绍一些有代表性的关于微课的观点。最早提出“微课”这一概念的学者胡铁生，他通过借鉴慕课的定义，认为微课即微课程的简称，即以微型视频作为载体，针对某一学科的重难点等教学知识点与教学环节来设计一个情境化且支持多种学习方式的网络课程。①

之后，胡铁生又对这一观点进行了改进，认为微课是根据新课程标准及课堂教学的实际情况，以教学视频作为载体，对教师在课堂中针对某一知识点或教学环节而展开的精彩教学活动的有机结合体。②

郑小军、张霞则认为，微课不等同于课堂上的实录，而是从某个重难点出发创作的视频，即微课聚焦了重难点问题，并且将那些有干扰的信息排除掉。③

上述众多学者的概念是非常具有针对性的，并且一定程度上将微课的特征反映出来。本书作者对于胡铁生的定义更为推崇，认为从本质上说，微课是一种支持教与学的微型课程。

（二）英语微课教学的优势

从微课教学的内涵与构成来看，微课是基于现代的信息技术建立起来的，并且与英语教学大纲相适应，是一种新型媒体在英语教学上的运用。可以说，基于微课模式的英语教学有着很多现实意义，下面做具体分析。

1. 反馈及时、针对性强

英语微课教学内容少、时间短，并且容量小，因此这些都有助于师生对信息的快速捕捉与习得。另外，每一位学生都可以参与到课前组织活动中，有助于自身能力的提升，这在一定程度上也可以减少教师的教学压力，便于教学活动的开展。

---

① 胡铁生．微课：区域教育信息资源发展的新趋势[J]．电化教育研究，2011（10）：61-65.

② 胡铁生，黄明燕，李民．我国微课发展的三个阶段及其启示[J]．远程教育杂志，2013（4）：36-42.

③ 郑小军，张霞．微课的六点质疑及回应[J]．现代远程教育研究，2014（2）：48-53.

2. 成果简化、多样传播

由于英语微课教学具有鲜明的主题与具体的内容,因此便于成果简化与传播。同时,其传播的方式也是多样化的,如可以通过微博进行传播,也可以通过网上视频进行传播。

3. 资源容量小、构成情境化

一般来说,英语微课教学中的视频占据几十兆的容量,因此是非常小的,在格式选择上也多为流媒体格式。在英语教学中,微课教学更有助于师生之间、生生之间的互动。

除此之外,英语微课教学凸显主题,并且趋向于明确性与完整性。视频片段作为微课的主线,并对教学资源进行统一整合,构成一个资源包,为学生创造一个真实的学习环境。这些都体现了英语微课教学的情境化特点,有助于教师与学生提升自身的英语教与学水平。

(三)英语文化教学中微课教学的实施

从当前的文化教学实践分析,微课教学有着广阔的前景。虽然英语文化教学中微课教学的设计是当前关注的问题,但是也不能忽视英语文化教学中微课教学的实施。

1. 微课学习平台构建

英语文化教学中微课教学主要是基于视频建构起来的,同时需要互动答疑、微练习等辅助的模块。这些模块的构建对于学生文化学习兴趣的提升、教师信息化应用能力的提高等都是十分有帮助的。在这之中,微慕课平台是一个较为创新的平台,即运用微课教学展现慕课教学的专业化与系统性。这一平台结构更为灵活、知识含量更高,是一个较好的平台。

2. 资源开发与共享

当前的英语文化教学中教学资源设置不平衡现象凸显,而微课教学的出现,使得教学资源可以通过互联网传送到各个地方,便于各个地方及时更新与推进,实现真正的资源共享。

3. 微课录制技术提升

英语文化教学中微课教学要求录制技术较高,并且尽可能保证简单化,使教师便于执行,同时不断提升自身的录制技术。另外,微课视频研发人员也应该不断对技术进行提升,追求卓越的技术,使得英语文化教学中微课教学的实施得到更大范围的推广。

第十一章　大学英语教学跨文化转型中的教师与教材

教师是教学的主导者和组织者，离开了教师，教学将无法开展。教材是教学的依据，离开了教材，教学将无内容可教授。教师和教材在英语教学中发挥着十分重要的作用。随着大学英语教学的跨文化转型，英语教师与教材也发生了相应的改变，本章将对大学英语教学跨文化转型中的教师与教材进行研究。

第一节　大学英语教学跨文化转型中教师跨文化意识的培养

尽管现在的教学倡导以学生为中心，但并没有否定教师的引导作用，在英语教学中，教师依然发挥着重要作用。英语教师的专业能力决定了其能否正确地引导学生进行语言学习，培养出具有世界格局的中国人且造福于民。可见，英语教师的专业能力发展对英语教学以及学生的发展都起着重要作用。

一、大学英语教学跨文化转型中英语教师的素质要求

（一）解读多元文化的能力

教师需要具备对多元文化进行正确解读的能力，具体而言表现为如下三点。

首先，多元文化是一种历史事实。不同的文化具有差异性与多样性，这是人类文化从诞生开始所体现出来的一种客观存在。就历史角度而言，多元文化的差异性与多样性是一个不争的事实。就宏观的世界历史而言，

早期有古希腊文化，中国有春秋战国文化、隋唐文化、明清文化等。这些都可以说明，历史时期不同，文化自然也不同。因此，多元文化是一种历史事实，指的是在一个地域、社会、区域等特定存在的、相互关联的却又具有独立文化特征的几种文化。

其次，多元文化是一种政治诉求。多元文化不仅是一种事实存在，还是一种价值存在，是人们在文化上所秉持观念的展现。多元文化源自不同族群争取平等的经济、文化权益斗争的结果，是一种对经济、文化等平等的追求。多元文化不仅限于文化层面，而是包含了不同民族、不同族群的经济、社会等多种概念。

最后，多元文化是一种思维方式。从哲学的角度而言，多元文化体现的是一种思维方式，对多元文化的理解就是对多元文化差异性、多样性的承认，并要认识到所有文化都应该是平等的，彼此之间会产生直接或者间接的影响。与之相对的认识就是对客观世界的认识，人们对其认识不应该从单一的角度出发，而应该从多个视角来认识和理解。多元文化这一思维方式打破了传统的一元的思维方式。

多元文化是一种历史事实、政治诉求，也是一种思维方式。教师应该对多元文化进行正确的解读，从多样的视角对不同文化予以尊重、学习与理解，不能毫无保留地全盘接受社会主流文化，对其他文化全盘否决，而应该批判地看待不同文化。需要注意的是，教师在对多元文化的解读中，应该持有平等、公正、多元的理念。

（二）师德素质

师德是英语教师必备的素养，也是英语教师从事教育活动的动力源泉。教师的师德具体体现在对学生的热爱、对事业的忠诚、对教学执着的追求和人格的高尚。与此同时，教师的师德直接影响着学生的成长。因此，英语教师在日常的工作中要有理想的信念，科学的世界观、人生观、价值观，忠于人民的教育事业，具有爱岗敬业的奉献精神，热爱学生。可以说，英语教师只有先懂得奉献、体现公正、具有责任感，才可能实现言传身教。

1. 教师职业道德的形成

同其他事物的发展一样，教师职业道德品质的形成有其内在的规律性。从品德心理学的角度看，教师职业道德的形成也是一个知、情、意、行的培养过程。为此，教师职业道德品质的培养也需要从道德观念、道德信念、道德情感、道德意志、道德行为和道德习惯几方面入手，进行全面培养和提升。

其一,增强教师的职业道德观念。教师在职业道德形成的过程中要理解和掌握教师道德的基本原则,提高道德认识。为此,学校领导、各级教育行政部门应该加强对教师进行教师职业道德基本常识和基本理论的教育,使教师懂得自己哪些行为符合教师职业道德,哪些行为违背教师职业道德,这样就能首先在思想认识上构筑起一条道德防线,为教师教育教学行为的合道德性奠定思想基础。

其二,坚定教师的职业道德信念。教师有了坚定的职业道德信念,就会使其道德行为表现出坚定性。教师的职业信念一旦确立,其道德行为和道德观念的一致性就不可动摇。

其三,陶冶教师的职业道德情感。教师的职业道德情感是关于教师在教育教学过程中的言行举止,是基于职业道德规范而产生的情绪体验。作为教师,应该有高尚的职业道德,这就需要教师不断陶冶自己的道德情感,使自己对善与美的认识具有价值认同感。

其四,磨砺教师的职业道德意志。教师职业道德意志是教师在道德修养实践中克服困难的一种力量。教师要培养治学严谨的品格,就必须有一种顽强的意志。教师有时为了证明一道数学题,往往会牺牲自己很多休息的时间,如果没有顽强的意志是做不到的,正是在这样的实践中,教师的道德意志得到了磨砺,也培养了教师良好的职业道德品质。

其五,培养教师良好的道德行为和道德习惯。教师的道德行为是教师在道德观念、道德情感、道德意志和道德信念支配下采取的行动。教师在教育教学活动中的道德行为,是评价教师道德品质好坏的重要标志。教师在职业道德修养中有良好的道德行为,久而久之就形成了教师良好的道德习惯。从道德观念到道德行为,再到道德习惯,是教师职业道德形成的全过程。

综上所述,教师职业道德形成过程中有教师职业道德观念、教师职业道德信念、教师职业道德情感、教师职业道德意志、教师职业道德行为和习惯诸要素。它们是相互联系、相互促进、相互作用的。只有这样,教师才能在实践工作中达成崇高的教师职业道德,表现出高尚的职业道德品质。

2. 教师职业道德发展的阶段

从教师的专业成长历程来看,教师职业道德的发展阶段可以分为职前教育阶段、职业实践阶段和终身追求阶段。

其一,职前教育。教师职业道德是社会道德的重要组成部分,是道德在教师职业领域中的特殊表现。职前教育的目标主要在于使教师成为一个具有良好道德修养的人,这是保证教师职业道德的底线达标,即先为人,后为师。

其二,职业实践。职业实践是教师职业道德养成的根本保证,在教育教学过程中,教师会遇到各种各样的问题,在解决这些问题时,教师总是被要求具有自己的独特方式,即要有所创新。因此,教师需要不断提升自己的专业素养,在实践中不断践行职业道德规范,提升职业道德水准。

其三,终身追求。社会在发展,知识在更新,教师要想跟上时代发展的脚步,必须要不断学习,终身学习。当然,教师所追求的职业理想也是没有止境的,教师必须不断学习,自觉从各方面抓住一切机会来提高自己。另外,教师需要在面对学生和教学工作时产生一定的成就感,这样才会拥有不断进行学习的动力,否则教师容易出现心理倦怠,从而缺乏追求理想的动力。

3. 教师专业道德的要求

教师专业道德的要求具体内容包括爱国守法、爱岗敬业、关爱学生、教书育人、为人师表和终身学习六个方面。

其一,爱国守法。爱国守法包含两个方面的含义,即爱国和守法。爱国是一种高尚的道德心理体验,可表现为对祖国深切依恋的归属感;对祖国地理、历史、发展现状和国际地位的自豪感;对国家利益的责任感和使命感。对教师这一特殊职业而言,最好的爱国方式是把对祖国的热爱、对学生的关爱、对教育事业的责任感结合起来,在强化自身爱国情怀的同时,对学生进行爱国主义教育。

强化教师自身的爱国情怀。教师肩负着对学生进行爱国主义教育的重任,为了更好地对学生进行爱国主义教育,教师必须强化自身的爱国情怀,成为一位忠诚的爱国者。具体来说,教师可以通过以下途径来强化自身的爱国情怀。教师要有广博的文化基础知识,不仅要了解国家辉煌灿烂的历史,也要了解国家曾经历的屈辱和挫折,并且要关注国家目前的处境以及国家对国民的需要和期望。教师要做热爱祖国的典范,为人师表,努力使自己的言行有利于维护祖国的国格完美,给学生树立爱国的榜样。在遇到关乎国家利益的关键问题时,教师要注意对学生进行引导,表现出在政治上、道德上的坚定性和坚韧性,要捍卫国家的尊严和维护国家的统一,表现出对国家和民族的自信心。教师必须认识到自己的本职工作是与祖国的未来、国家的繁荣昌盛紧密联系在一起的,必须加强爱国的职业道德修养,必须发扬爱国主义精神。

对学生进行爱国主义教育。在对学生进行爱国主义教育时,教师一定要对祖国有全面深刻的认识,要了解当下的国情、中国共产党党情以及各民族的风土人情,并把这些融入自己的血脉之中,化为自己思想的重要组成部分。只有这样,教师才能用自己的爱国主义思想和情感,点燃学生的爱国主义火花,使爱国主义文化传统代代相传。在当下全球化教育改革的背景下,对学生进行爱国主义教育还要注意以下几点。对学生进行爱国主义教育要强调形成一种理性精神,辩证看待各国间的文化、文明的碰撞。理性的爱国主义要做到与不同国家和民族和平共处,求同存异,互相学习,取长补短,共同发展。要告诉学生,任何国家的历史和现实,既有光辉的一面,也有阴暗的一面,自己的国家也一样,不能美化、粉饰自己国家的历史。在经济全球化的背景下,各国间的联系日益密切,相互依存度越来越高。教师在对学生进行爱国主义教育时要让学生知道中国的发展和进步只是世界发展和进步的一部分。教师对学生进行爱国主义教育,要有开放心态,强调全球意识,反对狭隘的民族主义和爱国主义。对学生进行爱国主义教育是学校德育工作的重要内容。学生对祖国的了解、认识,对祖国发自内心的爱,主要是在学校学习期间培养形成的。因此,培养学生爱国情感,最重要的是引导学生发愤图强、刻苦学习。只有如此,学生才能了解自己的国家、人民和政治制度,才能产生对国家和人民的爱,才能掌握为祖国和人民奋斗的本领。

其二,爱岗敬业。爱岗敬业是爱岗与敬业的总称。爱岗是教师对自己工作岗位的热爱,安心从事本职工作,有强烈的使命感和责任感,并能稳定、持久、恪尽职守地做好教育教学工作。敬业是指教师认识到了自己本职工作的道德价值和社会意义,具有从事本职工作的荣誉感和自豪感,从而专心致志、兢兢业业地从事教育教学工作。爱岗与敬业之间有着密切的关系。爱岗是敬业的基础,敬业是爱岗的升华。爱岗与敬业互为前提、相辅相成。爱岗敬业是教师职业道德规范的重要内容之一,是处理教师个体与教育职业之间关系的准则。

爱岗敬业具有如下要求。教师要在教育实践中培养爱岗敬业精神应从以下几个方面做出努力。

要认识到职业的价值。人民教师是历史文化的传承者,是我国社会主义事业的建设者,教师职业的价值是重大的。教师只有充分认识到了这一点,才会爱岗敬业,树立为教育事业奋斗终生的信念,才能像粉笔一样,一点点磨损自己。

要有职业认同感。教师职业认同是指教师对职业的性质、内容以及教师职业的社会价值和个人意义的认可。教师认同具有重要的意义,概括来说主要包括以下几方面。教师职业认同有利于教师职业道德的发展。教师在工作中保持了愉悦的情感,自然会优化自己的教育教学,不断丰富自身,提高自身能力,加强自身职业道德修养。教师职业认同有利于入职阶段的教师形成职业道德。认同教师职业的新手教师对学校日常教学事务有较快的接受能力,能更快地适应并熟悉学校环境。认同教师职业的新手教师在教育教学活动中能恪守教师职业道德规范,自觉表现出对职业岗位的热爱,体验做教师的快乐。职业认同能够帮助教师度过职业受挫阶段,保持良好的师德修养。教师日复一日,年复一年,备课、上课、批改作业、管理班级。有些教师会渐渐接受停滞不前的职业生涯,在循规蹈矩中度过余下的工作时光。但是,有职业认同感的教师会努力寻求突破,从挫败或倦怠的情绪中走出。

要甘为人梯,自觉提升精神境界。教育工作者只有在深刻理解教育事业地位和作用的基础上,才会产生对教育工作的真挚、深厚的感情,才会满腔热情地投身于教育事业;教师只有不断超越个人私利,提升精神境界,把教育事业视为为人民谋利益的事业,才能有甘为人梯的胸怀,把学生的成长发展和进步视为自己人生价值的体现。

其三,关爱学生。关爱学生具有如下要求。

尊重学生。学生既是教育教学活动的对象,也是教育教学活动的主体,具有独立的人格和尊严,渴望得到教师的尊重和理解。教师要尊重学生,必须认识到学生与教师在人格和尊严上是平等的。教师要客观地看待学生的种种表现,学会自制,不要因为自己情绪的失控而伤害学生。学生是一个整体概念,能否公正、平等地对待全体学生,是衡量一名教师是否真正关爱学生的重要标志。

激励学生。教师要善于赏识学生,鼓励学生的点滴进步。每名学生都希望自己是学习上的成功者,都期待得到教师的肯定和赞许。教师要懂得学生心灵深处的渴望,赏识自己的学生,用放大镜关注学生的优点和进步,帮助其改正缺点和不足。

信任学生。信任是人际交往中一方对另一方给予自己正面且积极反馈的心理期待。教师对学生的信任和期待是学生积极进取的动力。教师对学生的信任既表现为相信学生有积极向上、向善、向美的愿望,有自主学习、自主选择的能力,有改正错误的心向和能力等,同时还表现为不断地给学生提出新的行为目标。在学生实现目标过程中,教师及时给予鼓励和肯定,学生的主体意识不断地被激发,从而完成对自我的不断超越和发展。

严慈相济。教育关爱的目的是让学生得到良好的发展,这意味着教师对学生的关爱要有一定的要求。教师对学生的关爱,要体现严慈相济,坚持做到以下几点。教师要对学生有慈爱之心。教师要把学生培养成为对社会有用的人才,就要对他们倾注无私的爱和真挚的情。教师对学生慈母般的关爱是一种更崇高而伟大的爱,能强烈地感化学生,使他们感悟人生。教师对学生的严格要求要有科学标准。教师对学生的关爱是建立在高度责任性和理性基础上的爱。教师的关爱既要体现对学生有种种严格的要求，又不损害学生的生理、心理健康。这就要求教师对学生提出的一切要求要符合法律法规，要符合国家的教育方针和政策，要符合教育教学规律。教师对学生的严格要求要掌握一定的度和方法。要掌握一定的度，是指教师对学生提出的各种要求要切合实际，符合学生的特点。教师对学生的严格要求，要寓教于教育教学活动之中，采用耐心疏导的方法。只有方法得当，对学生的严格要求才能真正得到落实，才能取得好的教育教学效果。

保护学生的安全。保护学生安全是教师不应回避的责任。教育职业特点决定了教师要承担更大的责任，在面对困难、危险时，教师要冲在前面，不惜牺牲自己也要保护学生的生命安全。这要求教师在教育教学活动中，不仅要传授学科知识，还要有生命安全、生命价值教育，引导学生认识生命、尊重生命、珍惜生命，提升学生对生命意义与境界的认识，促进学生健康成长。

维护学生合法权益。学生既是国家公民，又是正在接受教育的未成年人。因此，学生不仅享有宪法所规定的公民应享有的各项权利，还享有其他公民不具有的特殊权利。学校既是从事教育的场所，也是保护学生权利的部门。教师要做学生权利的维护者，尊重、保护学生各项权利，让学生健康成长。

其四，教书育人。教书育人是指在教育教学过程中教师根据社会发展需要和学生身心发展规律，既传授科学文化知识，又进行思想品德教育，把学生培养成为德、智、体、美等全面发展的社会主义现代化建设需要的接班人。教书育人具有如下要求。

遵循学生个体发展规律，实施素质教育。人的发展有其自身的规律，不同年龄阶段有不同的身心发展特点。因此，在实施素质教育过程中，教师必须从教育对象的实际出发。具体来说，教师教书育人要遵循学生生理发展、认知发展、品德及人格发展的规律。

遵循社会发展规律，实施素质教育。目前，我国经济发展正从粗放型向集约型转变，从高能耗型向节约可持续发展型转变，转变的根本在于科技进步和劳动者素质提高。在这一社会背景下，教师应顺应社会发展潮流，转变教育观念，抓住社会转型所带来的机遇，全身心地投入教书育人的工作中，大力实施素质教育，为培养社会发展所需的高素质劳动者而努力。

循循善诱，诲人不倦，因材施教。“循循善诱，诲人不倦，因材施教”

既是我国教书育人的优良传统，也是教师实施教书育人的具体原则。

培养学生良好的品行。教育主要是培养受教育者的品行。培养学生良好的品行是每一位教师的义务。培养学生良好品行既要继承传统美德，培养学生高度的社会责任感、高尚的道德情操、强烈的爱国热情、文明的生活方式以及良好的个人生活习惯、学习习惯及公共生活习惯，也要结合时代要求，对学生开展适时的教育，培养他们公正、诚信、感恩、合作、奉献等一系列良好的品行。培养学生良好的品行，教师的言传身教至关重要。教师的一言一行、一举一动，会在学生精神世界里起着无声的作用，潜移默化地塑造着学生的人格和品德。

激发学生的创新精神。创新是国家兴旺发达的不竭动力，是民族进步的灵魂。在当今日趋激烈的国际竞争中，取胜的关键在于拥有具有创新能力的人才。创新人才的培养关键在教育。因此，要充分发挥教育在培养创新人才中的作用，鼓励广大教师通过教书育人，实施创新教育，激发学生的创新精神，培养学生的创新能力。教师要引导、鼓励、支持和帮助学生敢于追问、大胆想象、勇于探究，培养学生的自信心、好奇心、探索性、挑战性等创新人格品质。

其五，为人师表。为人师表就是要求教师自觉地以自身纯正品德为学生做示范和榜样，即言传身教，以身立教。具体来说，为人师表要做到以下几方面。

知荣明耻。知荣明耻是良心中的知耻心、自尊心、自爱心的表现。人们只有知荣明耻，才能自觉地履行道德义务，保持尊严、荣誉和人格。不做可耻、毁誉和损害人格的事。因此，作为新时代的教师必须要知荣明耻。

严于律己。教师要严于律己，以身作则，这是由教师职业的示范性决定的。教师的职责在于教书育人，既要用自己的学识教人，又要用自己的品格育人。正人先正己，这要求教师要严于律己，在思想品德、学识才能、言语习惯、生活方式和举止风度等方面树立自己的良好形象，处处做学生的表率，借此教育和感化学生。

语言文明。教学过程是一个信息传递的过程，而在这一过程中，教师的语言是传递信息的载体，教师语言素养的优劣以及口语表达的能力对教学效果具有重要影响。这就要求每位教师必须加强自身的语言修养，提高自己的教学语言表达能力。

仪表端庄。良好的仪表能够得到学生的认同，获得学生的好感，而邋遢的仪表则会引起学生的反感，对教学效果也具有负面的影响。

关心集体。教师事业是一项集体的事业，将青少年培养成社会主义合格的建设者和接班人需要全体教师的共同努力。因此，关心集体、维护集体的荣誉就成为全体教师职业道德的重要内容。

团结合作。在现代分科教学的情况下，教师要特别注意以团结协作的精神来对待教学，这是教育目的统一性的要求，也是教育发展规律的需要。不同科目、不同年级的教师之间，不同年龄、具有不同特长的教师之间，都要一切从学生的利益出发，团结一致，通力合作，互相学习，取长补短，勇于创新，共同提高。教师能否自觉为加强教师集体的团结而努力，是衡量教师道德水平高低的一个重要标志。在团结协作的过程中，教师之间要互相尊重，互相学习，共同进取。

作风正派。在教育领域，作风正派是教师道德的应有之义，历来为立志于献身教育事业者所践行。教师职业要求教师要十分珍视自己在学生心目中的形象，十分珍视自己在社会上的形象。作风正派既是教师职业的要求，又是形成良好社会风气的需要。

其六，终身学习。终身学习的含义表明，学习是贯穿个人一生的自觉行动。新时期教师职业道德规范将终身学习作为教师职业道德的一个重要内容。为此，教师应该做到以下几方面。

树立终身学习理念。树立终身学习理念既是提升教师自身素质的内在动力，也是教师职业的现实要求。教师作为知识和文明的重要传播者和创造者，必须树立终身学习理念。只有如此，教师才能不断完善自己，充分发挥自己的潜能。但是，目前教师工作量普遍较大，真正有效进修的时间不多，从客观上给教师拓宽眼界带来了困难。因此，教师应努力克服困难，找准自己的定位，树立终身学习的理念，掌握科技知识。只有如此，才能在教学中及时反映所任学科的前沿成就。

更新知识结构。为了适应教育的未来发展，教师必须拓宽知识视野，更新知识结构，才能提高教育教学质量。

积极探索教育规律。现代社会各国对人才的要求越来越高，教师只有把教育活动作为自己的研究对象，反思自身的教育实践，不断探索育人规律，才能适应时代的要求，才能创造性地完成教育工作。如果作为教师仅仅教书育人而不从事探索创新活动，那么其教育教学便不会有大的进步。我国教育发展要求教师具有基本的探索创新能力。实践表明，教育要创新，就要通过提高教师的探索能力去实现。

认真钻研专业知识。教师只有不断提高专业素养，才能成为高师，培养合格的人才。具体来说，教师钻研专业知识，提高专业素养。

（三）以学生为中心的教学意识

在现在的英语教学模式中，所有的学生形成一个多元文化语境，他们来自不同的地区，具有不同的成长背景，这就使得他们有着不同的接受能力、不同的思维方式等。如果教师对所有学生都一视同仁，那么必然会削弱学生学习的积极性与主动性，也势必会导致教学效果不佳。对此，教师应该“以学生为中心”，教师自身的角色也应该发生改变，从原本对课堂的控制者转变为对学生英语学习的辅助者，同时对待每一位学生都应该持有平等、公平的姿态。教师要认识到不同学生的文化差异与多样性，对不同的学生采用不同的方法，使学生成为教学的主体，展现自身的个性，从而更好地在多元的环境中习得英语这门语言。

（四）信息素质

信息能力是指人获取信息、加工处理信息和利用信息的能力，具体包括文献信息检索能力、信息分析能力、信息加工处理能力等。具体体现在人们对信息存储机构，如图书馆、互联网等的应用能力和运用计算机、网络、通信技术的能力。当今世界已经进入知识经济时代，信息与智能革命正席卷全球，在这种经济背景下，产品的智能成分大大增加，劳动者智能劳动成分也大大增加，信息技术的发展将成为新技术的核心。英语教师作为智能劳动的主力军，无疑在整个社会变化过程中起到了重要的作用。作为21世纪的英语教师，便捷、高效地获取信息是从事教学、科研与社会服务活动的基础，有效地搜索、分析、利用信息既是自身发展的需要，也是培养英语教师所必须掌握的技术和必备的能力。

二、大学英语教师跨文化意识的培养

在新形势下，英语教师的专业发展面临着专业意识欠缺、专业能力薄弱等问题。对此，教师应该展望世界，培育自身的专业意识，丰富自身的专业能力，大胆反思，从而成为适应当前社会需要的高素质教师。具体来说，主要从以下几个方面着手。

（一）提高专业意识

当前很多教师由于教学实践短、缺乏教学经验，也没有过多参与课题研究的机会，因此经过一段时间的教学工作后，往往比较厌烦，这都是自我专业发展意识薄弱的表现。因此，在当前的跨文化教育背景下，大学英语教师应该不断提升自身的专业意识，具体而言可以从如下两点着手。

1. 理想意识

教师的理想对教师的专业发展起着十分重要的作用，为教师指明了前进的方向。大学英语教师的专业理想主要指的是他们对工作的热情。只有具备了热情，他们才能富有积极性，才能具有专业认同感，愿意在自己的工作中付出努力。

2. 科研意识

通过记录专业中的关键事件与自我专业发展保持对话，并对未来的发展规划做出适当的调整，教师在专业化发展的过程中必有大成。教师能否具有科研意识，决定了教师能否尽自己所能投入到科研活动中。也就是说，教师要想从事科研工作，就必须具备科研意识，他们要在思想上对科研有所重视，在理论上不断加强学习，获得科研的理论指导，在时间上还要不断提升自身的问题与思考意识等，这样才能真正地投入到科研活动中，并为大学英语教学研究贡献一份自己的力量。

（二）提升专业能力

教师要想在跨文化教育背景下提升自身的跨文化意识，首先就需要提升自身的专业能力。具体来说，可以从如下几点着手。

1. 实行专业引领

当前，我国的英语教学在不断革新，先进的理念需要有骨干、研究者的带领，才能促进自身的专业发展。一般来说，教学专家、资深教师等都可以起到专业引领的作用。普通大学英语教师要向他们学习，接触先进的思想与经验，从而推动自身的专业化发展。一般来说，专业引领具有如下要求。

（1）要发挥专家与普通大学英语教师之间的能动性与积极性。不同的引领人员，所侧重的层面也必然不同。科研专家对教学理论非常注重，因此在其引领上更注重理论与实践的结合。骨干教师注重教学实践，因此在其引领上更注重具体操作。但是无论是哪一种引领，他们都需要较高的引领能力，既能够在理论上进行指导，还能够在具体操作中提供建议。对于普通的大学英语教师而言，他们应该配合专家与骨干教师，对他们给予的建议要认真听取，并择优采纳，从而分析与总结自身的教学问题，对自己的教学活动进行反思，提升自身的专业素质。

（2）英语教师要保证内容、目标等的正确，采用的方法要恰当。英语教师专业发展的总目标在于让他们能够对新知识、新信息予以把握，并且能够在这些新知识、新信息的基础上提升自身的专业素质。不同的英语教师存在着个体的差异，因此在专业发展、水平上也必然不同，因此在进行专业引领时，需要考虑不同教师的具体情况，对不同的教师制定与他们相符的方法，从而实现专业引领的合理性与有效性。

从上述分析可知，专业引领对于英语教师专业素质提升非常重要，具体而言可以从如下几个层面着眼。

首先，阐述教学理念。就很大程度而言，英语教师的教学行为往往会受到教学理念的影响，因此在专业引领中，专家、骨干教师等应该尽可能引导普通的大学英语教师熟悉与掌握教学理念，可以采用讲座或者报告等形式。

其次，共同拟订教学方案。当普通的英语教师对先进的理念进行掌握之后，专家、骨干教师应该与普通的英语教师共同探讨先进的教学方案。在这一过程中，专家、骨干教师不仅是引领者，还需要对普通的英语教师的教学设计提出建议、给予指导，从而让普通的英语教师的教学设计更为完善。在专家、骨干教师等的引领下，普通的英语教师能够顺利地制订出与教学理念相符的教学方案，并将这一方案付诸实践。

最后，指导教学实践尝试。当制订完教学方案之后，就需要将其付诸实践，从而对教学方案进行验证。在验证时，专家、骨干教师应该参与其中，对教师的教学行为进行记录，从而与具体的方案进行对比，找出差距。在教师结束课堂之后，专家、骨干教师与普通的大学英语教师进行分析与探讨，对教学方案进行修订，从而使方案更完善、更切合实际。

2. 提高教师实施能力

英语教师的教学实施能力是教师专业素养的核心部分，是在教师专业知识的基础上促进教师专业理念、专业智慧生成的根基。开展英语教师教学实施能力训练，必须在扎实掌握英语教师专业知识的基础上，切实将所学的学科知识、教育理论转化为从师任教的行为方式。

（1）英语教师教学实施能力的基本认知

英语教师的教学实施能力指英语教师为保证教学成功，达到预期目的，对整个教学活动进行计划、控制、检查、评价、反馈和调节的能力。这种能力包括以下三部分内容。

第一，英语教师对自己的教学活动的事先计划和安排。

第二，对教学活动进行有意识的监察、评价和反馈。

第三，对教学活动进行调节、校正和有意识的自我控制。

教学活动包括的内容和涉及的因素多种多样。因此，英语教师的教学实施能力也具有多方面的内容和多样化的表现。英语教师的教学若想走在新课程改革的前沿,则需要通过课堂实践,探索既符合新课程精神,又符合英语教师自身实际的教学方式,不断提高各方面的能力。

通过提升英语教师教学实施能力的专题实践研究,我们期望在学校的课堂教学中切实实现以下方面的转变:将以知识传授为中心转向以学生发展为本;由过去"依教案教学"转向"以学定教";由过去只关注教学结果转向兼顾结果与过程,特别是关注学习过程中学生获得的自信、养成的科学态度和习惯以及培养出来的人文精神等,这比单纯追求拥有知识的多少更有价值。这样才能最终使广大英语教师在现实的课堂情境中尽可能高质量地达成课堂教学的目标:作为一项研究的专题,确立的研究目标如下。

其一,厘清影响英语教师教学实施能力提升的因素。英语教师教学实施能力的提升受到多方面因素的影响,通过实践研究与反思发现,影响英语教师教学实施能力的因素主要包括以下几个方面。

英语教师的教学基本功。英语教师的基本功,除了传统的板书、班级管理外,还包括对专业知识的理解,对课程标准和教材的整体把握,对英语教师心理的了解,沟通与合作的能力,搜集、整理、运用信息的能力,主动学习并积极反思的能力等。

英语教师的主观因素。通过调查问卷发现,英语教师的主观因素对教学的实施能力及效果也产生明显的影响。

英语教学的经验主义。近40%的英语教师选择"我心中有数,常常提前一天考虑第二天的工作"。关于课堂设问,超过1/3的英语教师选择"心里知道是哪几个问题,但谈不上精心"等。这表明在现实中,英语教师的思想相对滞后。不少英语教师习惯于运用传统教学模式,存在思想守旧、满足于现有的办法与成绩,改革创新意识不强,有畏难情绪,缺乏实施新课程的主动性等。英语教师工作负担过重,也是参与课改的积极性不高的重要原因。

其二,自觉反思的习惯。绝大多数的英语教师缺乏系统、深入的反思。超过一半的英语教师只在脑子里回顾一下或是在教案后稍作记录,多数英语教师会"和同事就某一方面展开讨论"。问卷还反映出多数英语教师"不知如何表述"反思或是苦于没人能指导,这也从侧面反映出培训不到位。虽然进行了大规模的培训,但无论是全员培训还是学科培训,基本属于通识培训。不少专家阐释的有关课改的理论材料,形式上的东西还较为明显。

其三,追求卓越的意识。问卷显示,绝大多数英语教师认为"态度决定高度,专业发展的高低跟自身的努力追求成正比";3/4的英语教师反映平时很注意“想出各种方法使自己的课生动有趣”，并意识到对教育科研应积极了解、参与，对自己的专业发展会有帮助；42%的英语教师将“提高自身素质”作为未来发展的第一需要，这显示了英语教师非常关注学科教学的“软实力”——关注自身的学科教学素养、学科的内在价值和学科教学的实施过程，这种内驱力与英语教师的专业发展紧密相伴且更易长久保持。

其四，情绪波动的情况。超过四成的英语教师承认“前一节课上得不愉快，会影响自己下一班级的教学”，并且，情绪产生的时间与进行教学的时间间隔越短，对教学的影响越大。这就向我们提出一个问题——课间的时间短暂，英语教师应如何调节自身的情绪，以达到最佳教学状态？也许我们可以通过系统的心理知识讲座、特聘心理专家专设网络信箱等为英语教师提供心理疏导，以提升英语教师自我心理调节能力。

其五，自身的沟通需求。调查显示，近四成的英语教师自认“与受教育者的沟通能力一般”，两成多英语教师认为自己最擅长与受教育者进行“全班整体交流”，而这样的交流相对而言是缺乏个体针对性的，效果较差。当前教育强调“以人为本”，但更多的时候，人们停留在关注“共性”的“人”，而忽略了“个性”的“人”。

其六，职业的归属认同。调查显示，绝大多数英语教师认同教学这门职业，喜欢任教的学科，自己工作的热情自然就高。近七成的英语教师明确表示以学科为单位常态的教学研讨对于促进职业的认同感和提升自己的教学实施能力帮助很大。这说明教研组的建设是较成功的，得到了大多数英语教师的认可，成功地为英语教师营造了集体归属感；英语教师队伍的师德建设、职业成就感的培养也是成功的。

（2）提升英语教师教学实施能力的机制与保障

其一，制订教学能力自我提升计划。英语教师教学能力提升培训的基础上，每名英语教师参照评课标准进行自我教学能力的测评，根据结果制订相应的教学能力自我提升计划。通过英语教师教学能力自我提升计划的实施，计划由学期到学年，可侧重每学期重点改进的一个方向，目标分阶段，力求合理化。这让每位英语教师自我改进的方向变得更明确、更具体、易操作、易测评，促使英语教师课堂教学水平明显改进和提高。

其二，以英语教师专业发展电子平台为载体，提升教学质量。英语教师专业发展电子平台建立后，要求全体英语教师定期上传自己的教案、案例、教学随笔和论文。电子平台如同档案室，也像阅览室，可以真正地交流，不限地点与时间，实现真正的便捷。在英语教师的成长历程中，电子平台上的教学设计、案例、课例、课件绝大多数是常态课，不像公开课那样遥不可及，具有极强的实效性、真实性。

以前被推广展示的都是公开课的教学设计与课件，但一堂公开课的工作量之大，是日常教学不可能保持的；台前幕后参与的方方面面之多，也是日常教学所做不到的。这就是为什么听讲座报告时心潮澎湃，但过后这份澎湃却因发现不实用或是自身没能内化而烟消云散；听公开课、优质课时，感觉非常好，因欣赏而照搬设计，却发现效果不能复制，因为我们没有看到被呈现的理论、理念的背后，没有机会感受过程，缺乏过程的支持，理解的深度与反思自然不足。在平台上我们可以看到同伴的日常教学以及互动教研后改进的教学设计与反思，感受整个过程，这份真实、这一过程对英语教师成长的帮助将更实在、更有效。可以说，电子平台建立之前，教研活动主要是针对公开课，建了电子平台，教研活动转向主要立足于常态课。这样的校本教研、校本培训才真正体现出“校本”的优势、特色及意义。

当然，互联网上也会有许多的案例、课件、教学设计，但由于教材不同（全国各地同一年级、同一学科，教材版本众多），英语教师背景不同，自然没有身边同事教师的东西来得亲切、实在、实用。另外，时常会发生这样一种情况：当我们在教育教学中遇到问题，尤其是课堂突发事件时，往往会第一时间在办公室里发出感叹，但这种感叹大多属于一种即时的情感宣泄，同事的回应大多是与我们的情绪相呼应的，希望能够给我们些安慰。

这时人们分析问题往往带有极强的主观性和情绪，强调客观原因，归因分析表面化，不能平心静气地从学科知识思维方式、学习方法、学生的视角等方面客观地分析问题的本质，反思性地看问题，更多的时候感叹过后一切归于平静，甚至被遗忘，问题并没有解决，不了了之。敬业的英语教师会把这些写成教学随笔，及时记录下自己的感想、反思、困惑、问题，以备一段时间以后再回顾、梳理，看看是否会有新的感悟或解决策略。但能够定期将自己的教学随感进行重温的英语教师并不多，而且自己的回顾毕竟依然局限于个人的思维。因为按中国人的文化习惯，常态课一般不会主动把教案、教学反思拿给别人看，请别人提意见。有了电子平台后，这一切都在悄然地发生变化……

在以往的教学管理中，要求教师每节课后，至少每个章节教学后，必须完成书面的教学反思，以培养教师养成记录教学反思的习惯。现在如果大家能及时将自己的教学随感写在电子平台上，既可以完成资料的积淀，又便于梳理资料，同时还可避免局限于个人的思维。借助电子平台，同事可以随时浏览，他们瞬间的思维灵感可以与我们形成互动，课题或策略就在这种积淀、梳理、互动中生成了。或许当你在第一时间用语言宣泄时,同事们由于忙于自己的事情,或者由于当时的心境、情绪等,没有什么想法,而浏览电子平台时,由于心境、情绪的不同,思维状态自然也不同,就会有新的思维火花。

电子平台的又一优越性是持续的开放性。它让校本教研可以随时随地进行。也许初看时没有感觉,但当自己在工作中遇到困惑时,哪怕是无意中的浏览,也会引发共鸣,产生交流互动,这也是在平台上开展校本教研的价值所在。尤其是在本校内,因为学生、班级都很熟悉,某种意义上说可谓零距离接触,更易产生共鸣,更具现实意义,更易产生校本研修的课题。这样一个多元、开放的载体,让教研活动形式更多样,范围更扩大,并可改变传统上教研活动多局限于本学科组内的弊端。平台上的各类信息向所有的英语教师开放,不同学科之间在教学方法上,对学生的分析上,对科研课题的筛选上,对教育问题的反思上都是相通的。平台上的对话、交流甚至碰撞,既可弥补按教研组划分办公室而造成的年级组英语教师间交流的缺乏,又可避免按年级组办公而造成的教研组交流的缺失。

其三,进行英语教师创新教育能力培养。英语教师创新教育能力的激励和培养涉及很多方面,大到社会环境、教育体制,小到学校管理、培训教育、物质条件和实践机会都是其中基本的因素,都对英语教师创新教育能力的形成与发展产生重要的影响。学校环境是对英语教师创新能力的形成发展产生影响的多种学校因素,其中较为重要的有学校的校长、学校管理、教学的评估体系等。适宜、合理的学校环境是英语教师创造力顺利发展的必要条件。

其四,学校各层面执行政策不走样。学校各层面切不可搞“上有政策、下有对策”,只有校级、中层、基础层都很好地贯彻和执行政策——相关管理与评价制度,使政策不走样,才能提高英语教师课堂实施能力。

其五,多渠道培养英语教师的学习习惯,养成愿意学习的心态。平心而论,英语教师今天面对的诱惑与生活的琐事也远多于以前,我们的心“收”住了吗?我们还有苦读的精神吗?我们面对新理念、新教材、新教法这些我们赖以立身的新知识,我们在“自主学习”还是在“被动接受”?鉴于上述思考,高校应实行并完善一系列制度,促进教师在态度、习惯等方面正向发展。

第二节　大学英语教学跨文化转型中教材的多维度开发

教材是教学不可或缺的构成要素，是教学内容的主要载体和教学的有形核心，是学生可以接触到的重要语言输入，也是教师开展教学的重要依据，更是教师与学生交流互动的媒介。无论对于教师的教学还是学生的学习而言，教材都有着深刻的影响。在我国英语教学中，教材是教师教学的主要依据，也是学生学习的重要导向，适合跨文化交际能力培养的教材是实现英语教学目标的关键。对此，在英语教学的跨文化转型背景下，应有意识地对英语教材进行挖掘和开发，使英语教材更好地为实现英语教学的目标服务。

一、英语教学的跨文化转型对教材开发提出的要求

英语教学的跨文化转型对英语教材开发提出了新的要求，不仅要求英语教材符合外语教材的基本特征、基本编写原则，而且要求教材中的文化知识内容、教材的建设等均符合跨文化交际能力培养的要求。

（一）英语教材的基本特征和编写的基本原则

在英语教学的跨文化转型背景下，英语教材作为教学的主要载体，应该能够满足教师的教学需求，更重要的是能够满足学生的不同需求，能够潜移默化地丰富学生的文化知识，培养学生的文化素养，锻炼学生的自主学习能力、语言应用能力和跨文化交际能力。可见，切实将教材的编写与学生跨文化交际能力、实践创新能力的培养相融合并落到实处十分重要。具体而言，新时代的英语教材应具备以下几个基本特征。

第一，教学内容和语言与时代发展相吻合，能够反映快速发展和变化的时代。

第二，要梳理好专业知识、学科知识和语言训练之间的关系，并处理好它们之间的关系。

第三，教材不能局限于知识的传授，要着眼于对学生思维能力、鉴赏批评能力、文化能力和创新能力的培养。

第四，教学内容要重点突出，具有针对性和实用性。

第五，教材要能够与多媒体、网络等先进的教育技术相结合，并能充

分利用这些教学手段。

就编写原则而言，英语教材的编写应遵循系统性原则、交际原则、认知原则、文化原则和情感原则。具体而言，英语教材应系统地介绍英语的基础语言知识和基本语言技能；英语教材中材料的选择和练习的设计要具有可操作性和实践性；英语教材中语言材料的编排和练习的设计要充分考虑英语学习的基本规律；英语教材中语言材料的选取要体现主流文化。

（二）英语教材的文化内容

英语教学的跨文化转型对英语教材的文化内容提出了相应的要求。大部分的教材都十分关注和重视对学生语言能力的培养，却忽视了对学生文化意识和跨文化交际能力的培养。实际上，英语教材应能够培养学生的实际交际能力，能帮助学生在实际生活中进行交际，教材中的文化内容应满足学生跨文化交际能力发展的需要。具体而言，英语教材的文化内容应体现以下特征。

第一，英语教材中的文化内容应体现国际性和跨文化特征，除了要涵盖英语国家的文化知识，还要包括丰富的国际性文化知识。在经济全球化和文化全球化背景下，英语已经成为一门世界性语言被人们广泛使用，越来越多并非以英语为第一语言的人们开始学习和使用英语，并试图和不同对象进行交际，因此英语教材中不仅要包含英语国家的文化背景知识，还要包含其他非英语国家的文化背景知识，也就是国际文化知识。

第二，英语教材的文化内容应覆盖面广，并且具有多样性，能够体现关于人本身、环境、生活方式、文化等方面的多样化知识，能够体现文化内容的核心，即价值观。

具体来讲，英语教材的文化内容应体现在这几个方面。首先，英语教材应具有真实意义，也就是说英语教材中应包含目的语国家的文学、艺术等内容。其次，英语教材应具有社会意义，也就是说英语教材应反映目的语国家的习惯、家庭、娱乐等。再次，英语教材应具有语义意义，也就是说英语教材应体现语言的概念系统。最后，英语教材应具有社会语言意义，也就是说英语教材应体现礼貌原则，能够让学生了解社会地位、年龄等对语言的影响，并能够帮助学生熟悉不同的写作文体。除此之外，英语教材应包含本民族文化知识，丰富学生的本民族语言和文化知识，帮助学生树立文化自信，使学生能够用英语传播本民族文化。

（三）立体化英语教材建设

建设立体化的英语教材是指教材在类型上要多样化，在形式上要立体化，要实现文本、多媒体、网络相结合。也就是说，教材、教辅和学习资源要丰富多样，既要有印刷版，又要附有光盘，还要有网上版本和网络链接，便于学生通过网络进行自主扩展和练习。近年来，英语教材呈现多样化的发展趋势，不仅包括传统的纸质材料，还包括多媒体和网络学习资料。随着现代信息技术的运用，立体化的教材能够提供丰富的语言知识和文化内容，能够展示大量的资源、实例、评论和研究发现，能够有效帮助学生进行知识构建。网络化教材中的文字、视频等资料能够引导学生深入了解文化话题，对此英语教材应广泛开发多媒体和网络配套资源，构建立体化教材资源库。

现在，英语教材的概念和内容发生了显著改变，教辅材料也日渐丰富和多样，涉及面广，形式生动有趣，深受学生喜爱。基于此，研究者指出，有必要加强有利于跨文化交际能力培养的立体化英语教材建设。有利于跨文化交际能力培养的英语教材建设的方式有很多，这里主要以英语影片在英语教学中的应用为例来说明立体化英语教材建设对培养学生跨文化交际能力的作用。在我国，英语学习者缺乏英语学习的环境，缺乏到英语国家生活、学习和旅游的机会，而英语影片资料可以说是这种真实体验的代替品，它向学生展示了一个包含丰富文化知识的真实英语世界，为学生开启了了解英语文化的窗户。相比较而言，教师和传统的课本只能在有限的时间、有限的空间内展示有限的内容。

英语影片应吸引学生的注意力，激发学生的兴趣，使学生在观赏影片的过程中调动多种感官。例如，借助视觉元素，学生更容易理解对话的内容和情节，更能深切感受英美人的讲话方式；通过外语字幕，还能激发学生的阅读兴趣，培养学生的阅读能力。实践表明，在英语教学结合课本内容，选择和播放与课本内容相关的英文影片，有助于提高培养学生的跨文化交际意识和能力。在英语教学中，教师可以通过播放电影来帮助进行跨文化体验，为学生创设真实的跨文化情境，引导学生思考西方文化。教师还组织学生根据课本中所学的文化知识和价值观，对影片中的文化偏见展开讨论，进而加深学生的文化意识，引导学生建构多样化的文化。

二、大学英语教学跨文化转型中教材的选择和使用

（一）英语教材的选择

随着英语教学的跨文化转型，现在的英语教学已经将跨文化能力的培养提升到了与语言能力培养同等重要的地位，在选择英语教材时就应对此加以注意，并体现这一理念。英语教材的选择应充分考虑跨文化交际能力培养的需要，在选用教材之前，教师和管理者应深入分析教材的优缺点，对教材进行全面评估，进而选择最佳的教材。具体而言，在选择英语教材时，要充分考虑学生的学习动机、学习兴趣和语言水平；考虑所涉及的文化内容的广度以及系统性，注重文化信息和主题的呈现形式，注重文化传播的过程；考虑教材运用的实践性和可操作性；注重文化意识和跨文化交际能力的培养。当选择原版教材时，既要注意教材要满足教学实际的需要，也要考虑学生的语言能力和需要。

（二）英语教材的使用

课堂上如何使用教材，即如何保证学生、教材、教师之间的交互质量，对学生的文化学习和跨文交际能力的培养起着重要的作用。每一个教学环境都有其独特性，而且受多种因素的影响，如学生的学习动机、资源的可供性、课堂的动态性、教学大纲的限制等。为了更有效地开展教学，切实培养学生的跨文化交际能力，教师需要对教材进行必要的改编。

具体而言，教师在使用教材过程中要具有一定的自主性、灵活性和创造性。教师在教学实践中应以课本为主，同时辅助其他教学材料，也可以根据实际教学情况对教材进行必要的增减、改动和替代，科学、有效地使用教材。自主、灵活、创造性地使用教材具有显著的优势，即通过课本，教师可以获得课堂教学的通用框架，使教学有据可依；采用其他教学材料，可以弥补课本的不足；对教材进行必要的调整，能够有效满足学生的需要，也为多样性教学活动的开展和教学技术的运用提供了空间。

对此，教师除了要依据教学大纲、教学目标、学生需求使用核心教材，还要自主地、灵活地、有选择性地利用、整合其他各类教材内容和多媒体技术、网络资源、影视节目等课程资源，并且根据学生的实际情况和教学需要对这些资源进行改编、加工等，以激发学生的学习兴趣，为学生提供练习的机会，满足学生的学习需求。需要注意的是，教师在对教材进行改编时，应首先对教材和教学环境有深入的了解，同时要充分考虑学生的实

际情况，包括学生的学习动机、学习兴趣和学习风格等。总体而言，教师在使用教材过程中，应不拘泥于课本，从实际情况出发，合理筛选、整合、利用教学资源，灵活、创造性地使用教材。

第十二章　大学英语教学跨文化转型中的教学测试与评价

当前，大学英语教学改革势在必行，这就需要一套与时俱进的教学评价体系与之相契合。想要形成一套完备的评价体系，除了应用本身的传统评价方式，还需要附加多元的评价体系才能实现。简单来说，就是要考虑当前教学的实际情况，用创新的思维丰富大学英语教学测试与评价的内容与方式，从而提升大学英语教学跨文化转型中的教学测试与评价的效果。本章就来分析大学英语教学跨文化转型中的教学测试与评价。

第一节　教学测试与评价简述

教学测试与评价是教学目标得以实施的保障，评价内容、评价方式都会对教与学产生直接的影响。教学测试与评价是大学英语教学的一项重要组成部分，其有助于提升教师的教学能力与学生的主动性。那到底什么是教学测试与教学评价呢？本节就来具体分析和论述。

一、教学测试

（一）测试的作用

测试属于终结性评价，其并不是学习的终结，而是教学与学习中的另外一个站点。测试对于大学英语教学来说意义非凡，其可以对教与学的优劣进行分析与评判，对教与学中各个层面的表现进行综合评估，从而为下一环节的展开做准备。对于教学而言，测试是一个普遍的评价手段，但是其作用是不可磨灭的，具体表现为如下几点。

1. 评定学生的学习成绩

在教学中，测试最常见的用途在于评价学生的学习成绩。通过平时测试、期中测试与期末测试，教师可以了解学生是否有所进步、是否实现既定目标，从而为学生下一步的学习提供建议。

一般来说，测试的总体成绩是平时测试、期中测试、期末测试的综合体。也就是说，在进行测试时，教师应该把这些成绩综合起来评定，最终获得学生的总体成绩与平均成绩。

2. 确定学生的学习起点

测试的结果可以为学生进一步的学习提供依据，同时能够反映出学生的情感与认知。但是，要想将这一评价发挥到最大作用，还需要结合学生具体的分数以及教师对学生的评语。这样才能帮助教师做出合理的评价。

3. 对学生的学习提供反馈

测试大多在某一阶段结束之后或者某一学期结束之后展开。如果其测试的是学生某一阶段的学习情况，那么所选择的试题应该能够反映学生这一阶段的学习情况，这就是说这一阶段的测试可以为学生前一阶段的学习提供反馈，且这种反馈具有鼓励性与积极性，同时还能对前一阶段学习中出现的问题进行纠错。

如果其测试的是学生某一学期结束之后的学习情况，那么所选择的试题应该进行合理的编制，并且对学生的学习情况进行恰当评分。同时，学生可以从自己的测试结果中获取有效信息，从而改进自己的学习情况，了解自己学习中存在的问题以及成功之处。这些信息有助于为下一学期的学习确定目标。

（二）测试的分类

一般来说，测试分为随堂测试、期中测试、期末测试三种。

随堂测试是指在一节课中教师对当次课堂教学的知识和技能进行评价的方式。这种评价应该围绕教学目标，对当次课的教学重点和难点进行测验，以检测学生的学习效果。在开始上课时教师还可以组织诊断性评价，对以往学生学习的知识和技能进行测验，了解学生对原有知识和技能的掌握情况，为本次课的教学提供支持。

期中测试通常是在一个学习单元或模块学习结束以后，对整个模块涉及的主要教学目标进行测试。单元测试主要检查学生对整个单元、模块知识和技能的掌握情况。期中测试涉及的教学目标比随堂测试多,在进行测试时应该设置对单元、模块知识和技能综合运用的项目,涉及的教学目标类型往往为掌握、分析、综合、评价层次,以检测学生的总体把握情况和对单元知识灵活应用的能力。

期末测试是对课程的总结性评价,是检查学生学习成就和教师教学效果的重要方式。期末测试应该从课程整体目标中的重点、关键点、难点出发,检查学生对基本概念、基本技能、核心知识、主要方法等的掌握情况。期末测试可以采用纸笔测试和上机测试、作品制作等相结合的方式进行。在评价时可以兼顾学习过程中学生的表现,最后对学生做出总体评价。

二、教学评价

(一)区分评价、评估与测试

很多人一提到评价,就将其与评估、测试等同起来,其实三者有着一定的区别与联系。简单来说,测试为评估与评价提供依据,评估为评价提供数据,评价是对教与学效果的整体评估。三者的关系可以表示为图 12-1。

从图 12-1 中可知,三者有着紧密的联系,又有着明显的区别。就关系层面来说,三者体现了一种包含与层级的关系。测试充当其他二者的支撑信息。在包含与层级关系的同时,三者又存在明显的区别,具体表现为如下三个层面。

1. 目的层面

三者的目标不同。就某一程度来说,测试主要是为了满足家长、学校的需要,因为他们需要知道自己的孩子或学生的情况,并且与其他学校是否存在差距。当今社会仍旧以应试为主,因此测试为家长、学校提供了很多信息,也是家长、学校关心的事情。

评估主要是为教师、学生提供依据,如学习效果、学习中遇到的问题等,既有助于教师提高教学的质量,也有助于学生提高自身的学习效率。

评价有助于行政部门制定政策,对教学进行合理配置。

可见,三者的作用不同,导致开展的范围与采用的方式也有明显的不同。

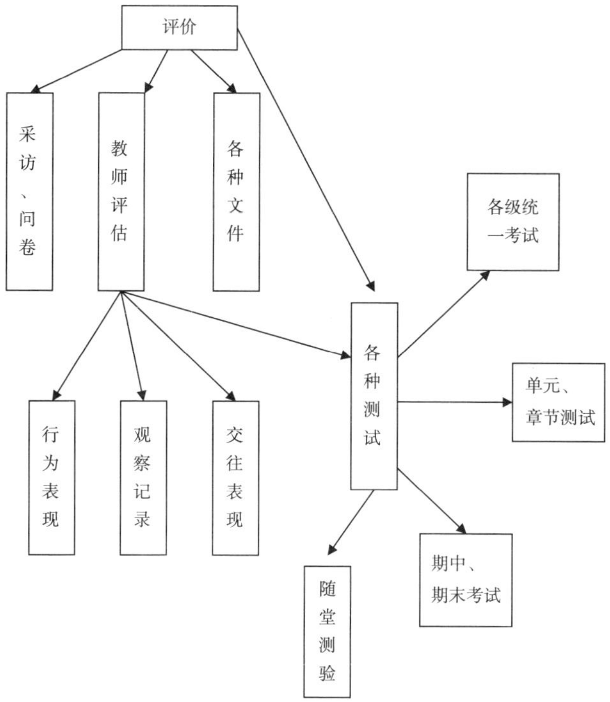

图 12-1 评价、评估与测试的关系

（资料来源：黎茂昌、潘景丽，2011）

2. 数据信息层面

测试所收集的数据一般是学生的试卷信息，反映的也是学生的语言水平。从学生的语言运用能力来说，有些部分是无法用测试来评判的。

评估可以划分为终结性评估与形成性评估两大类，前者依据的是测试，后者依据的是教与学的过程，注重学生对任务的完成、概念的理解等层面。当然，其依据更多的是定性分析，而不是定量分析。

评价所依据的信息多为问卷、访谈、测试、教师评估等，是定量分析与定性分析的结合，是一种综合性评估。

3. 展示方式层面

测试的展示方式往往是考试，这在前面已经有所论述，最终结果也通过分数排序来展现。相比之下，评估与评价往往是以鉴定描述或等级划分的方式展现出来。

（二）教学评价的界定

评价在人们的社会活动中广泛存在。有人认为："评价是确定课程能否达到既定目标的一种手段。"也有人认为："评价是运用不同的渠道，对学生的相关资料加以收集，并将这些收集的资料与预定的标准相比较，进而做出判断与决策的过程。"还有人认为："评价是对相关信息进行收集、综合、分析，从而用这些信息促进课程的发展，对课程的效度、参与者的态度进行评定。"

但是，更多的人将评价等同于价值判断。就英语教与学来说，评价指的是学生能否达到某项能力，学生能够实现课程目标，教师的教学与学生的学习能否帮助学生实现既定目标的一种判断手段。

（三）教学评价的划分

由于评价的方式、内容等存在明显的差异，因此对评价的划分也有所不同，具体而言可以划分为如下几种。

1. 过程性评价与目标达成评价

所谓过程性评价，即在学习过程中，对学生的学习活动进行评价与判断，目的在于解释学生的学习行为是否与学习目的相符，并且用于评判学生能否实现学习目标。评价的内容包含学习策略、阶段性成果、学习方式等。

目标达成评价既可以是对课堂教学目标达成情况的评价，也可以是对单元学习目标达成情况的评价，还可以是对学期教与学目标达成情况的评价，其包含理解类、知识类与应用类三种目标达成评价方式。理解类目标评价方式表现为解释与转化，往往会采用阅读理解、听力理解等方式，或对阅读文本、听力文本进行选择与匹配等。知识类目标评价方式主要表现为对知识掌握情况的评价，并采用再次确认的方式，一般选择、填空都属于这类评价方式。应用类目标评价方式即采用输出表达的方法，要求学生根据阅读与听力材料，进行转述或表达。

2. 表现性评价与真实性评价

所谓表现性评价，是指让学生通过完成某一项或者某几项任务，将自身所掌握的知识与技能表现出来，从而对其获得的成就进行评价。简单来说，表现性评价就是通过对学生完成任务的表现情况及获得的成就进行的评价。表现性评价属于一种发展性评价，其核心在于通过学生完成现实的任务,将自身所掌握的知识与技能展现出来,从而促进自身学习的进一步发展。一般来说,表现性评价具有如下几点特征。

(1)属于教学过程的一部分,其要与课程教学相互整合。

(2)其关注的是学生知识与技能的发展,而不是对知识与技能的再次确认与回忆。

(3)一般情境都是真实的,往往需要学生将现实学习中遇到的问题进行解决。

(4)学生需要完成的任务一般较为复杂,往往需要学生将多个学科的知识与技能相融合。

(5)对于学生的发散性思维是非常鼓励的,也允许不同的学生给出不同的答案。

(6)其是形成性评价与终结性评价的结合。

综合来说,表现性评价有助于对学生的学习过程与学习结果展开更真实、更直接的评价,能够将学生的文字、口头等表达能力以及想象力、应变能力等很好地展示出来,因此对于英语教学是非常适用的。

所谓真实性评价,是指基于真实的语境,对学生的表现进行评价,是一种要求学生完成真实任务之后,对自身所学知识与技能的掌握与运用情况进行的评价。与表现性评价相比,真实性评价更加强调真实,即任务的真实,一般来说其任务都是人们现实生活中遇到的问题。

真实性评价也具有表现性评价的那些特征,是表现性评价的一大目标。由于真实性评价要求评价成为教学过程的一个重要组成部分,因此真实性评价也具有形成性评价的特征。同时,真实性评价又注重任务的整体性与情境性,对终结性测试有很大的影响,因此真实性评价又具有了终结性评价的特征。可以说,真实性评价融合了多种评价手段,是多种有效评价手段的结合。

3. 形成性评价与终结性评价

所谓形成性评价,即在教与学的过程中,通过对信息进行收集与整合,进而促进教与学的发展。简单来说,形成性评价即在教学过程中,教师与学生获得反馈信息,对教与学加以改进,让学生真正地掌握知识的系统评价手段。一般来说,形成性评价具有如下几个特点。

(1)往往作为教与学的一部分而在教与学过程中呈现。

(2)不是将等级划分作为目标,而主要将指导、诊断、促进等作为目标。

(3)学生往往充当主体的作用参与其中。

(4)评价的依据是在各个情境下学生的表现。

(5)通过有效的反馈,教师确定学生的水平是否达到预期。

所谓终结性评价，是一种对教师的教学与学生的学习结果进行的评价，是在教学结束之后，对教与学目标实现程度所进行的评价。因此，其又可以称为“总结性评价”。从定义中可以看出，终结性评价往往出现在教与学结束之后，用于对目标达成情况进行的评价。因此，这一评价方式有时可以等同于目标达成评价。

（四）教学评价的功能

教学评价能够不断促进学生在学习过程中的成功与进步，从而使学生能够真正地认识自我，促进他们综合能力的发展。另外，教学评价能够为教师提供反馈信息，从而不断改进自己的教学情况，提升自身的教学水平。总体而言，英语教学评价有如下几点功能。

1. 导向与促进

教学评价应该有助于教学目标的实现。众所周知，教学评价不仅需要评价学生对知识的掌握情况，还需要评价学生的学习态度、发展潜能等，只有通过综合性评价，学生才能在英语学习中保证积极的态度，从而形成有效的学习策略，并且具备跨文化意识。教学评价应该为教学目标服务，这样就要求学生从目标出发，对自己的学习计划加以制订，并不断检验自己的学习方法与学习成果，这样才能将自身的潜力挖掘出来，提升自身的学习效率。因此，教学评价对于学生来说有着积极的导向作用。

教学评价会对学生日常学习表现、学生学习中获得的成绩、学生学习的情感与态度等展开评价，通过对学生学习的激励，可以帮助学生对自己的学习过程加以调度，让他们逐渐获得自信心与成就感，培养学生之间的合作精神。为了让评价与教学过程有机融合，学校与教师应该采用宽松、开放的评价氛围来评价学习活动与效果，可以建立相应的档案袋等，这样对教师与学生进行鼓励，从而实现评价的多元化。

2. 诊断与鉴定

教学评价对教与学的情况进行了整体评判。在教学过程中，学生往往会通过评价量表等对教师的教授情况、学生的学习情况展开检测，这样便于学校、教师、学生了解具体的教与学情况，判断学生学习过程中有无偏差，从而找出出现问题的原因，并加以改进与提高。

3. 反馈与调节

师生通过问卷访谈等发现教与学中的优点与不足，对教与学过程中的得失进行评价。通过评价，教师以科学的方式反馈给学生，促进学生建立更为全面与客观的认识，为下一阶段的教与学规划内容与策略，有效地开展教与学活动。

4. 展示与激励

教学评价对学生的学习过程是非常关注的，让学生认识到自身学习中的成功之处，不断鼓励自己，获得更大的成功。当然，教师还需要适当地提点学生学习中的错误，让他们产生一种焦虑感，从而更加勤奋地参与到英语学习中。这种正反鼓励方式，都会不断提升学生学习的主动性与积极性。

（五）教学评价中的形成性评价

形成性评价是日常教学中由师生共同参与与实施的评价手段，其首要目的在于促进学生的学习，核心在于通过不同手段与形式的反馈，为师生提供具体的参考。

1. 形成性评价的作用

形成性评价集过程性评价、真实性评价为一体，因此其对大学英语教学有着广泛的意义，具体而言总结为如下几点。

（1）改进学生的学习

形成性评价可以将教材中的问题凸显出来，这便于改进学生的学习。教师在批改完试卷后，会将试卷返还给学生，学生通过与答案进行比对，从而发现自己学习中存在的问题，并进行改正。

如果教师在评阅时发现很多学生都会遇到同一问题，这时候教师可以在课堂上进行讲解，以为大多数学生答疑解惑。

当然，由于面对不同的学生，教师在给出建议时要考虑选择符合学生的形式，单独进行讲解，这样才能让学生把握和理解。

（2）强化学生的学习

形成性评价有助于对学生的学习进行强化，因为学生通过教师的肯定，能够激发他们进一步学习的积极性，从而提升自己的认知与情感。

（3）记录学生的成长

无论学生学习什么内容，都期待自己可以获得进步。同样，在形成性评价中，教师需要根据学生平时的表现来进行评价，无论是每一堂课的表现还是每一个单元的表现，教师都应该将这些表现记录下来，从而构建一个成长记录袋或者电子档案，这不仅可以为之后的评价提供依据，还可以为终结性评价提供参考。

2. 形成性评价的方式

当前的大学英语教学主要以终结性评价为主，而为了保证与当前社会发展相适应，还需要实行形成性评价，这样才能使英语教学的属性完整地体现出来。具体来说，当前的大学英语教学评价应该采用一些创新的方法。

（1）学习档案评价法

学习档案评价法是当前应用较为广泛的评价方法。所谓学习档案评价法，是指对学生的各种信息进行收集。一般来说，其收集的内容具有多样性与动态性。

学习档案积累的材料代表的不仅仅是结果，而是学习过程与学习活动，其包含选择学习内容、比较学习过程、进行目标设置等。学习档案评价可以有效提高学生的自主学习能力。

在档案建立之前，教师可以组织家长与学生阅读学习大纲，理解档案构建的必要性，并对如何构建、使用进行指导，为以后有效地使用档案做准备。一般来说，构建的流程如图 12-2 所示。

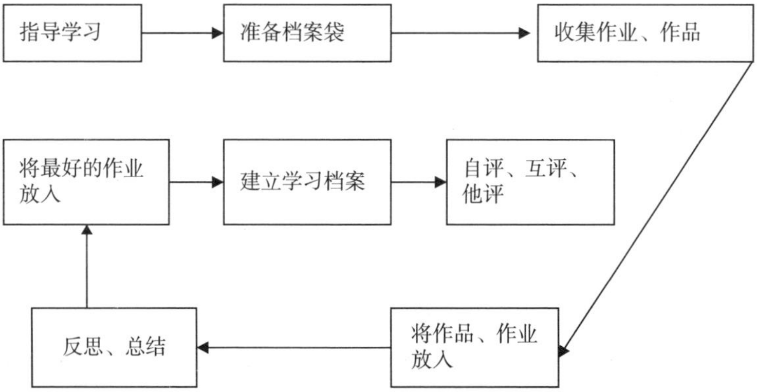

图 12-2　学习档案构建流程

（资料来源：任美琴，2012）

（2）自我评价表

自我评价表（self-evaluation questionnaire）的设计既可以采用量规（rubric）方式，也可以采用问卷调查的形式。

①量规。量规是一种结构化的定量评价标准，往往是从与评价目标相关的多个方面详细规定评级指标，具有操作性好、准确性高等特点。

在评价学生的学习时，运用量规可以有效降低评价的主观随意性，可以让教师评，也可以让学生自评或同伴互评。如果事先公布量规，还可以对学生学习起到导向作用。此外，让学生自己制定量规也是很重要的一个评价方法，如表 12-1 所示。

表 12-1 量规

What do you think of your English learning ? Name: Date: Unit:				
	Excellent	Good	Fair	Needs improving
Listening				
Speaking				
Reading				
Writing				

（资料来源：任美琴，2012）

②问卷调查。问卷调查是通过提问题，让学生通过自己的实际情况进行判断，并做出回答。问卷调查表可以帮助学生通过回答预先设计好的问题来产生某种感悟，从而促使他们对自己的学习过程和学习结果进行重新审视和改进，提高他们的自主学习能力。

（3）行为表现评价法

所谓行为表现评价法，即教师通过对学生在某项活动中的表现，对他们的行为进行的评价。从学生的行为来评价，有助于教师和学生发现自身的优缺点，从而制订出符合学生的学习计划。英语教学评价对行为表现评价法非常看重，并将其作为评价的一个重要手段。

一般来说，行为表现评价法具有如下特点：要求学生对学习成效加以展示，对演示过程的细节提前进行展示，对演示的过程进行直接的观察，根据标准对行为展开评价。

由于评价需要根据一定的标准，因此在制定行为表现评价法的标准时，需要考虑：从学生的实际情况出发来制定，标准不高不低；目标要细化、具体，便于学生明确；标准具有诊断性的特征，便于学生明确自身的优缺点；标准要具有连续性的特征。

制定了评价标准之后，学生的学习行为便有了方向，接着教师就需要进行评价，具体可以采用如下几种方法。

①观察。在行为表现评价法中，观察法是主要的手段，教师根据教学目标，对学生的课堂表现进行观察，从而做出判断，并做出有深度的、细致的分析。有时候，会运用录音、录像等手段，便于之后的分析与判断。

一般来说，教师进行观察时需要注意如下几点。

其一，观察学生是否向目标迈进。

其二,观察学生是否获得预期发展。

其三,发现学生学习中的问题,并制订计划进行辅助。

其四,观察学生是否体会到学习的乐趣。

其五,观察学生是否重复运用一些学习技巧。

其六,观察标准是否与学生实际相符。

观察的方式有很多,其中日常记录是非常重要的手段,即对学生的学习情况进行记录,如表 12-2 所示。

表 12-2　日常记录表

Name:		
Date	Behavior Description	Note

(资料来源:任美琴,2012)

②量表。评价量表是对观察进行记录的工具,其往往以表格形式呈现,对教学的某一层面加以描述,或对某一特定行为进行描述,量表的运用有助于教师与学生了解自身的优缺点,如表 12-3 所示。

表 12-3　口语评价量表

The following checklists are designed to assess students' receptive and productive oral language skills. Assess only those items that are pertinent to your instructional objectives or are otherwise relevant. You can include additional aspects of oral language.

If you want more precise assessments, you could respond to each item using a rating scale based on criteria that are suitable for your purposes (for example, unsatisfactory, satisfactory, excellent).

Receptive oral skills

________1.Understands simple directions.

________2.Understands simple sentences.

________3.Understands simple yes/no questions.

________4.Understands plurals.

________5.Uses tone correctly, stress well.

________6.Distinguishes tones and understands their meanings.

(资料来源:任美琴,2012)

三、教学测试与评价的原则

在英语教学测试与评价中，还需要坚持一定的原则，这样对于测试与评价的实践有更好的指导意义。以这些测试与评价原则为基准，教师才能更好地制订出与学生实际情况相符合的评价手段与方法。

（一）主体性原则

所谓主体性原则，即英语教学测试与评价主体需要考虑教学价值主体本身——学生的需求，对教学价值客体进行评价。

在学习中，学生处于主体地位，但是传统的英语教学测试与评价仅将教师作为核心地位，认为教师充当的是教育主体的地位，是知识的灌输者，而学生仅是知识的被动接受者，这样导致教学评价主要是针对教师来说的，评价的内容也主要是教师的教学情况。表 12-4 是一个典型对教师进行评价的体现。

表 12-4　教师课堂教学评价表

项目	内容	权重	得分
教学目标	（1）是否体现明确的教学目标、教学大纲、教材的特点，是否与教学实际相符 （2）是否落实了教学知识点，是否培养了学生的能力 （3）是否将德育教育寓于知识教育之中	15	
教学内容	（1）教材的处理是否恰当，是否突出了重难点，是否突破了重难点 （2）教学组织是否有清楚的条理，是否简明扼要，是否准确严密，是否难度适中 （3）教学训练是否定向，是否有广度，是否保证强度适中	25	
教学方法	（1）教学的设计是否得当，是否体现了教学改革的精神，是否处理好主导与主体之间的关系问题 （2）教学是否有合理的结构，是否做到教学方法的灵活性，是否将各个环节分配恰当 （3）教学是否有开阔的思路，是否采用现代化的教学手段，是否能够将学生的学习兴趣激发出来 （4）教学是否注重学习方法与学习习惯的指导	25	
教学基本功	（1）教学中是否运用了清晰、生动、规范的语言 （2）教学中是否保证书写的清晰与特色鲜明 （3）教学中是否有自如的神态，并且保证大方得体	15	

续表

项目	内容	权重	得分
教学效果	（1）教学中是否保证热烈的气氛，是否给学生留下了深刻的印象 （2）教学中是否能够面向全体同学，是否完成了教学任务，是否实现了良好的教学效果	20	
综合评价		总分：	等级：

（资料来源：任美琴，2012）

显然，从表 12-4 中可知这类评价主要是评价学生能否接受教师传授的知识以及接受的程度，评价学生的学习情况来对教师的教学内容与教学方法的合适程度进行审查，评价教师的学习策略是否得当等。简单来说，这种教学评价是为教师服务的，并没有展现出学生的主体地位。

当前的教学强调有效教学，即发挥学生的认知主体地位，因此教学评价的对象需要从以教师为主导转向以学生为主体，对学生学习情况的评价内容与手段应该从单一转向多元，如对学生学习动机、学习兴趣等都可以进行评价。基于此，教学评价的对象才能转向学生，当然这里并不是说不对教师进行评价，只是说以学生的评价为着眼点，为学生创造更多适合学生学习的环境，并且对教师的评定标准也是考虑学生来制订的。

因此，主体性原则要求将学生作为评价主体，即评价活动以学生的发展作为目标，评价设计要有助于学生的多元化、个性化发展，发挥学生的主观能动作用，帮助学生形成积极的态度，同时不能损害学生的自尊心，要对学生予以爱护与尊重。

（二）过程性原则

英语教学测试与评价应该坚持过程性原则，这主要体现为两点。

其一，要全程性，即评价要在学生学习的全过程得以贯穿。

其二，要动态性，即对发展过程加以鉴定、诊断、调控等，对整个过程的发展方向加以把握。

英语教学测试与评价对于过程评价非常关注，正是这一点，有助于提升学生的学习兴趣，增强学生英语学习的动机与主动性，从而有助于他们的自主学习。

（三）多样化原则

英语教学测试与评价应该坚持多样化原则，这主要体现为三大层面。

其一,评价主体要多样化,即不仅涉及教师,还涉及家长、学生等,通过宽松、开放的评价氛围,对教师、家长、学生的参与予以鼓励。

其二,评价形式要多样化,即对学习过程予以关注,要从不同的内容与对象出发,考虑采用自评、互评等评价方式。

其三,评价手段要多样化,即可以是教师观察,可以是学生量表等,教师从不同学生的学习差异与策略出发,采用恰当的评价手段,选择适合他们自己的评价方式,从而彰显学生自身的优势,让每一位学生都可以体会到成功的喜悦。

(四)实效性原则

英语教学测试与评价强调实效性,即主要是从教育的现实意义与评价行为等层面考量的,其要求在具体的评价实践中,能够将评价的实用价值体现出来。

英语教学测试与评价的实效性原则体现在评价方式上是非常方便的,即不要使用烦琐的程序,但是要保证评价的时机与质量,因此在设计评价内容与方式时,不能与英语教学的目标相脱离,要非常关注评价之后产生的实际效果。

(五)发展性原则

英语教学测试与评价应该为学生的发展服务,注重学生信心的树立,发现学生发展过程中所出现的问题,通过反馈对这些问题进行解决,促进他们更好地向前发展。对于发展性原则,一般包含如下几点。

其一,发展性原则要求英语教学测试与评价应该从学生主体出发,将学生的需求作为出发点与落脚点。

其二,发展性原则要求英语教学测试与评价的目的是促进学生的发展,即只要是对学生发展有利的层面,任何手段与技术都可以运用其中。

其三,发展性原则要求英语教学测试与评价对每一位学生的个性特点与原有基础有所把握与关注,从而为每一位学生获得最佳的发展而做出努力。

通过评价,教师才能更好地引导学生对自身的原有基础、认知水平等进行鉴定,认识自己在发展过程中的不足,从而有针对性地进行改进与调整,对自己的学习过程进行优化,使学生获得最佳的发展。除此之外,发展性原则还要求教师对学生的态度、情感等进行关注,以帮助学生形成正确的价值观。

第二节 大学英语教学跨文化转型中的测试与评价内容

评价主要是对教学进行完善与查缺补漏。在英语文化教学中,评价的作用同样是不容忽视的。本节就来分析大学英语教学跨文化转型中的测试与评价内容。

一、评价英语文化意识

在大学英语教学中,培养学生的文化意识显得十分必要,因为这样有助于学生在跨文化交际实践中了解不同背景下人们的行为方式,对他国文化有所了解,并采用积极的心态对他国文化进行学习与认知。因此,大学英语教学评价的内容必然包含文化意识评价这一项。

二、评价英语文化知识

在跨文化交际视角下,文化知识评价也是大学英语教学评价的一项重要内容,具体表现为如下两点。

其一,交际双方的社会文化知识。

其二,交际双方在交际过程中,需要运用到对交际进程加以控制的社会文化规则等知识。

三、评价英语文化技能

除了文化意识与文化知识,文化技能评价也是跨文化交际视角下大学英语教学评价的一项重要内容,具体包含如下两点。

其一,对两种文化进行理解与说明的技能。

其二,对新信息得以发现并在交际中得以运用的技能。

第三节　大学英语教学跨文化转型中的测试与评价方法

对于我国的评价体系而言，其核心主要是各种考试。可以说，考试在我国具有悠久的历史，典型的就是古代社会中所进行的科举考试。当前是全球化文化大融合的时代，在新的时代背景下，英语教学测试与评价也需要与时俱进，结合新的技术和方法展开。为此，本节主要介绍大学英语教学跨文化转型中测试与评价方法的创新。不过，在此之前，有必要先论述一下方法创新的原因。

一、测试与评价方法创新的原因

（一）传统教学评价落后于前沿理论

目前，我国教育体系已经进行了多方面的改革，取得了较大的成果，这导致传统教学测试与评价已经落后于当前的教学系统，表现在重视结果、轻视过程；重视定量、轻视定性；重视教师、轻视学生。

1. 重结果、轻过程

在传统英语教学中，教师多使用终结性评价方式来评价学生，很少使用形成性评价方式。利用终结性评价，教师往往只重视对结果的评价，无法对学生学习过程中的情况进行把握。换言之，教师只有在期中、期末考试中才能了解学生掌握知识的情况，是否达到了学习目标，而对学生学习过程中的学习情况丝毫不知情。此外，期中、期末考试题目设计有限，教师并不能把一个学期所讲授的所有内容都放在考试题目中，因而所选择的考试题目或许存在片面性、偶然性，这对于学生的整体学习而言都是极其不利的。

2. 重定量、轻定性

在传统英语教学测试与评价中，教师往往只重视定量评价学生，完全忽视了从定性层面来评价学生。虽然定量评价具有一定的优点，如可以准确反映评价对象的学习成果，并且方便对评价成果进行统计与分析，然而对于学生学习过程中并不能进行量化的内容，定量评价就无法进行合理评价，所以想要全方位对学生展开评价，就不能仅采用定量评价方式，而需要将定量评价与定性评价相结合来进行。然而，定性评价在大学英语教学中受到的重视程度依然不够，还需要教师在这方面为其努力改进才可以。

3. 重教师、轻学生

在传统教学测试与评价过程中，教师都是主体，是不可或缺的部分，教师对于学生而言，始终处于居高临下的地位，学生往往处于被动地位或者被忽略，这对于学生自主学习积极性的培养来说是十分不利的。

（二）传统教学评价难以适应时代发展

在我国英语教学的发展过程中，很长一段时间采用的都是应试教育方式，教学评价的目的很明确，即选拔人才，将考试作为评价教师教学成果以及学生学习成绩的重要方式。然而，时代在发展，社会在进步，全球化格局的形成将世界上的各个国家带入一个多元化的格局中，各国文化都进行着前所未有的交流与碰撞。另外，科学技术也在飞速发展，将人类带入信息化时代。在这样的发展趋势下，我国应试教育的弊端也越来越明显。

应试教育不合理的评价方式导致英语教学测试与评价内容的不全面，仅重视学生学习中认知的发展情况而忽视智力的发展情况。事实上，兴趣、态度、情感、习惯等非智力因素对学生的英语学习产生着重大影响。如果在教学过程中仅重视对语言知识的学习，忽视对语言能力的培养，那么就会造成学生只是记住了英语知识，并不能将这些英语知识运用到具体的交际实践中。由此可以看出，对传统英语教学评价进行改革十分必要。

二、测试与评价的具体创新方法

（一）文化意识测试与评价的方法

对文化意识的测试与评价主要可以采用以下几种方法。

1. “社会距离”量表

在跨文化视角下，文化背景不同的人，社会心理距离也必然存在差异，社会距离量表就是对他们进行的社会心理距离测试，如表 12-5 所示。

表 12-5　“社会距离”量表

	1. 作为结婚对象	2. 作为亲密朋友	3. 作为邻居	4. 作为同事	5. 仅作为认识的人
法国人					
西班牙人					
美国人					
英国人					
日本人					
阿拉伯人					
俄国人					

（资料来源：严明，2007）

2. 问卷评价

在跨文化视角下，问卷评价是一种常用的评价方式，主要对学生的自尊心进行检测。一般来说，问卷评价的方式可以是口头的，也可以是书面的，受试者通过回答同意与不同意来进行测试。

3. 单一文化态度评价

单一文化态度评价是由格赖斯提出的，受试的题目是对多种态度的描述，受试者需要根据自身情况来进行评判。

（二）文化知识与技能测试与评价的方法

上面分析了文化意识的测试与评价方式，下面来分析文化知识与文化技能这两个层面。

1. 语言和社会变量的相互作用

人们的话语与行为往往会受到一些变量的影响和制约，如年龄、性别等。在跨文化交际中，交际双方需要对这些变量有所把握，这样才能使交际更加有效、顺畅。因此，在大学英语教学测试与评价中，对学生的语言与社会变量进行评价是一个重要的方法。

2. 对文化观点的评价

学生应该具备概括英语国家文化的能力，同时对已有观点加以评价与修改。对文化观点的评价，一般有如下方法。

题目：评价 10 个用英语给出的对德国文化做出的概括，分别给出下列结论。

（1）可能正确。

（2）可能错误。

（3）我不知道其是否正确。

对于可能错误的概括，需要找出对错误进行驳斥的依据。对于不知道是否正确的概括，需要给出你所认知的附加信息，以便添加这些信息后得出结论。

要求：10个概括应在评价时给出。答题时间为45分钟。

评分标准：必须答对80%或80%以上。

在跨文化视角下，大学英语教学测试与评价可以是填空形式、判断形式、选择形式，也可以是主观题形式，但是无论采用何种方式，目的都是评测学生的文化知识掌握情况，这样才能将评价的效果体现出来。

（三）网络系统文化评价法

在网络影响下，大学英语教学跨文化转型测试与评价体系也得到了进一步完善与发展。当前，基于网络技术构建的评价系统有如下几个方面。

1. 网络实时评价系统

网络实时评价系统以网络通信手段为依托，利用文字、图像、音频、视频等方式进行相互交流，在沟通过程中实现具体的评价。利用这一评价系统，学生可以不再受时间、空间方面的限制，及时获取教师的有效反馈。这一系统可以帮助教师有效监控、管理学生的学习，可以大大提升学习效率。

2. 网络考试系统

网络考试系统通常针对学生的考试系统、题库系统、自动批阅系统等。学生可以随时随地地登录这一系统，通过从题库中抽取试题进行回答，在完成之后就会给出结果，系统会对学生的题目回答情况进行评判。教师可以利用这种系统进行阶段性测试或者综合性测试，学生也可以自由控制题型、时间、难度等。网络考试系统通常可以自动生成答案，并且给出评估报告，对学生的学习风格、学习效果、学习倾向等进行汇报。

3. 网络答疑系统

网络答疑系统一般包括在线讨论、互动交流两种形式。当前，很多外语教学网站中都设置了在线互动讨论区，学生在这个讨论区中可以自由发帖发表自己的学习看法与成果，并通过回帖与其他学生进行沟通与互动。网络答疑系统可以对学生提出的知识难点进行记录，教师可以通过系统记录的难点分析学生的学习情况,进而发现自己教学中存在的问题,及时调整与改变教学策略。通过网络答疑系统的搜索引擎功能,学生可以通过关键字搜索等技术快速得到问题的答案。

4. 网络多媒体考试系统

网络多媒体考试系统是对网络在线考试系统的进一步改进之后所形成的。在传统文本考试的试卷上,网络多媒体考试系统增加了一些多媒体数据,如音频、视频、图像、漫画等,利用虚拟现实技术组建虚拟的考试环境,非常适合运用到英语网络教学评价中。网络多媒体考试系统使得全面、多元的评价成为可能。

参考文献

[1][英] 爱德华 · 泰勒 . 原始文化 [M]. 连树声译 . 上海：上海文艺出版社，1992.

[2] 白靖宇 . 文化与翻译（修订版）[M]. 北京：中国社会科学出版社，2010.

[3] 毕继万 . 跨文化交际与第二语言教学 [M]. 北京：北京语言大学出版社，2009.

[4] 陈俊森，樊葳葳，钟华 . 跨文化交际与外语教育 [M]. 武汉：华中科技大学出版社，2006.

[5] 陈坤林，何强 . 中西文化比较 [M]. 北京：国防工业出版社，2012.

[6] 陈则航 . 英语阅读教学与研究 [M]. 北京：外语教学与研究出版社，2016.

[7] 成昭伟，周丽红 . 英语语言文化导论 [M]. 北京：国防工业出版社，2011.

[8] 冯莉 . 大学英语语法教学理论与实践 [M]. 长春：吉林出版集团有限责任公司，2009.

[9] 傅铿 . 文化：人类的镜子 [M]. 上海：上海人民出版社，1990.

[10] 高一虹 . 语言文化差异的认识与超越 [M]. 北京：外语教学与研究出版社，2000.

[11][俄] 古卡连科 . 多元文化教育的理论与实践 [M]. 诸慧芳，梅汉成译 . 北京：人民教育出版社，2012.

[12][德] 黑格尔 . 历史哲学 [M]. 王造时译 . 上海：上海书店出版社，2001.

[13] 何广铿 . 英语教学法教程：理论与实践 [M]. 广州：暨南大学出版社，2011.

[14] 何少庆 . 英语教学策略理论与实践应用 [M]. 杭州：浙江大学出版社，2010.

[15] 何自然，冉永平．新编语用学概论 [M]. 北京：北京大学出版社，2009.

[16] 胡春洞．英语教学法 [M]. 北京：高等教育出版社，1990.

[17] 胡文仲．跨文化交际学概论 [M]. 北京：外语教学与研究出版社，1999.

[18] 黄勇．英汉语言文化比较 [M]. 西安：西北工业大学出版社，2007.

[19] 贾玉新．跨文化交际学 [M]. 上海：上海外语教育出版社，1997.

[20] 金惠康．跨文化交际翻译续编 [M]. 北京：中国对外翻译出版公司，2004.

[21] 康莉．跨文化视角下的大学英语教学：困境与突破 [J]. 北京：中国社会科学出版社，2014.

[22] 克利福德・格尔茨．文化的解释 [M]. 韩莉译．上海：上海译林出版社，1999.

[23] 李成洪．英语教学与跨文化传播 [M]. 沈阳：东北大学出版社，2013.

[24] 李成学，罗茂全．教师的素质与形象 [M]. 四川：四川教育出版社，2001.

[25] 李建军．文化翻译论 [M]. 上海：复旦大学出版社，2010.

[26] 李正栓，郝惠珍．中国语境下英语教师教育与发展研究 [M]. 保定：河北大学出版社，2009.

[27] 连淑能．英汉对比研究（增订本）[M]. 北京：高等教育出版社，2010.

[28] 林大津．跨文化交际研究 [M]. 福州：福建人民出版社，1996.

[29] 刘颖．计算语言学 [M]. 北京：清华大学出版社，2014.

[30] 鲁子问，康淑敏．英语教学方法与策略 [M]. 上海：华东师范大学出版社，2008.

[31] 鲁子问．英语教学论（第 2 版）[M]. 上海：华东师范大学出版社，2009.

[32] 孟丽华，武书敬．网络环境下大学英语教师专业素质发展研究 [M]. 北京：外语教学与研究出版社，2015.

[33] 穆雷．中国翻译教学研究 [M]. 上海：上海外语教育出版社，1999.

[34] 沈银珍．多元文化与当代英语教学 [M]. 杭州：浙江大学出版社，2006.

[35] 束定芳,庄智象 . 现代外语教学：理论、实践与方法 [M]. 上海：上海外语教育出版社,2008.

[36] 苏新春 . 文化语言学教程 [M]. 北京：外语教学与研究出版社,2006.

[37] 孙英春 . 跨文化传播学导论 [M]. 北京：北京大学出版社,2008.

[38] 王斌华 . 口译：理论 · 技巧 · 实践 [M]. 武汉：武汉大学出版社,2006.

[39] 王笃勤 . 英语教学策略论 [M]. 北京：外语教学与研究出版社,2002.

[40] 王凡,王金宝,赵慧敏 . 跨文化交际与当代英语教学 [M]. 长春：吉林大学出版社,2015.

[41] 王芬 . 高职高专英语词汇教学研究 [M]. 上海：上海交通大学出版社,2012.

[42] 魏朝夕 . 大学英语文化主题教学探索与实践 [M]. 北京：中国农业科学技术出版社,2010.

[43] 魏会延 . 教师学习共同体：促进教师专业发展的新途径 [M]. 武汉：武汉大学出版社,2014.

[44] 吴为善,严慧仙 . 跨文化交际概论 [M]. 北京：商务印书馆,2009.

[45] 肖仕琼 . 跨文化视域下的外语教学 [M]. 广州：暨南大学出版社,2010.

[46] 谢职安 . 高校英语教师专业发展研究 [M]. 北京：知识产权出版社,2014.

[47] 徐文峰 . 教师专业发展实践导论 [M]. 北京：人民日报出版社,2014.

[48] 闫文培 . 全球化语境下的中西文化及语言对比 [M]. 北京：科学出版社,2007.

[49] 严明 . 大学英语翻译教学理论与实践 [M]. 长春：吉林出版集团有限责任公司,2009.

[50][美] 詹姆斯 · 班克斯 . 文化多样性与教育（第五版）[M]. 荀渊译 . 上海：华东师范大学出版社,2010.

[51] 张红玲 . 跨文化外语教学 [M]. 上海：上海外语教育出版社,2007.

[52] 张全 . 全球化语境下的跨文化翻译研究 [M]. 昆明：云南大学出版社,2010.

[53] 张鑫 . 英语教学的理论与实践 [M]. 北京：知识产权出版社,

2012.

[54] 朱旭东 . 教师专业发展理论研究 [M]. 北京：北京师范大学出版社，2011.

[55] 苟巧丽 . 多媒体教学环境下大学英语教师角色的研究 [D]. 重庆：四川外语学院，2012.

[56] 韩婧 . 军事院校中“文化导入”型英语教学研究 [D]. 重庆：西南大学，2013.

[57] 何薇 . 大学英语词汇教学研究——以贵阳学院为例 [D]. 重庆：西南大学，2009.

[58] 黄慧 . 建构主义视角下的大学英语语法教学研究 [D]. 上海：上海外国语大学，2007.

[59] 李峰 . 高中英语课堂文化知识教学 [D]. 武汉：华中师范大学出版社，2008.

[60] 李雪 . 高职英语教育文化导入研究 [D]. 武汉：湖北工业大学，2017.

[61] 刘三灵 . 网络时代高校英语教师素质研究 [D]. 长沙：湖南农业大学，2008.

[62] 卢风龙 . 语境理论在高中英语词汇教学中的应用研究 [D]. 济南：山东师范大学，2013.

[63] 鲁卫群 . 跨文化教育引论 [D]. 武汉：华中师范大学，2003.

[64] 吕炯 . 跨文化传播视角下的大学英语教学模式探析 [D]. 合肥：中国科学技术大学，2013.

[65] 毛婷婷 . 基于网络资源平台的翻转课堂在初中英语语法教学中的应用研究 [D]. 江苏：苏州大学，2017.

[66] 牟必聪 . 翻转课堂理念下高中英语词汇教学的设计与实践 [D]. 上海：华东师范大学，2018.

[67] 商利民 . 教师专业学习共同体研究 [D]. 广州：华南师范大学，2005.

[68] 孙菀临 . 高中历史多元文化教育教学研究 [D]. 西安：陕西师范大学，2018.

[69] 肖敏 . 大学英语教学中的跨文化教育 [D]. 长沙：湖南师范大学，2009.

[70] 张海倩 . 基于语境理论的高中英语词汇教学研究 [D]. 重庆：重庆师范大学，2012.

[71] 周方源 . 语境理论在大学英语词汇教学中的应用研究 [D]. 呼和

浩特：内蒙古师范大学，2013.

[72][美] 奥斯曼・约次图尔古特，吕耀中，赵娜 . 理解多元文化教育 [J]. 世界教育信息，2016（10）.

[73] 毕继万 . 跨文化交际研究与第二语言教学 [J]. 语言教学与研究，1998（1）.

[74] 陈诚 . 英汉文化差异对翻译的影响 [J]. 湖北开放职业学院学报，2018（24）.

[75] 陈静 . 大学英语听力教学中文化背景知识的传授 [J]. 英语广场，2018（10）.

[76] 陈恪清 . 大学英语教学翻译和翻译教学的思考 [J]. 外语与外语教学，2002（7）.

[77] 陈樱 . 英语教学中应注意英汉语法的差异 [J]. 文教资料，2006（22）.

[78] 邓道宣，江世勇 . 略论中学英语语法教学的原则和方法 [J]. 外国语文论丛，2018（8）.

[79] 邓芳 . 文化教学与大学英语教学的有机融合 [J]. 安徽电子信息职业技术学院学报，2015（1）.

[80] 丁捷慧 . "说" 之有道，探究英语口语教学的原则 [J]. 华夏教师，2018（24）.

[81] 丁念亮 . 谈高级英语教学中的文化教学实践 [J]. 时代文化，2010（4）.

[82] 杜柯含 . 互联网 + 背景下大学英语翻译教学模式探讨 [J]. 北极光，2019（1）.

[83] 方圆 . 经典英文歌曲在大学英语教学中的作用 [J]. 汉江师范学院学报，2018（3）.

[84] 高琰，杜雪梅 . 高职英语教学中学生非语言交际能力培养策略研究 [J]. 长春教育学院学报，2015（6）.

[85] 葛文改 . 大学英语写作教学的基本原则略谈 [J]. 中国校外教育，2009（S3）.

[86] 顾晓岚 . 浅谈基于中西文化差异的英语阅读教学 [J]. 高教学刊，2017（23）.

[87] 顾曰国 . 礼貌、语用与文化 [J]. 外语教学与研究，1992（4）.

[88] 郭继荣 . 大学英语自主学习评价实证研究 [J]. 外语界，2011（6）.

[89] 胡彤，张国 . 跨文化交际中的文化干扰与外语教学 [J]. 鸡西大学学报，2014（12）.

[90] 黄元龙 . 浅议高职英语写作教学的循序渐进原则 [J]. 开封教育学院学报,2017（2）.

[91] 黄志成,魏晓明 . 跨文化教育——国际教育新思潮 [J]. 全球教育展望,2007（11）.

[92] 靳淑梅 . 多元文化主义的困境及对教育的启示 [J]. 教育评论,2009（1）.

[93] 李蕾 . 交际教学法在高职英语口语教学中的应用 [J]. 郑州铁路职业技术学院学报,2017（2）.

[94] 李梦茹,李怡然,翟书娟 . "阅读圈"模式下英语人文阅读课自主学习活动的设置与开展 [J]. 英语广场,2017（11）.

[95] 林崇德,申继亮,辛涛 . 教师素质的构成及其培养途径 [J]. 中国教育学刊,1996（6）.

[96] 林晓云 . 略谈营造语境与大学英语教学 [J]. 成功：教育,2009（7）.

[97] 刘爱真 . 文化认知与言语得体——大学英语教学中文化教学思路谈 [J]. 外语界,2000（2）.

[98] 刘长江 . 谈外语教育中目的语文化和本族语文化的兼容并举 [J]. 外语界,2003（4）.

[99] 刘卉 . 大学英语文化教学中阅读圈教学模式的构建与探索 [J]. 教育现代化,2018（45）.

[100] 楼荷英,寮菲 . 大学英语教师的教学信念与教学行为的关系——定性与定量分析研究 [J]. 外语教学与研究,2005（4）.

[101] 马宏伟 . 英语专业听力教学的原则和策略 [J]. 传播力研究,2017（11）.

[102] 马琳 . 浅谈文化背景知识对大学英语听力教学的影响及对策 [J]. 湖北科技学院学报,2014（5）.

[103] 潘晶 . 跨文化意识和跨文化交际能力的培养途径探析 [J]. 延安职业技术学院学报,2018（4）.

[104] 彭晓燕 . 非英语专业大学英语教学中本土文化与目的语文化的碰撞 [J]. 内蒙古财经大学学报,2014（1）.

[105] 齐春燕 . 诚信及诚信教育的概念初探 [J]. 内蒙古农业大学学报（社会科学版）,2008（1）.

[106] 钱旭升,靳玉乐 . 教师个体专业发展与教师群体专业发展 [J]. 教育科学,2007（8）.

[107] 曲爽,马永辉 . 多元文化语境下的外语教师自身素质发展 [J]. 教书育人,2010（36）.

[108] 任冰,朱秀芝.试析多元文化视域下大学英语教师的角色定位[J].黑龙江高教研究,2013(3).

[109] 单中惠.杜威的反思性思维与教学理论探析[J].清华大学教育研究,2002(1).

[110] 宋惠兰.论教育信息化与高校教师的信息素质培养[J].图书馆论坛,2003(1).

[111] 苏雪梅.大学英语教育中“中国文化失语”现状与重构[J].山西大同大学学报,2019(1).

[112] 唐之斌.浅析多元文化教育理论体系[J].文化学刊,2017(8).

[113] 田俊.从非语言交际角度培养大学生的跨文化交际能力[J].湖北经济学院学报(人文社会科学版),2009(2).

[114] 王回力.浅谈高职英语教学中跨文化交际意识及能力的培养[J].文化创新比较研究,2018(29).

[115] 王金花.文化背景知识对大学英语听力的影响[J].浙江万里学院学报,2007(5).

[116] 王景明.跨文化交际能力在大学英语教学中的培养[J].科教文汇(上旬刊),2015(8).

[117] 王京平.谈翻译教学的任务与目标[J].北京第二外国语学院学报,2003(4).

[118] 王露璐.高校教师师德问题研究综述[J].道德与文明,2006(1).

[119] 王文平.论大学英语听力教学中的文化导入[J].考试与评价(大学英语教研版),2013(3).

[120] 王云华.英语学习中的文化学习与学习文化[J].基于英语教育,2011(4).

[121] 魏筠.多元文化时代背景下的教师专业素养探析[J].教育学术月刊,2011(4).

[122] 沃建中.教师素质对学生心理的影响[J].广西右江民族师专学报,2001(9).

[123] 吴康宁.教育的社会功能诸论评述[J].华中师范大学学报,1996(3).

[124] 吴增奕.高校英语课程英汉语法差异教学方法研究[J].湖南城市学院学报(自然科学版),2016(6).

[125] 夏纪梅.大学英语教师的外语教育观念、知识、能力、科研现状与进修情况调查结果报告[J].外语界,2002(5).

[126] 肖君.英语词汇教学中文化差异现象浅析[J].四川教育学院学

报,2007（5）.

[127] 肖旭 . 怎样利用多媒体教学方式上好西方文化入门课——以 *Bible and Christianity* 为例 [J]. 前沿,2013（3）.

[128] 杨丽萍 . 文化背景知识与英语听力教学 [J]. 中国校外教育,2010（12）.

[129] 杨振宇 . 从表达性与交际性看写作本质 [J]. 佳木斯大学社会科学学报,2000（2）.

[130] 杨忠,张绍杰,谢江巍 . 大学英语教师的科研现状与问题分析 [J]. 外语教学,2001（6）.

[131] 姚姗姗 . 培养学生跨文化非语言交际能力的途径 [J]. 科教文汇（下旬刊）,2008（10）.

[132] 易雅琴 . 英语口语教学“文化植入”的初探与应用 [J]. 海外英语,2014（2）.

[133] 于明珠,杨光 . 全球化背景下大学生跨文化意识和能力的培养 [J]. 绥化学院学报,2018（6）.

[134] 原传道 . 大学英语教学翻译之我见 [J]. 教育与职业,2000(20).

[135] 张天然 . 英语翻译教学的有效措施研究 [J]. 课程教育研究,2019（6）.

[136] 张远艳 . 大学英语教学中跨文化交际意识和能力的培养 [J]. 学周刊,2016（10）.

[137] 赵彦芳 . 论大学生跨文化非语言交际能力的培养 [J]. 科技信息（学术研究）,2008（26）.

[138] 周燕 . 高校英语教师发展需求调查与研究 [J]. 外语教学与研究,2005（3）.

[139]Austin. *How to Do Things with Words*[M]. Beijing: Foreign Language Teaching and Research Press, 2002.

[140]B. H. Spitzberg, D. J. Canary, W. R. Cupach. A Competence-based Approach to the Study of Interpersonal Conflict[J]. *Human Communication Research*, 1984（10）.

[141]Bachman L. *Fundamental Considerations in Language Testing*[M]. Oxford: Oxford University Press, 1990.

[142]Brooks, N. Teaching Culture in the Foreign Language Classroom[J]. *Foreign Language Annals*, 1968（3）.

[143]Canale, M. & Swain, M. The Theoretical Bases of Communicative Approaches to Second Language Teaching and Texting[J]. *Applied*

Linguistics, 1980 (1).

[144]Chomsky, N. *Reflections on Language*[M]. New York: Pantheon, 1975.

[145]Cronbach, L. J. An Analysis of Techniques for Diagnostic Vocabulary Testing[J]. *Journal of Educational Research*, 1942 (36).

[146]Davus, Linell. *Doing Culuture—Cross-Cultural Communication in Action* [M]. Beijing: Foreign Language Teaching and Research Press, 2004.

[147]Erikson, S. *Identity: Youth and Crisis*[M]. New York: Norton & Co., 1968.

[148]Ferdinand de Saussure. *Course in General Linguistics*[M]. La Salle, Illinois: Open Court, 1983.

[149]Furr, M. *Stories for Reading Circles*[M]. Hong Kong: Oxford University Press, 2007.

[150]Hall Edward T. *The Silent Language*[M]. New York: Anchor Books, 1959.

[151]Hanvy, R. G. *Reading In Cross-Cultural Communication*[M]. New York: Newbury House, 1979.

[152]Hofstede, G. *Culture's Consequences: Comparing Values, Behaviors, Institutions and Organizations across Nations* (2nd ed.) [M]. Shanghai: Shanghai Foreign Language Education Press, 2008.

[153]Hymes, D. *On Communicative Competence*[M]. Harmondsworth: Penguin, 1972.

[154]Kramsch, C. Culture in Language Learning: A View from the United States[A]. *Foreign Language Research in Cross-Cultured Perspective*[C]. Bot, K. D., Ginsberg, R. B. & Kramsch, C. Amsterdam: John Benjamin, 1991.

[155]Krashen, S. *The Input Hypothesis: Issues and Implications*[M]. London: Longman Group Limited, 1985.

[156]Kroeber, A. L. & Kluckhohn, C. *Culture: A Critical Review of Concepts and Definitions*[M]. New York: Random House, 1952.

[157]Larsen-Freeman D. T*eaching Language: From Grammar to Grammaring*[M]. Boston: Heinle & Heile, 2005.

[158]Nostrand, H. L. Empathy for a Second Culture: Motivations and Techniques[A]. *Responding to New Realities*[C]. Jarvis, G. A. Skokie,

IL: National Textbook Co., 1974.

[159]Ramirez, M. & Castaneda, A. *Cultural Democracy, Bicognitive Development and Education*[M]. New York: Academic Press, 1974.

[160]Richards, J. C. & Rodgers, T. S. *Approaches and Methods in Language Teaching* [M]. Cambridge: CUP, 2001.

[161]Richards, J. C. The Role of Vocabulary Teaching[J].*TESOL Quarterly*, 1976 (10).

[162]Robinson, G. N. *Cross-cultural Understand: Process and Approaches for Foreign Lanuage, English as a Second Lanuage and Bilingual Educators*[M]. New York: Pergamon Press, 1985.

[163]Samovar, L. & Porter, R. *Communication between Cultures*[M]. Belmont, CA: Wadsworth Publishing Company, 1995.

[164]Samovar, L. et al. *Communication between Cultures*[M]. Beijing: Foreign Language Teaching and Research Press, 2000b.

[165]Searle, J. What is A Speech Act?[A]. *Pragmatics—A Reader*[C]. S. Davis (ed.). Oxford: OUP, 1965a.

[166]Searle, J. Indirect Speech Acts[A]. *Pragmatics—A Reader*[C]. S. Davis (ed.). Oxford: OUP, 1965b.

[167]Sparks, R. L. & Patton, J. Relationship of L1 Skills and L2 Aptitude to L2 Anxiety on the Foreign Language Classroom Anxiety Scale[J]. *Language Learning*, 2013 (4).

[168]Stern H. H. *Fundamental Concepts of Language Teaching*[M]. Oxford: Oxford University Press, 1983.

[169]Swain, M. Output Hypothesis: Its History and Its Future[J]. *Foreign Language Teaching and Research*, 2008 (1).

[170]Tylor, Edward Burnrtt. *Primitive Culture*[M]. Beijing: the Chinese Press, 1990.

[171]Widdowson, H. G. *Aspects of Language Teaching*[M]. Oxford: Oxford University Press, 1990.

[172]Hatch, Evelyn and Brown, Cheryl. *Vocabulary, Semantics and Language*[M]. Beijing: Foreign Language Teaching and Research Press, 2001.